新时代中国强军梦

刘明福◎著

中共中央党校出版社

图书在版编目（CIP）数据

新时代中国强军梦 / 刘明福著 . -- 北京：中共中
央党校出版社，2020.10
ISBN 978-7-5035-6871-8

Ⅰ . ①新… Ⅱ . ①刘… Ⅲ . ①国防建设 – 中国②军队
建设 – 中国 Ⅳ . ① E2

中国版本图书馆 CIP 数据核字（2020）第 148397 号

新时代中国强军梦

责任编辑	任丽娜　桑月月
责任印制	陈梦楠
责任校对	王　微
出版发行	中共中央党校出版社
地　　址	北京市海淀区长春桥路 6 号
电　　话	（010）68922815（总编室）　　（010）68922233（发行部）
传　　真	（010）68922814
经　　销	全国新华书店
印　　刷	北京温林源印刷有限公司
开　　本	690 毫米 × 980 毫米 1/16
字　　数	230 千字
印　　张	17.5
版　　次	2020 年 10 月第 1 版　2020 年 10 月第 1 次印刷
定　　价	58.00 元

网　　址：www.dxcbs.net	邮　　箱：zydxcbs2018@163.com
微 信 ID: 中共中央党校出版社	新浪微博：@ 党校出版社

建设世界一流军队 打造第三代解放军

习近平提出中国梦——实现中华民族伟大复兴。这是中国共产党向世界的"政治宣言",宣告未来30年中华民族要建设一个什么样的伟大国家。

习近平提出强军梦——建设世界一流军队。这是中国共产党向全世界的"军事宣言",宣告未来30年解放军要建成一支什么样的强大军队。

一、解放军世纪征程——革命军、国防军、首强军

建设一支听党指挥、能打胜仗、作风优良的世界一流军队,就是要在习近平新时代"打造第三代解放军"。

第一代解放军,是夺取政权"革命军"。从1927年8月1日南昌起义解放军建军,到1949年中国革命取得伟大胜利,新中国成立,第一代解放军在22年的征战中,为人民打天下、夺政权,出色完成了"革命军"的伟大使命。

第二代解放军,是保疆卫土"国防军"。从1949年新中国成立到2012年党的十八大召开,在这60多年里,解放军为建设一支强大的现代化国防军而奋斗,胜利进行了多场保家卫国、自卫反击作战,有力保卫了国家安全,充分

发挥了"国防军"的职能作用。

第三代解放军，是世界一流"首强军"。从2012年党的十八大到2049年新中国成立100周年，经过30多年的建设和发展，把解放军建设成为世界一流军队，从根本上改变中国安全环境和世界军事格局。第三代解放军是护航"伟大复兴中国梦"、保卫"人类命运共同体世界梦"的全球最强大军队，是史无前例的一支新型文明军队。

二、习近平强军思想——塑造新时代解放军

从1927年到2049年，三代解放军，122年征程，解放军能够从传奇中走来、能够向辉煌中走去，靠的是先进军事思想的指引。从"毛泽东军事思想"到"习近平强军思想"，先进的军事思想为解放军领航。

毛泽东军事思想，是在中华民族求独立、中国人民求解放、新中国求安全的时代背景下，对三大军事规律的科学揭示，这就是：中国共产党创建和领导人民军队的"军队建设规律"；赢得国内革命战争和对外反侵略战争胜利的"战争指导规律"；建设强大国防以确保国家独立安全的"国防建设规律"。毛泽东军事思想的历史丰碑，就是指导中国共产党建立了一支强大的人民军队，就是指引中国人民用枪杆子打出了一个独立于世界民族之林的新中国，就是保证新中国能够在强敌压境、霸权重围之下的国家和政权安全。

习近平强军思想，是党的十八大以来，中国共产党和中国人民解放军在奋斗中国梦、强军梦伟大事业的开拓进取中，在兴军强军的伟大实践中，大力推进马克思主义军事理论创新的最新成果，是具有时代性、引领性、独特性的军

事理论体系。

习近平强军思想，深刻揭示了新时代把解放军建设成为世界一流军队的特点规律。它科学回答了新时代的中国为什么要建设世界一流军队；中国要建设一支什么性质和特色的世界一流军队；怎样才能成功建设世界一流军队；如何战略布局、用好这支军队，赢得军事竞争和军事斗争主动权。

习近平强军思想，是新时代中国特色社会主义思想的"军事篇"，是引领中国强军实践、汇聚民族强军力量的强大理论武器。推进中国强军大业，建设世界一流军队，必须牢固确立习近平强军思想的指导地位，用习近平强军思想武装全军头脑，增强全民国防观念，开创强军兴国新局面。

三、伟大人民拥戴伟大领袖——伟大军队欢呼伟大统帅

东方红，太阳升，中国出了个毛泽东。他为人民谋幸福，他是人民的大救星——这是 20 世纪中国人民发自内心的呼声。

中国梦，中华兴，中国出了个习近平。他为民族谋复兴，他是民族的领路人——这是 21 世纪中华民族的幸运。

领袖越伟大，人民就越振奋，民族就越兴旺。

统帅越伟大，官兵就越英勇，军队就越英雄。

习近平，作为中华人民共和国的最高领导人，能够赢得 14 亿中国人民的"民心"；作为中国共产党的最高领袖，能够赢得 9000 万共产党人的"党心"；作为武装力量的最高统帅，能够赢得 200 万解放军、70 万武警官兵的"军心"，根本原因不是由于他掌握最高权力，而是由于他不忘初心、传承红色基因；牢

记使命，勇于开拓奋进；放眼世界，引领时代潮流。习近平的领袖风范、统帅魅力，赢得世人尊敬，凝聚天下归心。

中华民族在实现伟大复兴的征程中，必须进行具有许多新的历史特点的伟大斗争，其中最严峻的是进行具有许多新的历史特点的"伟大军事斗争"。中国共产党在21世纪，无论是在"统兵"领导军队、"养兵"建设军队，还是"用兵"赢得战争，都面临新的历史性挑战、时代性考验。中国梦进入"登顶时代"，强军梦也进入"冲刺时期"。这是一个机遇空前、挑战空前、辉煌空前的时代。

20世纪，紧跟毛泽东干革命！

21世纪，紧跟习近平奔复兴！

目 录
CONTENTS

第三章

建设世界一流军队的时间表、路线图

第四章

科技兴军

第五章

人才强军

第六章

反腐正军

第七章

浴火重生：大变革重塑解放军

第八章

新时代军事战略方针

第九章

世界一流军队必须走向世界

第十章

建设海洋强国，打造世界一流海军

新时代中国呼唤世界一流军队

新时代中国的强军目标，就是建设一支世界一流军队。中国为什么要建设世界一流军队？回答这个问题，就是要面向国际社会宣示中国新时代的"强军价值观"，就是确立中国在世界军事舞台的"强军话语权"。

一、实现伟大复兴，需要打造一流军队

军队是国家的卫士，军事战略是国家战略的支撑，军队建设的目标是由国家建设的目标决定的。新时代中国的国家目标是实现中华民族伟大复兴的中国梦，新时代中国的军队目标是建设世界一流军队的强军梦。中国梦呼唤强军梦，强军梦护航中国梦。

1. 六场战争，近代中国遭遇百年生存危机

从 1840 年到新中国成立初期，中华民族多次遭受西方强国侵略，面临严重的生存危机和战争灾难。

第一场战争——第一次鸦片战争

从 1840 年鸦片战争开始，中国受到当时世界上最强大的英国军队的

侵略，开始了半封建半殖民地的百年历程。西方列强强迫旧中国签订的不平等条约有 750 多个。鸦片战争开始时，英国远征军有配备大炮的 16 艘兵船、4 艘轮船以及若干艘运输船，陆海军全部兵力达 5000 多人。战争后期增加兵力，有兵船 25 艘，轮船 14 艘，总共载有大炮 700 多门。除了炮兵外，有步兵 1 万多人。由于抽出部分兵力分驻香港、厦门、定海、镇海，向南京进军的兵力不过 7000 多人。第一次鸦片战争从 1840 年 7 月 5 日开始，历时两年，英军在广东、福建、浙江、江苏等地发起进攻，战争烽火在神州大地燃烧。当时中国拥有 80 万军队，而大英帝国派出的远征军在初期只有 7000 人，直到战争结束，这支远征军也不过 20000 人，而且许多是来自印度的雇佣军。中国军队的冷兵器面对英国远征军的先进火器，纵有血肉之躯的誓死拼杀，也难以赢得战场胜利。中国军队在战争全过程中，没有击沉英军一艘战舰。清朝政府先后调动 10 多万军队参战，几乎每战必败，先后有一名总督、两名提督、七名总兵以及数千名士兵战死。而英国远征军在鸦片战争中仅死亡约 500 人。根据英国方面统计，英军真正在战斗中阵亡人数其实不足百人，其他大多数是病死的。

1840 年第一次鸦片战争，英国派到中国的 7000 名士兵、40 艘战船，为什么能够打败一个拥有 80 万大军的东方大国？因为英国军队是当时世界一流军队。在鸦片战争中，中国军队只能靠两条腿行军。从邻省调兵需要三四十天，隔两省调兵需要大约 50 天，隔四省调兵需要 90 天以上。而英国军队则是乘坐蒸汽轮船跨越重洋，从英国本土到中国只需 4 个月。从印度调集援兵和军需品，来回只要两个月。在鸦片战争中，中国以封建落后的军事力量对抗资本主义时代强大的对手，自然要失败。中英两国 1842 年 8 月 29 日签订的《南京条约》，是西方世界强加给中国的第一个不平等条约。

第二场战争——第二次鸦片战争

2012 年 11 月 29 日习近平在参观《复兴之路》展览时，面对一张第二次鸦片战争时的国力对比图，驻足沉思。1860 年英法联军进攻中国，当时英军只有 18000 人，法军仅有 7000 余人。就是这区区 25000 人，居然在中国长驱直入。当英法联军从东南沿海一直打到天津、北京时，大清帝国军队不仅在海上不能挡住敌人，陆地作战也是一败涂地。僧格林沁 3000 蒙古铁骑对数百英法联军发起几次反击后，只剩下几个人。英法联军杀进北京，烧毁了号称"万园之园"的圆明园。沙皇俄国趁机攫取中国东北、西北 150 多万平方公里国土，世界列强掀起了瓜分中国的狂潮。

第三场战争——甲午战争

甲午战争爆发前，清朝军队有 90 万人。其中 20 万八旗兵腐败堕落，丧失战斗力。地方军队难堪大用。大清王朝也没有后备兵役制度。

1894 年至 1895 年的甲午战争，中国海军北洋水师全军覆没，旅顺被屠城，台湾被割占。30 年的洋务运动一败涂地。甲午陆战比海战失败更惨。

甲午战争惨败之后，很多中国人奔赴日本学习考察，了解日本崛起之谜，寻求中华富国强军之道。1906 年中国留日学生达到一万人左右，其中军事留学生大约 2000 名，占 20%。

第四场战争——八国联军侵华战争

1900 年 5 月至 1901 年 9 月的八国联军侵华战争，不足 20000 人的八国联军攻进北京，十几万清朝军队无所作为，清朝皇帝仓皇出逃。八国联军杀进北京后，所到之处，杀人放火、奸淫抢掠。从紫禁城、中南海、颐和园中偷窃和抢掠的珍宝不计其数。著名的圆明园继英法联军之后再遭劫掠，终成废墟。八国联军侵华战争，迫使中国清政府签订《辛丑条约》，赔款 4 亿 5000 万两白银。当时中国人口有 4 亿 5000 万，列强的用意就是每个中国人都要向他们交纳一两白银的"罚金"。

第五场战争——日本侵华战争

1931 年九一八事变爆发后，在当时的中国东北地区，据日本人统计，日本关东军人数只有 1.09 万人。张学良东北军有 19 万人。结果是 3 天丢掉沈阳，一周丢掉辽宁，60 天东北三省全部沦陷。2017 年 1 月，教育部下发通知，要求各地在中小学课程教材中全面落实"十四年抗战"的概念。第二次世界大战，共历时 6 年，而中国在 1931 年至 1945 年的抗日战争中，与日本军国主义整整战斗了 14 年。中国为第二次世界大战最终胜利作出了巨大贡献，也付出了沉重代价。在 1937 年至 1945 年的八年全面抗战中，中国军队年平均牵制日本陆军 74% 以上，最高时达到 90%。日本军队海外作战损失 287 万人，其中有 150 万人是伤亡在中国战场。中国付出的代价是 3500 多万军民的伤亡。150 万和 3500 万的比例，是 1:23.3。日军伤亡一人，中国军民要伤亡 23 人。中国有形财产损失 6000 多亿美元，无形财产损失不计其数。国民党军队在正面战场先后歼灭敌军 90 余万，阵亡官兵 177 万。中国共产党领导八路军、新四军对日作战 12.5 万余次，消灭日军和伪军 171.4 万人，其中消灭日军 52.7 万人，八路军、新四军阵亡官兵 60 多万人。抗日战争的胜利，是中国从 1840 年以来在对外反侵略战争中赢得的第一场伟大胜利。

第六场战争——抗美援朝战争

从 1840 年到 1945 年的 105 年间，中华民族遭受到西方列强的五次野蛮侵略，给我们造成了丧权辱国的深度灾难。新中国成立后，又受到当时世界最强大的美国军队在三个方向的军事威胁。

一是在中国东北方向，通过入侵朝鲜，美国军队轰炸扫射中国东北边境地区城镇、乡村，威胁中国当时最重要、最集中的工业基地。

二是在中国西南方向，通过援助侵略越南的法国军队，美国军队威胁中国南部边境安全。

三是在中国东南方向，通过派遣第七舰队进入台湾海峡，美国军队阻碍解放军解放台湾。

毛泽东曾将美国军队的侵略布局，概括为插在新中国头上、腰上、脚上的"三把刀"。新中国开国第一战就是与美国军队作战。当时，中美实力差距很大。中国工农业总产值只有229.6亿美元，美国是2848亿美元，美国是中国的12倍多。中国钢产量是60.6万吨，美国是8772万吨，美国是中国的144倍多。1950年10月，侵朝美军作战飞机达1200架，海军舰艇接近300艘，坦克达800多辆。当时中国军队能够用于作战的飞机有110多架，海军还没有形成战斗力，装甲兵正在组建中。在抗美援朝战争中，中国人民志愿军有36万人血洒疆场，其中阵亡14万多人（战斗牺牲11.5万余人，非战斗牺牲2.5万余人），负伤22.1万余人。在14万英灵中，军职干部有4名，师职干部有10余名，团职干部有200多名。

2. 五大危险，中华民族伟大复兴面临严峻挑战

从19世纪40年代的鸦片战争到20世纪50年代的抗美援朝战争，中华民族在英国殖民主义、日本军国主义、美国霸权主义等西方列强的侵略威胁之下，长期为国家和民族生存权、独立权而斗争，饱尝了战争的苦难，落后挨打有切肤之痛。21世纪要实现中华民族伟大复兴的中国

梦，必须建设一支强大的世界一流军队，才能在霸权国家的军事围堵中，取得主动权，赢得复兴权。

21世纪实现中华民族伟大复兴，中国面临的风险和挑战集中表现在五大危险。

一是中国"被侵略"的危险；

二是政权"被颠覆"的危险；

三是国家"被分裂"的危险；

四是改革发展稳定大局"被破坏"的危险；

五是中国特色社会主义发展进程"被打断"的危险。

新时代中国面临五大危险，这是习近平担任党和国家领导人以来首先提出并反复强调的。在五大危险中，最大的危险是受到强敌侵略的战争危险。中国必须有令敌人胆寒的强大军事力量。解放军必须有坚定的战斗意志和充分的作战准备，要强化随时准备打仗的思想，保持箭在弦上、引而待发的高度戒备态势，确保党中央、中央军委一声令下，能够上得去、顶得住、打得赢。

木秀于林、风必摧之。树大招风，树欲静而风不止。当今，中国这棵大树枝繁叶茂，遭受来自西方霸权国家的嫉妒和"霸风"摧之，美国不断制造事端，一次又一次刮起阵阵飓风，妄图让中国这棵大树断枝折干甚至连根拔起。今天的中国处在由大向强发展的关键阶段，中国经济总量日益逼近世界第一，一些西方国家的焦虑感进一步上升。在美国一些"鹰派"人物看来，中国的崛起之所以不可容忍，是因为中国的崛起，在不同文明的冲突上，是东方文明对西方文明的挑战；在意识形态的竞争上，是社会主义对资本主义的挑战。一些西方国家打心眼里不愿看到中国赶上和超越他们。他们千方百计对中国实施西化、分化战略，策动"颜色革命"，加紧在中国周边进行战略布局，加大对中国的遏制围堵力度。

新时代中国和美国综合国力竞争已进入决赛期、冲刺期、关键期。中华民族的伟大复兴将改变整个世界格局，影响人类前途命运。美国对中国最危险的遏制，首先是军事遏制。未来 30 年，在美国军事霸权威胁和围堵下的中国，只有建设世界一流军队，才能有效抗衡美国军事威胁。

建设世界一流军队，也是由严峻的中国周边环境所决定的。当今世界大国中，中国周边环境最险要，是世界上邻国最多、陆地边界最长、海上安全环境极为复杂的国家。中国拥有 2.2 万多公里陆地边界、1.8 万多公里大陆海岸线。今天世界军力排名前 25 名的军队中，在中国周边的就有 7 支。当今世界公开拥有核武器的国家除中国之外，还有 7 个，其中 4 个拥核国家是中国的邻国。从奥巴马推行"亚太再平衡战略"，到特朗普推行"印太战略"，印太地区已经成为国际战略竞争和博弈的一个焦点。一些亚洲国家制定和实施具有扩张性的海洋战略，在钓鱼岛、南海等岛屿归属和海域划界上不时挑起事端。在国家主权和领土完整遇到重大挑战时，中国没有退路，必须针锋相对，寸土必争。

中国是当今世界唯一尚未实现完全统一的大国，是同周边多国存在领土主权和海洋权益争端的大国，尤其是有争端的领土中很大一部分实际上并不掌握在中国手中。这不仅对维护领土完整和国家安全提出了重大挑战，也为一些外部势力插手干预提供了可乘之机。当今世界没有任何一个国家特别是一个大国，在国家统一问题上同时面对四独："藏独""疆独""台独""港独"。这四种分裂势力，得到国际势力的支持和声援，他们以暴力和武力手段，从东西两个方向猖狂进行破坏和分裂中国的行动。

应对五大危险的严峻挑战，中国必须建设世界一流军队。

3."四个捍卫"，新时代解放军肩负崇高使命

新时代解放军成为世界一流军队，是解放军肩负的"四个捍卫"的崇高使命所要求。

一是捍卫中国共产党领导地位和中国社会主义制度，为巩固中国共产党领导和坚持中国特色社会主义制度提供战略支撑。这是捍卫国家的"政治安全"。

二是捍卫国家主权、统一、领土完整，为其提供战略支撑。这是捍卫国家的"主权安全"。

三是捍卫中国不断拓展的海外利益，为拓展国家海外利益提供战略支撑。这是捍卫国家的"海外利益安全"。

四是捍卫世界和平与发展，为实现中华民族伟大复兴与推动世界文明进步、构建人类命运共同体提供战略支撑。这是捍卫"世界和平与人类安全"。

第一个捍卫：捍卫中国共产党领导和中国社会主义制度。

中国是共产党领导的社会主义国家，政治安全是治国安邦的根本。政治安全得不到保障，国家必然四分五裂、一盘散沙，实现中华民族伟大复兴就无从谈起。

中国共产党从浙江嘉兴南湖一艘小船出发；中国红色政权从江西井

冈山一座山头上的星星之火开始；中国革命的大规模推进从陕北延安一个偏僻山城开始；经过 28 年的风雨兼程，新中国定都北京，共产党执政全中国，社会主义塑造大中华。进入新时代，"中国号"巨轮朝着成功实现中国梦这一伟大目标扬帆远航，中国共产党百年历程，新中国 70 年沧桑，社会主义伟大魅力，不仅在中华民族历史上而且在人类世界历史上，都是一个政治传奇，是一部经典史诗。

中国共产党的领导地位、执政地位，中国特色社会主义制度，是历史的选择、人民的选择。一个国家的领导力和制度力，是核心竞争力，是立国的支柱，是维护团结、保持统一的最大凝聚力，是强国、兴国的根本动力。政治安全是 14 亿中国人民的根本利益、核心利益。新时代中国的政治安全，就是中国共产党领导地位、执政地位的安全，就是中国特色社会主义制度的安全。中国共产党的领导和中国特色社会主义制度，是新时代 14 亿中国人民的"命根子"。要巩固共产党的长期执政地位，保证社会主义红色江山永不变色，中国人民解放军具有特殊地位和作用，必须在政治上非常过硬。全军要坚定站在党的旗帜下，坚决维护国家政权安全、制度安全，坚决维护政治社会大局稳定，保证政权不丢、制度不变、社会不乱。

第二个捍卫：捍卫国家主权、统一、领土完整。

当今世界尚未实现国家统一的大国只有一个，就是中国。同周边多个国家存在领土主权和海洋权益争端的国家只有一个，也是中国。中国是世界大国中捍卫主权、统一、领土完整面临麻烦最多的国家。

维护国家统一，在台湾问题上要尽最大努力争取和平统一，但任何时候都不能放弃使用武力，任何时候都要坚决威慑和遏制"台独"分裂活动。对"藏独""东突""港独"等一切形式的分裂活动，都要严密防范、坚决打击。

这几年，解放军在维护领土主权和海洋权益问题上寸土必争、寸海必争，以不可动摇的战略意志取得了重大成果。今后仍然要加强战略进取，讲求政治策略，积累优势，赢得未来。

第三个捍卫：捍卫中国不断拓展的海外利益。

新时代解放军要为拓展国家海外利益提供战略支撑。中国的国家利益依法依规向全球不断拓展，形成了重大海外利益格局。海外利益越大，安全需求就越大。海外安全保障成为必须解决的一个大问题。

新时代解放军捍卫国家海外利益安全的任务越来越艰巨。现在中国的国家利益，一半在国内、一半在海外。中国的国防不能局限于"国界"。1978 年中国进出口贸易只占国家经济总量的 5%～6%。现在中国进出口总量占经济总量的 60%。中国 60% 的石油依赖进口，70%～80% 的铁矿依赖进口，65%~68% 的轻工机电产品进口。海洋通道安全、海外资产安全、海外资源市场产品安全、海外侨民劳工安全都需要解放军保驾护航。解放军只有成为世界一流军队，才能有力保障国家海外利益安全。

第四个捍卫：捍卫世界和平与发展。

"为促进世界和平与发展提供战略支撑"，是习近平新时代中国特色社会主义思想的重大理论创新，是对解放军的战略要求。捍卫世界和平与发展，就是捍卫中华民族伟大复兴的外部环境，就是为构建人类命运共同体提供重要保证。

党的十八大以来，习近平面对风云变幻的国际形势，加强对外战略运筹，积极推进中国特色大国外交，中国日益走进世界舞台中央，国际影响力、感召力、塑造力不断提高。这是中国的贡献，也是中国的责任。国际体系变革的实质是国际权力和利益再分配，斗争很复杂很激烈。中国国际影响力、感召力、塑造力的增强，需要"军事保障力"支撑，需要解放军具有世界一流战斗力。

新时代中国加强国际战略运筹，营造良好国际环境，关键靠国家战略能力特别是军事实力。要认清军事力量对国际体系的战略影响和塑造功能，加快提升中国在国际安全领域的话语权和影响力，为中国加强国际运筹加重战略砝码。解放军必须强化使命担当，增强忧患意识和进取精神，以时不我待、只争朝夕的紧迫感，加快建设世界一流军队，提升履行新时代使命任务的能力。

4. 三次飞跃，中国进入"强起来"战略机遇期

从 1840 年到 2049 年这 209 年的时间里，中华民族的奋斗历程，就是实现从"站起来""富起来"到"强起来"的三次飞跃。新时代是中华民族"强起来"的伟大时代。

新时代的中国正处在由"富起来"到"强起来"发展的关键阶段。一些西方国家不会敲锣打鼓欢迎中国发展壮大起来。中国越发展壮大，面临的外部风险就越大，承受的外部阻力和压力就会越重，遇到的内部矛盾就会越多。这是中国由"富起来"到"强起来"发展进程中无法回避的挑战。历史的发展在紧要之处往往只有几步，中国现在就处在这样一个当口，搞好了就上去了，搞不好就可能出问题甚至出大问题。2017年 8 月 1 日，习近平在庆祝中国人民解放军建军 90 周年阅兵时的重要讲话中指出："今天，我们比历史上任何时期都更接近中华民族伟大复兴

的目标，比历史上任何时期都更需要建设一支强大的人民军队。"[①]世界进入大发展大变革大调整的新阶段，呈现百年未有之大变局。国际战略形势深刻变化必然带来区域性甚至世界性的无序和混乱，大转折既是大机遇，也是大挑战。新时代中国既面临千载难逢的历史机遇，也面临前所未有的风险挑战。国防和军队建设是国家安全的坚强后盾，没有一个巩固的国防，没有一支强大的军队，和平发展就没有保障。新中国成立以来，正因为高度重视国防建设，敢于在关键时刻亮剑，才顶住了来自外部的各种压力，维护了国家的独立、自主、安全、尊严。现在，虽然维护国家安全的手段和选择增多了，可以灵活运用、纵横捭阖，但军事手段始终是保底的手段。解放军现代化水平与国家安全需求相比差距还很大，与世界先进军事水平相比差距还很大，必须以只争朝夕的精神抓起来、赶上去，推动国防和军队现代化建设跨越式发展，加速建设世界一流军队。

5. 伟大斗争，需要强大军队

党的十九大提出在 21 世纪中叶，把中国建设成为富强民主文明和谐美丽的社会主义现代化强国的伟大目标。党的十九大报告指出："实现伟大梦想，必须进行伟大斗争。""我们党要团结带领人民有效应对重大挑战、抵御重大风险、克服重大阻力、解决重大矛盾，必须进行具有许多新的历史特点的伟大斗争。"[②]习近平多次强调，中华民族现在正处

---

① 习近平：《在庆祝中国人民解放军建军 90 周年阅兵时的讲话》（2017 年 7 月 30 日），《人民日报》2017 年 7 月 31 日。
② 习近平：《决胜全面建成小康社会　夺取新时代中国特色社会主义伟大胜利——在中国共产党第十九次全国代表大会上的报告》，人民出版社 2017 年版，第 15 页。

在一个新的历史起点上，我们比历史上任何时期都更加接近中华民族伟大复兴的目标，比历史上任何时期都更有信心、更有能力实现这个目标，必须进行具有许多新的历史特点的伟大斗争。

2019 年 9 月 3 日，习近平在中共中央党校（国家行政学院）中青年干部培训班开班式上发表重要讲话，强调"发扬斗争精神，增强斗争本领，为实现'两个一百年'奋斗目标而顽强奋斗"。他指出："当今世界正处于百年未有之大变局，我们党领导的伟大斗争、伟大工程、伟大事业、伟大梦想正在如火如荼进行"，"实现伟大梦想必须进行伟大斗争。在前进道路上我们面临的风险考验只会越来越复杂，甚至会遇到难以想象的惊涛骇浪。我们面临的各种斗争不是短期的而是长期的，至少要伴随我们实现第二个百年奋斗目标全过程。""当严峻形势和斗争任务摆在面前时，骨头要硬，敢于出击，敢战能胜。"①

"伟大斗争"包括"伟大军事斗争"；"难以想象的惊涛骇浪"包括"难以想象的军事斗争惊涛骇浪"。1840 年以来，中华民族追求民族复兴的过程，就是进行伟大斗争的过程，尤其是进行军事斗争的过程。而在伟大斗争中，中国共产党领导中国人民解放军长期进行的"伟大军事斗争"，尤为波澜壮阔。如果不是进行了"伟大军事斗争"，如果不是在伟大军事斗争的惊涛骇浪中乘风破浪，就不可能有今天这样的伟大成功。未来30 年，如果不能取得"伟大军事斗争"的胜利，就不可能成功实现中国梦、有力推进世界梦。

---

① 习近平：《发扬斗争精神增强斗争本领 为实现"两个一百年"奋斗目标而顽强奋斗》，《人民日报》2019 年 9 月 4 日。

进行伟大军事斗争需要伟大人民军队，这支伟大军队必须是一支全面强大的军队。解放军从建军以来就是一支伟大军队，但是这支军队在很长时间内不是一支世界一流的强大军队。今天的解放军，仍然是一支与世界一流军队差距很大的军队。

解放军从大刀、长矛和小米、步枪起家，长期属于"陆战型"军队。解放军创建始于陆军、发展基于陆军、根脉源于陆军，中国陆军建立了彪炳史册的不朽功勋，中国陆军在全世界规模最大也最富传奇色彩。但是中国陆军总体上还是一支数量规模型、区域防卫型、平面作战型的传统陆军，同世界先进陆军相比，同有效履行使命任务要求相比，差距还比较大。这次深化国防和军队改革，党中央和中央军委从军队建设和军事斗争准备全局出发，决定组建陆军领导机构，把陆军作为一个军种真正立起来，把陆军建设管理全面统起来。要求陆军把握信息化时代陆军建设模式和运用方式，按照机动作战、立体攻防的战略要求，在新起点上加快推进陆军转型，努力建设一支强大的现代化新型陆军。这次陆军领导管理体制改革，是突破原有总部体制、大陆军体制、大军区体制的一个关键节点。适应陆军改革转型要求，这次集团军改革统一实施军—旅—营体制，是对集团军的全面重塑。重塑转型后的中国陆军，实现了由区域防卫型向全域机动型转变，实现了由平面防卫型向立体攻防型转变，能够有效履行使命。

6.一流军队，习近平统率解放军的奋斗目标

把解放军建设成为世界一流军队，是新时代的历史机遇，也是习近平统率解放军的奋斗目标。

天下大势，分久必合，合久必分，当今世界出现百年未有之大变局。在这个大变局下，各种国际力量加快分化组合，大国关系进入全方位角力新阶段，围绕权力和利益再分配的斗争十分激烈，霸权主义、强权政治和新干涉主义明显上升，局部动荡频繁不止，世界依然面临着现实和潜在的战争威胁。

面对前所未有的世界大变局，习近平以伟大战略家的远见和气概，提出"三梦"伟大目标，这就是：实现中华民族伟大复兴的中国梦；建设世界一流军队的强军梦；构建人类命运共同体的世界梦。强军梦为中国梦和世界梦提供有力战略支撑。建设强大军队是接续奋斗的伟大事业，一代人有一代人的使命。新时代建设世界一流军队伟大事业的接力赛进入冲刺期、决赛期。习近平统率解放军建设世界一流军队必须跑好的这一棒，是决赛棒，是冲刺棒。现在，建设世界一流军队的责任历史地落到这一代革命军人肩上，我们就要挑起这副担子，敢于担当，跑好历史接力赛中的这一棒。

二、面对强敌，必须强军

2017年12月18日美国白宫发布特朗普任期内第一份《国家安全战略报告》，中国被列为美国的第一号"竞争对手"。

1. 能打胜仗，关键是"迎战强敌"能胜利

习近平要求解放军"能打胜仗"，能打胜仗关键是面对强敌能打赢。习近平要求解放军要敢于"迎战强敌"。当前，长期围堵和威胁中国的

强敌就是美国。

美国在中国周边部署了 400 多个军事基地，美国军舰、核武器、轰炸机环绕中国，形成一个"完美的绞索"。美国的目标就是围困中国、击碎中国梦。

美国已经做好与中国开战的准备。美国智库兰德公司在《与中国开战》报告中指出，要"用一种创新、理性的思路思考中美战争"。"中美战争并非不可能发生而且可能会非常危险，还会耗费大量资源，因此美国必须为此做好准备。中美战争的军事需求在美国的计划和作战规划中已被高度重视"。

解放军能打胜仗，关键是迎战美军能打胜仗。2016 年美国智库兰德公司发布研究报告《与中国开战：想不敢想之事》（以下简称《与中国开战》），作出判断，中国在 10 年内都会输掉对美战争。该报告指出："简而言之，在 2025 年，尽管军事发展趋势有利于中国，它却无法取胜，而是可能输掉一场与美国的高强度战争，尤其是长期的高强度战争。此外，这样一场战争的经济损失和政治风险可能危及中国的稳定，终结其发展，并破坏其国家合法性。"

美国霸权主义是对中国复兴的最大威胁。实现中国梦，必须做好迎战强敌、与美国一战的准备，必须具有在军事上击败美国侵略的能力。唯有如此才能让美国保持理智、冷静、清醒、友好。美国战略界的格言就是"美国打不败的敌人，就是美国的朋友"。1840 年以来，日本两次用战争遏制中国崛起，这就是 1894 年至 1895 年的甲午战争，1931 年至 1945 年的对华战争。美国从 1950 年朝鲜战争以来，已经包围遏制中国 70 年。到 2049 年中国梦实现还有 30 年，在此期间中国都面临美国"战争遏制"的危险。美国对中国是百年战略野心、百年军事威胁。新中国屹立世界、中华民族"站起来"的起点，就是坚决应对美国侵略、赢得抗美援朝战争伟大胜利。新中国能够走到今天，是成功应对美国军事包围、军事遏制的结果。新中国未来"强起来"，必须建设一支与美国同样强大甚至更加强大的世界一流军队，这样一支强大又伟大的军队，其根本标志是强而不霸。

2.美国组织四个联盟，中国立足应对"群敌"

新时代中国必须建设世界一流军队，不仅因为要准备"迎战强敌"，而且要准备应对"群敌"，应对美国组织的遏制中国的军事联盟。联盟战略是霸权国家的"传家宝"，是美国对付竞争对手的基本战略。最新出台的美国《国家安全战略报告》提出："盟友和伙伴是美国的强大力量。它们直接增强了美国的政治、经济、军事、情报和其他能力。美国以及我们的盟友和伙伴的国内生产总值（GDP）加起来占全球一半以上。美国的任何对手都没有如此强大的联盟。"如何击败中国这个第一号竞争对手？该报告提出要在全球组织军事围堵和击败中国的四个联盟。

第一个联盟——英语国家联盟。例如，著名的"五眼联盟"，就是20世纪英语民族国际联盟的一个著名组织。它是从二战初期开始到冷战初期形成的由美国、英国、澳大利亚、加拿大、新西兰五个英语国家组成的情报联盟。特朗普任内出台的美国《国家安全战略报告》提出："自第一次世界大战以来，澳大利亚在每一次重大冲突中一直在与我们并肩作战，并继续强化支持我们共同利益的经济和安全计划，维护本地区的民主价值观。新西兰是美国在该地区促进和平与安全的重要合作伙伴。""我们与澳大利亚和新西兰合作。""加拿大和美国有着独特的战略和防务伙伴关系。"美国针对中国的联盟战略,其核心联盟就是英语国家联盟,利用英语民族一家亲的大民族主义,组织全球英语民族力量对抗正在崛起的中华民族。

第二个联盟——西方国家联盟。利用欧美一些国家在社会制度和意识形态的同质性,通过北约等军事组织,把西方世界、西方国家力量组织起来,遏制中国的复兴。

第三个联盟——周边国家反华联盟。支持、怂恿那些在海洋权益和陆地边界与中国有争议的周边国家与中国对着干,把中国一些周边邻国变成美国的利用力量。《与中国开战》报告提出,在美国对中国"一场长期和高强度的战争中","美国的东亚盟国的支持可能降低中国的军事把握"。"日本的卷入是可能的,如果它成为潜在争端的当事国。而假如其领土(美国军事基地所在地)被袭击,日本的加入就几乎是确定的"。美国要"提高同盟和邻近中国的伙伴的核心军事能力,以及与他们协作的能力,与日本和其他东亚盟友制订应急计划"。美国最新《国家安全战略报告》指出:"印太地区正在发生自由和专制两种世界秩序观点之间的地缘政治竞争。该地区从印度西海岸一直延伸到美国西部海岸,是世界上人口最多、经济最活跃的地区。""印太地区的国家需要美国在该地区的持续领导","我们将维持在该地区长足的军事存在,以威慑对手,并在必要的时候击败一切敌人。我们将加强与盟友和合作伙伴的长期军事关系,并鼓励与盟国和伙伴发展一个强大的防御网络。例如,我们将推进与日本和韩国在导弹防御方面的合作,以增强区域防御能力。""我们将拓展与印度的防务和安全合作,印度是美国的主要防务伙伴之一,美国将支持印度在本地区不断发展的关系。我们将重振与菲律宾和泰国的联盟关系，同时加强与新加坡、越南、印度尼西亚和马来西亚等国的伙伴关系，帮助他们成为海上合作伙伴。""我们将深化与印度的战略伙伴关系，并支持印度在印度洋安全领域和更广泛地区的领导角色。"

第四个联盟——外敌与内奸联盟。美国支持和利用中国内部的分裂亲美势力，包括汉奸党、带路党、贪官群体、法轮功组织，利用"台独""疆独""藏独""港独"等分裂势力，搞里应外合，分裂中国社会，加剧中国内耗，迟滞中国发展。《与中国开战》报告指出："在政治方面，一场长期战争，尤其是在军事冲突严重和经济艰难的情况下，可能置中国于国内分裂的危险境地——使国家背负重担、面临考验。"

中国以不结盟的个体力量，应对美国组织的四个联盟的群体遏制，必须建设一支世界一流军队，才能保持战略主动，永远立于不败之地。

3. 239 年打了 222 场战争，美国是全球最好战的国家

新中国是人类历史上最爱好和平的国家。新中国的基本国策，是坚持永不称霸、永不扩张、永不谋求势力范围。新中国成立 70 多年来，没有主动挑起过任何一场战争和冲突。改革开放以来，中国致力于促进世界和平，主动裁减军队人员 400 余万。

长期包围、遏制中国的美国，则是一个最擅长挑动、制造战争的国家。2019 年 4 月，美国总统特朗普与美国前总统卡特通电话。卡特对特朗普说，美国是"世界历史上最好战的国家"，美国把精力和财力用来打仗，中国把钱用来建设。

几年前，意大利一个深受青年人喜爱的网站——24 小时消息网

（Notiziario24.com），刊登了一篇题为《有一个国家酷爱战争：立国239年，竟然打了222场战争》的文章。文章开首引用美国当代作家、演员乔治·卡林（George Denis Patrick Carlin，1937—2008年）的一段话："我们美国是一个好战的国家。我们酷爱战争，因为我们很擅长战争。"作者叙述了美国战争编年史，揭示美国自1776年以来，在其历史的93%的年代里一直在进行战争，在239年中进行了222场战争，和平年头只有21年。美国历史上整5年没有发动战争的只有一次，就是1935年至1940年的大萧条时期。

21世纪美国霸权的突出特点，就是"只许美国强大，不许中国强大"。美国认为中国建设世界一流军队就是对美国的挑战。特朗普任期内第一份《国家安全战略报告》指出："美国将以实力为出发点，寻求与竞争对手的合作领域，首先是要确保美国的军事力量在世界上处于无人能敌的地位，并将军事力量与盟友和美国全部权力机构充分整合。""中国正在建立世界上仅次于美国的实力最强大、资金最充裕的军事力量。它的核武库不仅不断增长，而且呈现多样化趋势。中国的军事现代化和经济增长在一定程度上是由于它利用了美国的经济创新，包括美国的世界一流大学。"

美国对保持超强军事霸权有焦虑感，在军事上遏制中国有强烈的紧迫感。美国这个全球最强大国家居然作出"军事自我检讨"。最新出台的美国《国家安全战略报告》指出："自20世纪90年代以来，美国表现出极大的战略自满情绪。我们认为美国的军事优势是不可撼动的，民主和平是势所必然的。我们认为，自由主义民主的扩大和包容将从根本上改变国际关系的性质，并且竞争终将被和平合作所取代。""在国家安全威胁不断增加时，美国不但没有扩充军事规模，反而将军队规模急剧缩小到了 20 世纪 40 年代以来的最低水平。联合部队没有发展重要的能力，而是进入了长达近十年的'采购假期'，在此期间购置新的武器系统受到严格限制，削弱了在威胁不断增加之时美国的军事主导地位。""国防经费缩减，美国的纳税人和军人受到蒙骗。"关于美国军队规模："我们也错误地认为，技术可以弥补军事规模的削弱——但恰恰是一定的规模才能使美国获得军事胜利，达成我们期望的政治目的。我们自以为是地认为在所有的战争中我们都将以最短的距离和最小的人员伤亡迅速取胜。""被称为上个世纪现象的大国较量再度出现。中国和俄罗斯开始重申自己的地区和国际影响力。他们正在部署军力，以便在危机来临时对美国实行区域阻隔。他们在夺取我们的地缘政治优势，试图根据他们的利益改变国际秩序。""真实的世界实际上是不断竞争的竞技场。""美国必须保持绝对的优势——足够规模的能力组合，以防止敌人获得成功，并确保美国的子孙后代永远不会处于优势不足的对抗中。军事优势加强了我们的外交实力，使我们能够塑造国际环境来保护我们的利益。为了保持军事上的绝对优势，美国必须恢复制造创新型武器装备的能力，恢复军队参加重大战争的战备能力，同时扩大军队的规模，使其能够以足够的规模作战，并持续在各种战争中获胜。""我们必须让对手认识到，我们能够而且一定会打败他们。""要确保美国军队能够击败我们的对手"。

美国的强军梦，就是要"保持军事上的绝对优势"，就是要"超强再超强"，始终处于"无可匹敌"的军事霸权地位。中国为什么要建设世界一流军队？就是要打破美国对世界军事格局的控制，结束美国的世界军事霸主地位，为中国安全也为世界和平提供坚强支撑，创造新的局面。

4.21 世纪，"德、日法西斯那一套"会重演吗

新时代中国为什么一定要建设一支世界一流军队？要从四个关键期去看。

一是世界的变局进入了关键期——当今世界正面临前所未有之大变局，正处在新旧格局转换、新旧秩序更迭、新旧体系更替的关键期。近代以来的世界要经历三种形态：第一种形态是大英帝国主导的殖民主义世界；第二种形态是美利坚帝国控制的霸权主义世界；第三种形态就是由中国积极倡导和大力推动的构建人类命运共同体的文明主义世界，这个新世界将在 21 世纪被成功塑造和构建起来。

二是中国的发展进入了关键期——当今中国已经进入由"富起来"到"强起来"发展的关键阶段，新时代的中国高举构建人类命运共同体的伟大旗帜，已经成为人类文明价值观和经济全球化潮流的引领者。过去都是西方国家推行经济全球化，现在成了共产党领导的中国在世界上举起了经济全球化的旗帜。新时代是一个"中国梦助推世界梦、世界梦拥抱中国梦"的时代。

三是西方的颓势进入了关键期——政治是经济的集中表现。全球经济低迷，一些国家经济形势长期不见起色，引发社会、政治、安全等方面的矛盾和问题。二战前西方国家长期陷于经济危机中，德国、日本国内矛盾激化，为法西斯势力攫取政权进而对外侵略提供了借口。现在如果有人要搞德、日法西斯那一套，就是逆历史潮流而动，肯定不能得逞。但是，一些国家为转嫁内部矛盾，对外示强甚至铤而走险的可能性是存在的。在当今世界面临前所未有之大变局的关键阶段，一些西方国家特别是霸权国家，会不会"逆历史潮流而动"？会不会"搞德、日法西斯

那一套"？这的确是当今世界面临的一个严峻问题。

四是解放军的转型进入了关键期——中国进入由"富起来"到"强起来"发展的关键阶段，"强"的根本标志就是军队要强。解放军从新中国成立以前的一支夺取政权的革命军，到新中国成立后成为一支立足本土、保疆卫国的国防军，在新时代要成为世界一流军队，成为全球"首强军"，解放军建设已进入"登高峰、攀巅峰"阶段。在这样一个关键阶段，建设世界一流军队，是中国安全的需要，也是世界和平的需要。解放军成为世界一流军队，将能有力防止和遏制一些国家特别是霸权国家"铤而走险""逆历史潮流而动""搞德、日法西斯那一套"。

三、八大战场，新时代中国周边"狼烟四起、危机四伏"

新中国成立至今，一直是世界大国中面临战场最多的国家。解放军进行了一系列保卫国家安全的"环形战争"：东北方向抗美援朝战争；西南方向中印边界自卫反击作战；在中国北疆与苏联军队进行的边境作战；在中国南疆进行的对越自卫还击作战。这东西南北、四面八方的作战，都取得了胜利。尤其是抗美援朝战争，面对全球首强美国军队，解放军打出了国威、军威。

新时代中国面临的军事挑战严峻，发生战争的风险加剧，要做好多个战略方向打仗的准备。以中国为主要竞争对手的美国，对这个问题研究和阐述得最清楚。《与中国开战》对中美战争有总体设计，对中国面临的战场有具体描述。该报告第一章就是"引爆中美战争的五大火药桶"。

《中国的军事战略》白皮书指出："中国地缘战略环境复杂，各战略方向、各安全领域都存在不同威胁和挑战，必须统筹全局、突出重点，促进军事斗争准备全面协调发展，保持战略全局平衡和稳定"，要"进一步优化战场布局，加强战略预置"，"统筹推进各方向各领域军事斗争准备"。① 党的十九大报告指出："军队是要准备打仗的，一切工作都必须坚持战斗力标准，向能打仗、打胜仗聚焦。扎实做好各战略方向军事斗争准备。"②

新时代的中国面临八个战争风险地带。这些地方，个个都是随时可能被引爆的"地雷场"。随时可能由争议变为冲突，由冲突演变为战争，由局部战争演变为大规模战争和持久战争。由于这些战场都有美国背景，都有美国插手，实质也都是与美国的竞争和斗争。所以即使是局部战争，也具有全局背景。这就增大了八个战场的战略危险性和巨大破坏性。

1. 东北战场——防止"第二场朝鲜战争"

中国在东北方向面临的最大战场，就是朝鲜半岛战场。朝鲜半岛是一个火药桶，爆发战争的概率高，牵扯的国家也多。兰德报告认为朝鲜半岛是中美开战的一个大战场。

在中国东北方向会有第二场朝鲜战争吗？

近代以来西方国家以联军方式进攻中国有三次：第一次是1856年至1860年英法联军进行的第二次鸦片战争；第二次是1900年至1901年八

---

① 《中国的军事战略（全文）》，中华人民共和国国防部网站2015年5月26日，转自新华社。
② 习近平：《决胜全面建成小康社会 夺取新时代中国特色社会主义伟大胜利——在中国共产党第十九次全国代表大会上的报告》，人民出版社2017年版，第54页。

国联军侵略中国的战争；第三次是 1950 年至 1953 年的美国侵略朝鲜的战争，志愿军对付由 16 个国家的军队组成的联合国军。未来可能发生的第二场朝鲜战争，按照兰德公司的设计，美国又将与其盟国组成联军。

朝鲜半岛问题是一把"达摩克利斯利剑"，悬挂在中国家门口；是一个由美国手握导火索而且由美国不断撬动"打火机"，随时可能点燃导火索、随时可能引爆的一个巨型"地雷阵"。面对美国、日本、韩国军事联盟长期围困封锁、分化渗透、战争威胁，朝鲜内部局势发生突变的可能性一直存在。美国在朝鲜问题上的"半岛战略"只是显性的一线战略，其深层次的战略布局是瞄着整个东北亚，连着整个东亚。美国借朝鲜半岛问题，强化针对中国的军事力量布局，强化对中国崛起的军事围堵。朝鲜半岛局势涉及中国重大战略利益，一旦朝鲜半岛生变、生乱、生战，出现第一场朝鲜战争那样严重危及中国利益、严重危及东亚格局的形势，中国将被拖入战争。东北战场、朝鲜半岛方向，是在陆地距离中国首都北京最近的方向。朝鲜半岛是一个迷魂阵，是当今世界地缘政治的一个陆地"百慕大三角"。朝鲜半岛战场一旦开打，其破坏力、影响力、震撼力将大大超越第二次世界大战以后发生的甚至是冷战以后中东地区乃至整个世界发生的任何一场局部战争。第二场朝鲜战争的残酷程度与破坏力将远远超过第一场朝鲜战争。

中国东北地区处于东北亚腹地，周边大国地缘战略竞争、地区热点问题、领土主权争端等因素相互交织，安全环境错综复杂。我国必须建立一支世界一流军队，以便能够时刻做好应对各种突发情况的准备。要认清该地区周边安全形势特别是半岛局势的复杂性和严峻性，坚持战略思维、辩证思维、底线思维，坚持一切工作都向能打仗、打胜仗聚焦，保持高度戒备态势，确保部队召之即来、来之能战、战之必胜。要把应对朝鲜半岛重大事变准备摆在突出位置，立足最复杂最困难的局面，把各种可能的危机事态分析透，把军事行动方案预案搞周全，加紧推进各项准备工作，做到一旦有事能快速应对，确保中国在半岛的战略利益不受损，确保国家战略全局稳定。

2. 东海战场——美国精心策划中日东海之战

《与中国开战》认为："中日在东中国海围绕争议领土的冲突，而美国声称其与日本的防御条约也适用于此"。这就是说，一旦中日在东海因海洋和岛屿争议而开战，美国将和日本并肩与中国作战。报告强调，在中美战争中"日本是其中最关键的一个国家，日本的军事力量不断上升，与中国一直处于对立关系，并且中国非常有可能会攻击美军在日本领土的空军基地。近期日本安倍政府发动的修宪行为，有效地使日本在美国对中国作战时为美国提供军事支援的行为合法化"。按照兰德报告的分析，中日开战，美国要与日本一起对付中国；而中美开战，日本也肯定要与美国共同对付中国。

《与中国开战》报告指出："由于中美战争，即使对胜利者而言，也是成本极其高昂的，因此双方不太可能通过预谋袭击发动战争。但是中美仍有可能产生危机，这些危机包括一些可能引起敌意的事件和误判。中国可以尽量在美国容忍而不干预的限度内威胁其邻居，但中国会错误地估计美国的限度。当东海爆发领土争端危机时，中国可能低估美国在军事上支持日本的意愿。而且，中美两国在该海域存在矛盾，即中国对于其 200 海里专属经济区的主权宣示和美国坚持认为该海域是中国海岸线 12 海里范围以外的公海。如果双方选择强化各自的立场,双方军队可能会一触即发。"这就是说,在东海战场,日本与中国的领土争端,是与中国开战的理由;而美国在东海与中国的"公海"争议,也是与中国开战的理由。反正在东海战场,美国、日本与中国开战,怎么说也是开战有理。

从 19 世纪末期美国走向世界、进入亚洲以来,就把分化中国和日本这两个国家,让中日对峙、对抗、对战,作为分裂亚洲、控制亚洲特别是控制东亚的一贯战略。美国在东北亚与中国开战,一定要和日本一起干。

中国在东海维护国家领土主权、维护国家海洋权益的原则坚定不移。日本政府持续推进修改和平宪法,加速扩军进程,日本军事战略的进攻性、冒险性增强。中日两国在钓鱼岛主权归属等问题上,一直存在军事对峙和武装冲突的危险。中日"东海一战"的可能性始终存在。

美国人精心策划中、美、日东海一战,实际就是美、日联盟在东海方向遏制中国崛起之战。如果美、日在东海方向为军事遏制中国而不惜铤而走险,那么中国在东海战场将被迫进行一场"东海主权保卫战"。

3. 台海战场——"中国统一战争"准备必须充分

《与中国开战》报告认为:美国与中国开战的一个理由,就是"中国大陆武力胁迫或夺取台湾的威胁"。"与美国阻止中国武力统一台湾的意志相比,中国人防止台湾从中国独立的决心可能会更坚决。"

新时代台海战场,是三大意志的比拼,这就是"台独"势力武装分裂国家的意志;中国武力统一国家的意志;美国武力干预中国统一的意志。台海两岸大陆与台湾的博弈,太平洋两岸中国与美国的博弈,交织在一起。中国统一战争，也是中国反制美国干涉的战争。

新时代中国实现国家统一的意志坚定不移。2019 年 1 月 2 日，习近平在《告台湾同胞书》发表 40 周年纪念会上讲话指出："我们愿意以最大诚意、尽最大努力争取和平统一的前景"，但是"我们不承诺放弃使用武力，保留采取一切必要措施的选项，针对的是外部势力干涉和极少数'台独'分裂分子及其分裂活动"。这是对"台独"分裂势力的严重警告。习近平强调："中国人的事要由中国人来决定。台湾问题是中国的内政，事关中国核心利益和中国人民民族感情，不容任何外来干涉。"① 这是对美国、日本等域外干涉势力的严重警告。

世界大国制止分裂势力、捍卫国家统一，在和平手段无法解决的时候，都是断然出手，以军事手段解决问题。美国统一战争就是经典案例。历时四年的美国统一战争，双方军队死亡 62 万人，超过美国在一战、二战、朝鲜战争中 58 万死亡人数的总和。林肯是捍卫美国统一的伟大总统。今天华盛顿特区最恢宏的政治文化景观就是林肯纪念堂，美国人民永远怀念和纪念这位捍卫了美利坚统一的伟大总统。

解决台湾问题，我们要有和平理想，但是不能有和平幻想。面对台海战场，要有两个立足：一是立足武力统一；二是立足决战决胜。国民党不统、不独、不武的立场暂时难以改变，实际上骨子里还是想独立；民进党的"台独"立场昭然若揭，不会改变，美国"以台制华"的战略不会改变。在台湾岛内 2300 万人口中，大陆籍只占 12%，台湾本省人口

---

① 习近平：《为实现民族伟大复兴　推进祖国和平统一而共同奋斗——在〈告台湾同胞书〉发表 40 周年纪念会上的讲话》（2019 年 1 月 2 日），《人民日报》2019 年 1 月 3 日。

占 88%。一旦出现重大"台独"事变，出现严重内乱，出现外部军事势力介入等情况，就迫使中国用一场"中国统一战争"实现国家统一。

新时代要有科学的"台海战场观"。这个"台海战场观"突出表现在以下四点：

一是信心足——对新时代实现祖国统一要有信心。台湾经济总量，20 年前相当于大陆的 1/3，现在下降到 1/20。台湾的军费 20 年前与大陆不相上下，现在大陆是台湾的 15 倍。大陆在经济、军事上有绝对优势。

二是文武观——能够武力打下台湾，才能和平统一台湾。军事手段是遏制台独势力、彻底解决台湾问题的最终手段。军事斗争准备越充分，"台独"势力就越不敢突破底线，两岸关系和平发展才越有保障，台湾问题和平解决才越有可能。和平统一的根本保证，就是武力统一的坚定决心和强大力量。

三是时间表——解决台湾问题，要有时间表，要有路线图。这一点，"台独"和美国看得很清楚。他们知道，中国彻底解决台湾问题，就是在新时代。所以，他们焦虑恐惧，如同热锅上的蚂蚁。

四是大视野——深远思考台湾问题、筹划对台军事斗争，必须"三海联动""三梦统筹"，系统布局，整体推进。

所谓"三海联动"，就是台海、东海、南海联成一线，全面布局造势。美国长期利用这三海，构建围堵遏制中国的海洋封锁线。

所谓"三梦统筹"，就是把实现统一梦、实现中国梦，与推进世界梦，总体设计，系统推进。实现国家统一才能实现民族复兴。如果不能有效遏制世界霸权，不能有力推进构建人类命运共同体的世界梦，让霸权猖獗，让美国横行，台湾问题就难以解决。所以，必须把解决台湾问题与遏制美国霸权干涉、突破美国海上围堵、强大中国海权结合起来。必须把两岸统一的统一梦，把实现中华民族伟大复兴的中国梦，与重塑世界格局、构建人类命运共同体的世界梦这三梦密切结合、整体推进，才能为中国塑造纵横捭阖大棋局，为人类创造文明进步新局面。

4. 南海战场——"南海主权保卫战"师出有名

《与中国开战》报告指出：在南海问题上，美国极力主张公海航行自由，中国在南海则竭力要求实现其领土主张，"美国可能甘愿坚决斗争去阻止中国获取对南海的控制权"。

兰德报告称："关于中美对立的立场如何引发战争的问题，在中国南海已有案例。中国为了对南海海域占有实际主权，已经修建了人工岛屿、飞机跑道和其他军用基础设施，并在这海域附近宣示200海里专属经济区。美国是不会接受这点的，因为它与美国的利益相悖，其中包括和平解决争端原则、公海自由原则、大约40%的国际贸易经由南海的事实以及菲律宾和美国的其他盟友不希望美国容忍中国的单边行动。结果是，美国在南海排兵布阵。毫无疑问，中国也会在这片竞争不断的海域中布置兵力。在这种情况下，中美双方在南海都不会退缩并主动压缩兵力。如果真的爆发危机，任何可能会在无意中导致冲突的星星之火都可以燃起燎原之势。""目前看来美国军事上似乎更胜一筹，致使中国比美国更可能选择退让，然而中国发展的反介入／区域拒止能力会让危机更难以和平收场。"

南海方向，是中国维护海洋主权"必保"的重要方向，是中国建设海洋强国"必争"的重要区域，是中国海洋军事斗争"必胜"的重要战场。南海岛礁是中国走向海洋、经略海洋、维护海权的前哨阵地。新时代南海战场建设有力推进，小礁变大礁、大礁变基地、基地建机场码头，南海岛礁建设取得历史性进展，不仅保全了这部分"祖产"，也为今后长远经略南海提供了前沿阵地。南海岛礁建设把军事功能摆在第一位，坚持慑控南海、策应台海、前出两洋（太平洋、印度洋）、一体筹划，科学推进岛礁作战力量体系建设，加快形成威慑和实战能力。这是为中华民族建立的一个历史性功绩。南海岛礁建设的重大意义，随着时间推移会越来越突出。

南海战场是中美之间一个战略角力场。南海局势暗流涌动，随时会起波澜。美国强化在南海常态化军事活动，屡次派遣军舰、战机闯入中国南海岛礁附近，强化对中国威慑施压。美国把南海作为遏制和防范中国发展的战略角力场，中国同美国在南海的战略博弈是长期的、复杂的。日本极力充当美国马前卒，竭力在南海搅局。越南、菲律宾等国虽然无意同中国全面对抗，但他们在南海问题上很难作出根本性让步。所以，南海地区各方战略博弈是长期复杂的。解放军在南海战场既要做到随时能战，又要持久备战，随时准备应对可能发生的武装冲突和突发事件，坚决维护国家领海主权和海洋权益。

在南海战场，对美国不能有幻想。美国始终把中国南海岛礁建设视为眼中钉、肉中刺，会随时在南海挑事。美国借所谓"航行自由"插手南海事务，联合一些国家搞"亚太再平衡""印太战略"，搞乱南海、制衡中国，造成南海纷争国际化、复杂化。南海问题危机化、战争化趋势加剧，南海成为全球最不平静的海洋，成为危机四伏的海洋。中国一直坚持和平解决南海争端，但是必须做好南海一战的充分准备。

5. 西南战场——"第二场中印战争"如何避免

《与中国开战》报告认为：当中美开战以后，"相比起世界各国的看法，一些大国的反应就显得重要得多，特别是俄罗斯、印度和欧洲国家。中国陆上邻国中最强大的两个国家俄罗斯和印度，很可能分别支持中国和美国"。

印度与中国的战略竞争，起点是尼赫鲁的战略雄心。尼赫鲁早在印度独立前的 1944 年，就在其纲领性著作《印度的发现》（*Discovery of India*）中公开声称："印度虽然并非一个直接的太平洋国家，却不可避免地将要在那里发挥重要的影响。在印度洋地区一直到中东，印度也将要发展成为经济和政治活动的中心。"尼赫鲁的印度梦，就是要让印度成为亚洲的中心国家。尼赫鲁视中国为主要竞争对手。他对新中国采取两面政策，一面表示对华友好，一面支持西藏分裂主义，反对解放军进入西藏，公开向中国提出领土要求。这样就在长达 2000 公里的中印边界出现了 12 万平方公里的争议地区。印度对华政策的两面性，导致印度国内反华浪潮不时泛起，中印边界问题长期不能解决。

印度不仅利用边界争议不断掀起反华浪潮，而且公开支持西藏叛乱。1959 年 3 月西藏上层反动分子公开发动全面武装叛乱，印度领导人当即在公开场合一再表示"同情"叛乱分子。印度国内也掀起一股反华逆流。1959 年 4 月达赖出逃印度，印度官方竟以高规格接纳。尼赫鲁接见达赖，后来甚至支持其在印度的达兰萨拉成立西藏流亡政府。从 1959 年 4 月起，中国《人民日报》登载了一系列文章，批驳印度反华言论。但是中国政府对印度的挑衅十分克制。当时美国在朝鲜半岛、台湾海峡和印度支那三个方向对中国形成重大威胁，中国战略重点在东部，不想在西部分散注意力。

尼赫鲁拒绝和平解决边界问题。印度挑起中印边界武装冲突后，美国总统艾森豪威尔于1959年12月访问印度，许诺增加援助。此前12年美国对印度经济援助只有17亿美元，而在1959年至1963年这4年间，美国对印度经济援助高达40亿美元，积极反华成为印度政府争取外援的主要手段。1959年以后中苏关系趋于恶化，苏联在印度反华后也增加了对印度经济援助并提供军事援助。1961年中国经济困难加重，同年11月印度政府下令在中印边境西段开始推行"前进政策"。

第一次中印边界战争，中印双方参战部队总数都是3万多人（不包括后勤支援人员）。1962年11月21日，中国政府突然宣布停火，并下令将部队撤回到1959年11月实际控制线本侧20公里之内。这表明中国和平解决中印边界的诚意，赢得世界舆论的称赞。

中印边界东西两段反击战，中国参战部队总计不足4个师，击毙印军4900余人，俘虏印军3900余人。印军参战部队3万人，被击毙、俘虏和击伤近万人，其余多数溃散。中国军队战斗伤亡共2400余人。

中印边界自卫反击作战，显示了中国捍卫国家主权和领土的决心。印度当局经过这次教训，其对外战略由向北实行"前进政策"改为"北守西攻"，即对中国取守势，对巴基斯坦采取攻势，将巴基斯坦视为直接对手，将中国当作潜在对手。

印度一些政治家从1947年国家独立开始，出于充当"亚洲中心"的梦想，一直把中国视为主要潜在对手，在北部边境地区部署重兵。印军在中印边界长期保持9个山地师，形成对当面中国军队较大的数量优势。印度反华势力一再掀起挑衅中国的浪潮。1987年，印度政府宣布在非法的"麦克马洪线"以南争议地区建立所谓"阿鲁纳恰尔邦",引发双方紧张关系。近年来中印关系虽有改善,中国已成为印度最大对外贸易国,但是印度国内一些军政要人仍把中国视为潜在对手,煽动反华情绪,在边界地区制造战争气氛。2017 年 6 月 18 日至 8 月 28 日,中印两国部队在西藏洞朗对峙了两个多月,双方剑拔弩张。在中印边境争议地区,发生第二场中印边境战争的可能性和危险将长期存在,必须有足够重视和充分准备。2017 年的中印洞朗对峙事件虽然暂时平静了,但是印度的战略野心膨胀,对中国边境地区进行渗透蚕食不会死心。

美国认为遏制中国有两个最重要的国家,一个是在中国东北方向的日本,另一个是在中国西南方向的印度。最理想的状态,就是在东北亚让中日开战,在中国西南方向让中印开战。中日对峙主要是隔海相争,是海上对峙。中印竞争,过去的战场就是在陆地边境,现在由于美国把遏制中国的"亚太再平衡战略"升级为"印太战略",美国将在"印太战略"旗帜下,把中印竞争由陆地边境争议地区,向印度洋延伸,把中印军事博弈从陆地扩大到海洋。随着美国战略重点由"亚太"地区拓展为"印太"地区,由太平洋延伸到印度洋,这就突出了印度洋的战略地位,提升了印度遏制中国的作用,美国在陆地和海洋两个方向为中印之战推波助澜。

6. 西部战场——反分裂斗争会成为战争吗

中国西部的西藏和新疆地区,是我国西部边疆的两大行政区域,而且是两个最大的行政区域,分别是我国西南边陲与西北边疆的重要门户,构成了我国大西部的屏障。由于地处边陲,长期以来,深受分离主义与分裂主义者滋扰。《与中国开战》报告认为，中国"分离主义的危险隐藏在西藏和新疆。一旦中国陷入与美国的代价高昂的破坏性战争中，这里的分离主义者就会有机可乘"。"在政治方面，一场长期战争，尤其是在军事冲突严重和经济艰难的情况下，可能置中国于国内分裂的危险境地"。

中国西部地区处于亚欧大陆腹地，是联通中亚、南亚、欧洲的重要区域，历来是中央政权强边固防的重要地区，战略地位十分重要。中亚地区恐怖主义、分裂主义、极端主义活动猖獗，严重影响中国西部边境地区安全稳定。在西藏、新疆地区，各种渗透颠覆破坏活动、暴力恐怖活动、民族分裂活动、宗教极端活动不断出现。党中央高度关注西部地区这个重要方向，把经略西部地区摆在重要战略位置。戍守中国西部方向的解放军部队，必须立足最复杂最困难情况，始终保持箭在弦上、引而待发的高度戒备状态，确保召之即来、来之能战、战之必胜。

19世纪末期以来，西藏和新疆之所以成为一个反侵略、反分裂、反叛乱的战场，主要是由于英国的入侵和美国的干预。西藏和新疆具有同样的战略地位。近代以来，帝国主义一直企图侵略和瓜分中国，西藏是他们觊觎的重点地区之一。从1888年开始，西藏就成为反对外敌入侵的战场。1888年、1904年，英国两次发动侵略西藏的战争，策动"西藏独立"，制造了所谓"西藏问题"。新中国成立后，美国包围、孤立中国，在"西藏问题"上大做文章。美国在科罗拉多州和关岛、琉球等地训练所谓"西藏游击战士"，1959年策动和支持西藏反动上层发动背叛国家的武装叛乱，失败后又支持达赖集团重组叛乱武装，长期对中国边境进行武装袭扰。在美国操纵下，1959年、1961年、1965年联合国三次通过所谓"西藏问题"

决议。东欧剧变、苏联解体后，西方敌对势力加紧利用达赖集团对西藏进行渗透破坏活动。1989年，西方出于政治目的，授予达赖诺贝尔和平奖。1987年至2014年，美国国会通过了200多项涉藏议案，1997年还设立了所谓"西藏事务特别协调员"，把利用"西藏问题"干涉中国内政常态化、法律化。美国鼓吹要在"亚太再平衡"战略和"印太战略"中融入和强化西藏因素，同欧盟、日本、印度、澳大利亚等建立"西藏问题联络机制"联合对付中国。

美国把西藏作为突破口，目的是牵制、搞乱甚至肢解中国。新中国的几代领导人深谋远虑，在西藏问题上牢牢把握战略主动权。早在解放战争"三大战役"刚结束，毛泽东就谋划解放西藏，强调"西藏人口虽不多，但国际地位极重要，我们必须占领，并改造为人民民主的西藏"。解放军1950年1月开始进军西藏，1951年12月和平解放西藏。要是解放西藏的决心下得晚一点、行动慢一点，将面临更大困难和问题。

西藏分裂势力野心很大。1990年，达赖出版了他的自传，里面有一幅地图，名为"西藏及其邻国"，把整个青藏高原和河西走廊、新疆南部等地域都纳入了其所谓"西藏国"的版图。把新疆其他部分称为"东突厥斯坦"，把东北地区称为"满洲"，连台湾、内蒙古都划出去了。达赖集团不仅要把西藏分裂出去，而且要彻底分裂中国，让一个中国分裂为多个国家。

达赖集团是组织体系完备、国际影响大的分裂主义政治集团。当年美国中央情报局策划十四世达赖外逃，把他作为分裂中国的工具。现在，达赖集团冒险性不断上升，美国也在极力榨取十四世达赖的"剩余价值"。几十年来，达赖集团分裂祖国的本质没有改变，但策略不断调整。20世纪 80 年代以前，达赖集团公开宣扬"西藏独立"。20 世纪 80 年代提出"中间道路"，主要内容是不承认西藏是中国领土一部分，声称 1950 年以前西藏是一个独立的国家；反对我国宪法确定的原则，不接受西藏实行的社会主义制度和民族区域自治制度，要通过"民主选举"实现"高度自治"；不接受我国行政区划，要搞西藏大自治区，把西藏和四川、云南、甘肃、青海藏族聚居区合并在一起，建立统一的行政区，总面积 240 多万平方公里。这个面积，相当于 1/4 的中国国土，相当于 80 个台湾省的面积。达赖要把 1/4 的中国领土，都包括在他要建立的独立的西藏大国家中。一些西方国家，要求中国中央政府同达赖就所谓西藏"真正自治"问题，进行"实质性对话"。

20 世纪 80 年代初，中央政府明确向十四世达赖的代表指出："把西藏搞成一个'国家'不成，搞个所谓'高度自治'也不成，你们还提出要搞什么大藏族自治区，这个根本不现实，绝对不可能。"达赖集团所谓"中间道路"，实质是分步实现"西藏独立"的政治纲领。用表面上承认我们对西藏和四省藏区的"主权"，来换取他们对这一地区的所谓"治权"，在占我国陆地面积 1/4 的国土上建立一个由达赖集团控制的"半独立"政治实体，等到"治权"巩固后再要求"主权"，最终实现"西藏独立"。

西藏分裂势力的分裂破坏活动猖獗。根据 2015 年的资料，近年来，西藏全区累计打掉非法组织 161 个，抓获重点人 3345 人，收缴大量枪支、刀具，收缴炸药等易爆原材料 3 万多公斤。在西藏地区，要时刻严防发生规模性非法聚集事件，严防打砸抢烧严重暴力犯罪和暴力恐怖事件，还要严防自焚事件。

根据 2015 年 8 月的有关资料，此前 60 年，西藏军区为西藏解放和建设事业牺牲的人，有记载的就有 11000 多人。

我们再看看新疆地区的情况。

新疆地处亚欧大陆腹地，是我国西北的战略屏障。新疆作为西北战场的重要组成部分，战略地位十分重要。民国历史学家朱希祖说："吾国新疆为西域最要区域，吾国得之，足以保障中原，控制蒙古；俄国得之，可以东取中国，南略印度；英国得之，可以囊括中亚细亚，纵断西伯利亚。"左宗棠也讲过："重新疆者所以保蒙古，保蒙古者所以卫京师。"现在，新疆是我国实施西部大开发战略的重要地区，是对外开放的重要门户，是战略资源的重要基地。随着国家西进战略的推进、丝绸之路经济带建设的开展，新疆在我国安全和发展全局中的地位作用更加凸显。

西北的重点在新疆，而新疆的重点又在南疆。新疆社会虽然总体稳定，但是，反恐斗争形势严峻复杂。暴力恐怖活动主要来自三股势力：民族分裂势力、宗教极端势力、暴力恐怖势力。"东突"分裂势力搞暴力恐怖活动，目的是挑起民族仇恨、制造社会动乱、分裂国家。"东突"分裂势力加紧策划实施暴力恐怖活动，范围不断扩大，组织更加严密，手段更加残忍，暴力恐怖活动的武装化、专业化程度不断提高。如果不将其坚决遏制住，"藏独""民运""法轮功"邪教组织等敌对势力就可能群起效仿，越闹越大。

对暴力恐怖势力，必须施以霹雳手段，坚决打、狠狠打，决不手软，决不养痈遗患。反恐斗争要先发制敌，打主动仗，凡"恐"必打，露头就打，打早、打小、打苗头，使暴力恐怖分子成为过街老鼠人人喊打，绝不允许暴力恐怖活动形成气候。根据中国政府 2019 年 7 月 24 日发表的《新时代的中国国防》白皮书提供的数据，2014 年以来，解放军协助新疆维吾尔自治区政府打掉暴力恐怖团伙 1588 个，抓获暴力恐怖人员 12995 人。在反恐维稳问题上，要理直气壮、毫不含糊，坚决捍卫国家政治安全、政权安全，坚决维护祖国统一和民族团结。

7. 香港战场——决不允许香港成为反华反共桥头堡

"台独""港独""藏独""疆独"，这"四独"乱我中华，危害极大。中国在西部地区重点反"两独"："藏独""疆独"；中国在东南地区重点反"两独"："台独""港独"。在"四独"中，人们对"台独""藏独""疆独"的危害认识比较充分，而对"港独"的危害性认识不足。其实，"港独"在地域上虽然只限于一城，但其危害绝对不能小觑。

香港是我国一个海滨城市，而且是我国最大的国际贸易港口之一，但是，西方敌对势力试图将这里变为战场。香港这个国际大都市，外表十分繁华，但是社会暗流涌动，各种思想观念泥沙俱下。解放军驻香港部队处在两种社会制度、两种意识形态斗争的前沿阵地。香港是世界情报中心，美国、英国等国家和一些势力在这里长期经营，间谍活动非常活跃。在香港这块前哨阵地，反渗透、反心战、反策反、反窃密的斗争复杂艰巨。香港战场重要，美国在香港的力量布局非同一般。美国有遍布世界的外交机构、海外基地、驻外援助团体等。这些基地和组织是美国进行军事战、政治战、文化战的堡垒。现在，美国驻中国香港的领事馆人员就有上千人。美国驻香港领事馆这上千人，是美国派驻香港战场的"千人特种兵团"，是美国在香港的"特洛伊木马"。他们以香港为战场，以领馆为阵地，与"港独"串联结合，时时煽风点火，与中国进行特种作战。

香港政治生态相当复杂，各种敌对势力、反对派和一些利益集团都在那里活动，想方设法搅局滋事。特别是各种敌对势力把那里作为对内地策动"颜色革命"的桥头堡，斗争形势十分严峻。"港独"分子在背叛祖国的猖狂性上，比"台独"分子有过之而无不及。"港独"分子在香港特区政府门口贴标语，庆祝英国攻打中国的鸦片战争胜利170周年，并且狂言说幸亏英国人胜利了，让我们成为英国人的殖民地。香港2014年发生大规模"占中"事件以后，香港中文大学两名学生在英国下议院做证，要求英国重启《南京条约》《天津条约》。2019年，香港又发生了长时间、大规模的持续暴乱。美国、英国不仅是香港暴乱的幕后黑手，而且是香港暴乱的公开声援、支持者。香港成为美、英等西方国家对中国推行"颜色革命"的一个试验场。

近些年，以美国为首的西方敌对势力，经常在香港搞事，亲手培植并不断煽动乱港分子，制造各种事端。2020年7月2日，美国参议院通过了所谓的《香港自治法》，是以文件的形式公开干涉中国内政。对此，我国进行了有力的回击。《环球时报》发表社评称：如果华盛顿要"不惜代价"毁掉不受它摆布的香港，以此来搞痛中国，那么它可以做的事还有很多。它要是宁肯自己倒霉也不让香港好，那么包括香港公众在内的14亿中国人民一定会对它奉陪到底。

其实，香港从回归祖国那一天起，就被境内外敌对势力作为战场，来与大陆博弈。香港反对派及其背后外部势力一直千方百计挑起各种形式的破坏活动，企图把香港变成一个独立半独立的政治实体，变成反华反共的桥头堡。香港是中国的一个特别行政区，香港已经回归祖国，决不能得而复失。我们同各种敌对势力的斗争是长期的、复杂的、尖锐的。

这种斗争，不是具体利益之争，是政治斗争、政权斗争，决不能退让，必须决战决胜。

我们在香港战场进行的斗争，不仅有政治斗争、情报斗争，而且有军事斗争。对付"港独"暴乱，捍卫"一国两制"，是解放军的重要使命。台海战场与香港战场的区别，在于未来的台海之战，是粉碎"台独"、实现国家统一之战。而香港战场的"决战决胜"，则是捍卫"一国两制"、捍卫香港回归成果、维护香港与国家统一的作战，是捍卫国家统一之战。

香港的原则问题，就是坚持"一国两制"。"一国"是"两制"的前提和基础，没有"一国"，还谈什么"两制"！香港再特殊，也是中国领土的一部分。在事关"一国"原则的重大政治问题上，必须旗帜鲜明，谁破了规矩、越了底线，就要坚决顶回去。近代以来，中国经历了长达百余年的国破山河碎、同胞遭蹂躏的悲惨历史，所有中华儿女对此刻骨铭心；维护国家主权和领土完整，绝不容忍国家分裂的历史悲剧重演，是共产党、解放军对历史和人民的庄严承诺；一切分裂国家的活动都必将遭到全体中国人民坚决反对；绝不允许任何人、任何组织、任何政党、任何国家，在任何时候、以任何形式、把任何一块中国领土从中国分裂出去！

解放军驻军香港，是一支枕戈待旦的战斗力量，是保障香港繁荣稳定的压舱石。香港驻军不是摆设、不是象征，不是礼宾部队、表演部队，不是国家治安管理的警察队伍，而是正规军，是肩负备战打仗使命的。驻香港部队，既是国家主权的重要体现，也是捍卫国家主权的重要力量，是捍卫"一国两制"、维护香港繁荣稳定的重要基石。当年围绕要不要在香港驻军，我们同英国人进行了尖锐斗争。邓小平讲，既然是中国领土，为什么不能驻军！如果"港独"乱港突破底线，解放军就会出手，就会动武。既然国内外敌对势力一直把香港作为一个反华反共的桥头堡和分裂中国的战场，解放军当然要有在这个战场备战打胜仗的思想和能力。

香港战场对解放军的战略要求，就是在稳控香港上发挥"定海神针"的作用，平时常备不懈、示能造势，关键时刻一锤定音。就是要充分发挥军事力量功能，定住国家主权和中央管治权，定住香港社会稳定大局，定住香港人心。各种敌对势力把香港作为渗透、破坏、颠覆大中华的一个重要阵地，他们过去20年一直在香港呼风唤雨，他们今后也会继续在香港兴风作浪，他们是不会消停的。今后，香港发生大规模骚乱、暴乱的可能性仍然严重存在。驻香港部队必须做好应对极端情势的各项准备，枕戈待旦，常备不懈，一旦需要，就迅即出手、解决问题。

8. 海洋通道战场——关键时刻决不能被卡脖子

海洋战略通道，是全球经济贸易交流的大动脉。现在，全球90%的贸易要通过海洋运输。海洋战略通道一旦出现问题，国家就会经济窒息，世界经济将面临瘫痪。中国经济重心在东部沿海地区，中国经济对外依存度已经高达60%，对外贸易运输量的90%以上是通过海上运输完成的。中国商船队的航迹遍布世界1200多个港口，世界10个最大的集装箱港口中国有5个。世界航运市场19%的大宗货物运往中国，22%的出口集装箱来自中国。中国对外原油依存度达到55%，到2020年石油对外依存度可能达到70%。中国进口石油的运输90%都是走海运。海洋通道、海洋运输线已经成为中国经济的生命线。

中国海上运输线受美国海军控制。美国海军在20世纪80年代，就制定和实施了一个"海上通道控制战略"，目标就是绝对掌控全世界 16 条海上战略通道，确保在战时能够有效封锁和遏制对手的航运和海军力量。1992 年，美国海军又把全球海上重要航道划分为相互连接、相互支持的 8 个区域性海峡群。美国学者认为中国能源通道安全脆弱不堪，"美国海军仅仅通过在太平洋和印度洋上拦截中国船只，就可切断中国的能源供给。"

《与中国开战》报告指出："敌对双方爆发战争后，在贸易方面，一般来说会有 80% 左右的跌幅。""一战时贸易下跌了 96%，二战时则下跌了 97%；而敌对双方之间的贸易几乎完全被破坏。""我们假设中美之间在一场长达一年的高强度战争中，双边贸易额将下跌 90%。""随着中美贸易下跌 90%，东亚地区贸易下跌 80%，全球贸易下跌 50%，一年之后，中国的 GDP 将下降 30%。"

《与中国开战》报告指出，"中国消费的大部分天然气和原油是进口的"，在中美战争中"切断中国海上获取石油和液化天然气的通道将会产生最显著的效果。""在西太平洋地区的高强度和大范围的战斗，将中断中国几乎所有的贸易（其中 95% 经由海上运输）。而美国的主要损失是与中国的双边贸易以及与东亚其他国家的贸易（与中国相比，这种损失程度小得多）"。该报告在"高强度战争一年后的经济损失预测"部分强调："第二次世界大战期间德国的 GDP 下降 64%，日本的 GDP 下降 52%，其时两国都遭受沉重打击。"中美开战一年后，中国"GDP 下降 1/3，对中国及其国民的影响显然会是深重和持久的。相比之下，一场长期高强度的战争对美国及其国民的影响，在严重时也只相当于一场严重的经济衰退。""虽然战争会影响双方的经济，中国受到的破坏却会大得多（可能一年后 GDP 的损失是 25%~35%）。因为西太平洋地区的大部分会成为战场，中国的区域贸易和其他全球性贸易会大幅下降。中国在海上能源供应方面的损失尤其严重。"

海上战略通道的安全，关系中国经济和民生命脉，是国家的核心利益。解放军必须具有在海上战略通道战场打胜仗的能力，关键时刻决不能在海洋通道被美国卡脖子。

从各个战略方向看，中国新时代面临的八个战争风险地，形势严峻。环顾四周，真有群敌环视、时刻要准备打仗的感觉。战争危险离我们并不遥远，说不定什么时候就会打一仗，不准备打仗是不行的，不建设世界一流军队是不行的。

第二章

树立世界一流军事战略思维

中国之所以要建设世界一流军队，是因为中国受到世界一流军队的威胁。中国面临的军事威胁，是当今世界一流的军事威胁。新时代中国强军备战，必须立足于面对强敌能打胜仗。

国际社会一些人鼓噪"中国威胁论"。其实，被美国列为头号竞争对手的中国，是当今世界最受威胁的国家，是面临战争危险最大的国家，是最需要争分夺秒强军备战的国家。

遗憾的是，一些中国人的战略思维与国家面临的战争威胁严重背离，在长期和平环境中患上严重"和平病"，在强敌磨刀霍霍的严重威胁面前，呈现出儿童乐园中的天真和幼稚。

建设世界一流军队，加快强军备战步伐，必须树立世界一流的军事战略思维。

一、伟大复兴，军事复兴是支撑

和平年代最大的危险，就是只重视"钱袋子"，不重视"枪杆子"；只抓市场经济，不抓战场经济；只建摩天大楼，不造航空母舰。

1. 防治"和平病"，枪杆子里面出复兴

新中国成立，证明了一个真理——枪杆子里面出政权。

新中国70年历程，证明一个真理——枪杆子里面出安全。

新中国未来30年的腾飞，也必将证明一个伟大的真理——枪杆子里面出复兴。

实现中华民族伟大复兴，最理想的状态是和平复兴，但是必须准备战斗复兴。要警惕和克服"和平病"，这是习近平高度重视并反复强调的问题。

当今世界正面临百年未有之大变局，必须树立底线思维。既要有"和平复兴"理想，又要有"战斗复兴"思维，警惕和防止"和平幻想"。和平的保证是力量，没有力量谁给你和平！"枪杆子里面出和平"是普遍规律，"钱袋子里面出复兴"不能长久，因为"钱袋子"捍卫不了复兴成果。中国必须建立一支世界一流军队，才能捍卫民族复兴的伟大成果。在中美关系上要破除"经济决定论"。比如，多年来流行一种权威说法，就是经济贸易是中美关系的"压舱石"，经济关系越紧密，中美关系就越不会出什么大问题。现在看，这种"压舱石"理论经不住实践检验，压舱石压不住舱，中美贸易战、科技战打得难解难分。中国经济要超越美国，美国能让你超越吗？

毛泽东讲"枪杆子里面出政权"。新时代，我们必须树立"枪杆子里面出复兴"的战略理念。在维护国家领土主权安全上，必须树立"枪杆子里面出安全"的战略理念。当今世界大国的领土疆界，基本都是在战场上用宝剑画出来、用枪杆子画出来的，而不是在谈判桌上靠嘴皮子说出来、吵出来的。在领土主权问题上最后要靠拳头说话，谁拳头大谁

的话语权就大。拳头大不一定要主动去打，但拳头大才可能避免被打，才可能不打。菲律宾的杜特尔特总统在南海问题上不与中国对抗，他的一条理由就是不想同中国打仗，打也打不过。这就是实力说话。美国人之所以在南海问题上那么放肆，动不动就派舰艇到南海转一转，就是认为他们的军事力量强。我们的南海岛礁，如果没有足够的实战能力，不仅难以进一步经略南海，而且现有这些岛礁最后也可能守不住。美国的军事挑衅，是增强中国公民国防意识、增强解放军战备观念最好的反面事例。

在台湾问题上，也是"枪杆子里面出统一"。和平统一是理想，武力统一是底线。没有"武统"的力量和气概，就没有"文统"的主动和结局。要克服在实现国家统一问题上的幼稚病、和平病。枪杆子里面出统一，美国4年的南北战争，是一部最好的教科书。

克服"和平病"，要求解放军强化战斗队思想、贯彻战斗力标准，确立当兵打仗、带兵打仗、练兵打仗思想，具有枕戈待旦的战备意识。全军一切工作向能打仗、打胜仗聚焦，部队始终保持召之即来、来之能战、战之必胜的战备状态。

2. 军事斗争基点，不能放在"不战而屈人之兵"上

强军备战，加快建设世界一流军队，是进行伟大军事斗争的战略需要。《孙子兵法》讲："百战百胜，非善之善者也；不战而屈人之兵，善之善者也。故上兵伐谋，其次伐交，其次伐兵，其下攻城。"军事斗争的最高境界是"不战而屈人之兵"。但是军事斗争的基点，不能放在"不战而屈人之兵"上。一支军队如果没有"百战百胜"的能力，怎么能够

创造出"不战而屈人之兵"的奇迹？要把预防危机、遏制战争、打赢战争统一起来，把备战与止战、威慑与实战、战争行动与和平时期军事力量运用作为一个整体加以运筹，为国家和平发展营造有利战略态势。

"不战而屈人之兵"，是智慧和力量的结合，是智慧的博弈，也是力量的对决。"不战而屈人之兵"，是以"战，就能屈人之兵"为前提的。"百战百胜"非善之善者也，但是"百战百胜"是"不战而屈人之兵"的基础和保证。一支不能"百战百胜"的军队，不可能具有"不战而屈人之兵"的权威性和威慑力。一支军队如果不具备"能战而屈人之兵"的实力和决心，"不战而屈人之兵"就是一种战略幻想。

战争，争的是国家和民族的核心利益。而国家利益是建立在"国家力量"的基础上。没有力量来保卫的利益，是靠不住的。我们坚持走和平发展道路，但也不会在别人的挑战面前逆来顺受、忍气吞声，不会任人肆意向我们挑衅。我们希望和平，但任何时候任何情况下，都决不放弃维护国家正当权益，决不牺牲国家核心利益。历史经验表明，和平必须以强大实力为后盾，能打赢战争，才能遏制战争，才能确保和平。

和平的根本保证，就是力量。近代以来的中国，之所以在长达百年的时间里没有和平，就因为没有力量。我国改革开放40多年的和平，是新中国成立后多次胜利的自卫作战包括与世界最强大的美国军队在朝鲜战场和越南战场打出来的。今后的和平与发展，仍然要靠解放军"能打仗、打胜仗"来保证。

3.打掉"骄、娇"二气，美军不养"胖子兵"

防治和平病，对解放军来说很重要的一条，就是要把功夫下在建设

"战备型"部队，而不是把精力用在建设"生活型"部队。这就要在部队建设中大力弘扬艰苦奋斗精神，防止和克服"骄、娇"二气。对于军队后勤工作来说，保障打仗是根本指向，必须把战斗力标准牢固树立起来，坚决纠正重生活轻战备、重平时轻战时的和平麻痹思想。习近平到部队调研时，都要抽空到基层连队的宿舍、食堂、哨所看一看，了解战士们衣食冷暖、生活急难，要求在规定的标准下尽量把战士生活搞得好一些。同时，他也严肃强调，解放军要的是打仗后勤，而不是过日子后勤。平时把伙食搞好是对的，但是部队离开营房，到野外驻训，还搞"四菜一汤"，天天要洗热水澡，连野战食品都不愿吃，那还能打仗吗？要围绕打仗搞服务，既要保证战士吃好穿暖，也要锤炼战士顽强战斗、吃苦耐劳精神，防止"骄、娇"二气。

军队作为国家和民族的战斗队，军人生活方式和军人体质标准，都要按照战场要求、按照打仗标准，严格规范。军队"和平病"一个突出表现，就是军人"肥胖病"。一支军队，如果"肥胖军人"比例高，如果大腹便便的将领多，这个军队就很成问题。

世界一流军队，官兵要具备一流的体质。官兵体质在任何时代，都是军队战斗力的重要基础和重要体现。有人认为，在冷兵器时代，战斗力主要是体力，要有力气。在热兵器时代，战斗力主要是智力。现代战争是信息化战争、智能化战争，就是人脑和电脑连接，就是键盘与导弹结合，体质强弱关系不大。其实，军人的体质、智力、心理状况，在任何时候都是战斗力的基础。

当今世界一些发达国家的军队，对官兵身体素质的要求是很高的，而且在条令条例中有明确具体规定。要求中高级军官心血管必须健康，肌肉必须具有符合标准的耐力和力量，身体必须具有相当灵活性。体重和腰围必须符合标准。牙齿必须整齐、清洁，能够保持严整的军容和良好的仪表。

美军对于军官的体重和脂肪含量，都按照其性别、身高、年龄，分组提出具体标准，并且以条令形式颁布，半年进行一次测试。军人体重和脂肪含量一旦被确认超标，就不再考虑其职务晋升，也不安排其学习进修。已经参加学习进修者，不委以决策、指挥之关键性职务，也提升不了将军。如果经过半年的饮食控制和减肥训练，仍然不能恢复标准体重，就将被责令提前退役，或者退休。美国军队对中高级军官体能要求的具体标准：47 岁至 51 岁年龄组男性军官，能连续做 26 次俯卧撑为及格；51 岁以上军官，在 20 分钟跑完 2 英里（3.218 公里）为及格。

南美洲各国军队，要求上校军官必须在跑步、游泳方面达标。如果体态臃肿、影响军容，就不准穿军服。军服一律不为少数人定做，没有"特体"军服一说。巴西、巴基斯坦、孟加拉国等一些发展中国家的军队，对军官身体素质也有严格要求。这些国家派到中国国防大学学习的中高级军官，对于牙齿的整洁和体重的保持，都很注重。有的军官到中国来吃胖了，在回国前，采取节食、跑步等措施，减轻体重，使身体素质符合标准。体重超标就不能晋升，所以到中国学习成绩再好，体重超标，也就白学了。

多年来，解放军中胖子多，"胖子军官""胖子将军"比例高，这是"和平病"的突出表现。在发达国家，肥胖军官不能当将军，肥胖将军不能被重用。外国军队解决"胖子军官""胖子将军"的一些标准和做法，值得我们借鉴。

4. 三更灯火五更鸡，枕戈待旦备战急

解放军的主责和主业，是练兵、备战、打仗。备战打仗是军队建设的重心、核心，军队一切工作都要围绕备战打仗展开。但是长期和平环境，使解放军产生一些和平积习。一个突出问题，就是练兵、备战、打仗的主业"主"不起来，被边缘化、业余化，主业成了副业。备战打仗被其他活动冲击挤压，军队中"军"的特色淡化，战备中"战"的氛围弱化。而一些与备战打仗关系不大甚至干扰和影响备战打仗的事情，反而搞得热火朝天。

一段时间，解放军备战打仗业余化的一个突出表现，就是习近平严肃批评的"二八现象"。所谓"二八现象"，就是不少部队机关只有20%的人在琢磨打仗，而这20%的人也只能拿出20%的精力用在研究和准备打仗上，整天为事务主义、文牍主义所累。部队到底干了多少不该干的事，还有多少精力干正事？

这次军事大变革中部队调整移防，有些部队到了新地方首先想着建"家园"、造"花园"。部队是要打起背包就出发的，不能走一路建一路。有些单位平时表态喊得很响、说得很好，一遇到困难就叫苦叫难，这也不行、那也不行，仗还没打，就想着推诿责任。我军历史上打的硬仗，都是顶着困难啃下来的，需要不怕牺牲、敢于亮剑的血性胆魄。

一支军队，思想的锈蚀比枪炮的锈蚀更可怕。解放军几十年没打仗，"和平病"已经渗透到方方面面，必须来一个大起底、大扫除。和平时期的军队建设，一定要聚焦备战打仗。地方单位实行8小时工作制，军队备战打仗则是"全日制"，时刻都不能放松警惕。军队是24小时都要准备上战场的战斗队，军人是昼夜都在备战状态、都"全天候"在想着

打仗的人，决不能以不打仗的心态做打仗的准备。

二、忘战必危，怠战必亡

在战争与和平的关系上，要破除"和平病"，坚持"枪杆子里面出和平"，把备战打仗的弦绷得紧紧的；在复兴与强军的关系上，要坚持"枪杆子里面出复兴"，坚持用枪杆子捍卫复兴成果，把突破美国包围遏制的伟大斗争进行到底。正如习近平总书记在中央军委军事工作会议上的讲话中所指出："要把新时代军事战略思想立起来，把新时代军事战略方针立起来，把备战打仗指挥棒立起来，把抓备战打仗的责任担当立起来。要强化战斗队思想，坚持战斗力这个唯一的根本的标准，各项工作和建设、各方面力量和资源都要聚焦军事斗争准备、服务军事斗争准备，推动军事斗争准备工作有一个很大加强。"[1]

1. 世界霸权国家，不会眼睁睁看着中国强大

新中国在社会制度、意识形态等方面都与霸权国家完全不同，这就决定了我们同霸权国家的斗争和较量是不可调和的，因而必然是长期的、复杂的，有时甚至是十分尖锐的。霸权国家不论从国际战略格局上，还是从意识形态上，都决不希望看到中国这样一个社会主义大国顺利实现和平复兴。中国越发展壮大，他们就会越焦虑，越要加大对中国实施西化、

---

[1] 《习近平出席中央军委军事工作会议并发表重要讲话》，中华人民共和国中央人民政府网站 2019 年 1 月 4 日，引自新华社。

分化战略的力度。他们的目的就是要搞垮共产党的领导、颠覆中国社会主义制度。对霸权国家骨子里的政治图谋，必须高度警觉，保持战略清醒和战略定力。

在人类历史上，国家之间、民族之间的竞争，是一种自然现象。不同文明之间的良性竞争，是你追我赶的发展竞赛，是合作共赢的共同进步。而霸权国家、霸权主义的本质和本性，则是奉行"丛林法则"的弱肉强食，是一超独霸的恶性打压，是拼命遏制"对手国家"的追赶和超越，是运用军事优势把竞争恶化和升级为战争。在实现民族复兴的进程中，军事手段是实现伟大梦想的保底手段，军事斗争是进行伟大斗争的支撑。防人之心不可无，备战打仗之弦不可松。

忘战必危、怠战必亡。最大的危险，就是看不到战争的危险，对能否赢得战争心中无数。新时代面对现实存在的战争危险，扪心自问，如果现在就打，我们准备好了没有？能不能打赢？这几年中国军队进行了不少重大军事斗争，好几次都到了扣扳机的边缘。解放军在党中央、习近平主席坚强领导下，敢于斗争、善于斗争，赢得了主动。同时，对解放军在备战打仗方面的欠账和差距，也必须有足够的忧患意识。

在战争与和平的问题上，一段时间举国上下讨论"和平发展"热气腾腾。而讨论"备战打仗"则冷冷清清，甚至被一些人认为是违背时代潮流，是思想跟不上形势。而讨论世界大战、讨论核战争，更被看成是"神经病"。

其实，时代潮流也是对立统一。和平发展是时代潮流，忘战必危是历史规律。今天的世界，和平与发展是潮流、是主流，战争与破坏则是暗流和逆流。这是当今世界的时代特征，是国际社会的战略特征。但是也必须看到，和平与发展的时代潮流、战争与破坏的暗流逆流，二者之间的关系是可以逆转的。当世界进步力量能够控制、制止战争与破坏的暗流、逆流的时候，和平与发展的时代潮流就能够滚滚向前，否则就会发生逆转。

在和平与发展的时代，最需要警惕和医治的病症，就是"和平病"；最需要坚持的信念就是"忘战必危"；最需要研究和准备的是"应对战争"，而且不能局限于小打小闹的"局部战争"。

当美国顶尖智库在大力研究《与中国开战》的时候，中国有关部门，就不能只是热衷于研究和宣传和平发展。

忘战必危，这句经典名言，既是历史教训的深刻总结，也是现实危险的严重警告，是"丛林世界"的客观规律。如果总认为我们这一代军人、我们这一代国民，处在和平年代，仗打不起来，大仗更打不起来，如果有这种思想，就不配做一名军人，更不配做一名军队的指挥员。不仅中国军人，而且中国公民，也要有准备打仗的国防战备意识。

2. 市场告别战场是幻想，经济全球化不能保证世界和平化

21 世纪的中美竞争与 20 世纪美苏冷战的一个重大不同，就是增加了一条"经济战线"，开辟了一个"经贸战场"。

美国和苏联当年近半个世纪的冷战，在组织上主要是以两大阵营的方式进行，在内容上主要打的是意识形态和军备竞赛，双方没有经济上的密切联系和共同利益。而今天的中美双方具有紧密的经贸联系，具有"一荣俱荣、一损俱损"的共同经济利益。但是由于美国发动贸易战争，不仅出现了"经济冷战"，而且升级到"经济热战"，一定程度上甚至会形成"经济世界大战"。美国成为 21 世纪发动"经济世界大战"的狂人。

美国发动经济战争，给中国也给世界一个大的启示，那就是"市场告别战场"是幻想，"经济全球化"不能保证"世界和平化"。

自从中国实行改革开放特别是加入世界贸易组织以来，中国经济与世界经济接轨，中国现代化与经济全球化融合。一种思潮时髦起来，认为经济利益是中美关系的"压舱石"，中美两国成为一条船上的两大乘客，只能同舟共济，不能互相排挤。结论就是"市场告别战场"，就是"经济全球化"导致"世界和平化"。有人甚至提出，经济全球化中的中国和美国，成为利益共同体，如同一家亲，分手损失大，不能闹"离婚"。于是，谈军论战被认为是神经过敏，强军备战被认为是冲击经济建设这个中心，崇拜"钱袋子"、轻视"枪杆子"成为时髦。

其实，在大国战略竞争中，经贸关系的"压舱石"是根本就压不住舱的。国际市场不仅不能制止战争，而且市场竞争恰恰是战场战争的策源地和导火索。1840年英国进攻中国的鸦片战争，就是由鸦片市场引起。大英帝国正是为了保护和扩大其在中国的鸦片贸易、鸦片市场、鸦片利益，而不远万里，发动鸦片战争，打到中华大地。

"市场告别战场"是幻想，第一次世界大战，就是一个经典例证。20世纪初期，在第一次世界大战前夜，当世界大战的导火索已经开始燃烧时，欧洲一些社会精英反而深信，欧洲各国重要的经济利益已经空前紧密地联系、捆绑在一起，市场已经代替了战场，欧洲已经从根本上消除了爆发大规模战争的可能性，在欧洲出现大国战争，已经成为不可思议的事情。

1909年，英国记者安格尔，出版了一本小册子《欧洲虚无的幻觉》。这本小册子的主题思想是：现在世界各国，尤其是欧洲各国之间的商业和金融联系,已经如此空前紧密,以至于没有哪个理智的国家会发动战争。战争的利益是如此之小,如此之虚幻,战争的破坏是如此之大,如此之可怕,有谁会想到发动战争来毁灭如此密切的金融、贸易和商业关系呢?战争必然会击碎国际信用体系、国际货币体系,使国际经济关系陷入极度混乱,战争胜利者和失败者都将蒙受巨额损失。所以,战争在发达的欧洲,不可能成为任何一个大国的战略选择。以金本位制为基础的国际商业、货币、信用关系,使得任何战争都不可能有胜利者。因此,即使欧洲出现某种事故引发战争,也会很快被扑灭或化解。小册子论证和宣扬的欧洲不可能发生战争的乐观主义,加剧了整个欧洲的和平麻痹心理。

这本小册子在1910年改为书籍出版,标题是《伟大的幻觉》。该书出版三年,销售100多万本,被翻译成22种文字,包括中文、日文、阿拉伯文、波斯文。作者传播的信息很简单,也似乎很深刻、很创新,就是说明人类已经进入一个崭新的时代,作为解决国家与国家之间争端的方式,战争已经丧失其功能。这不是因为战争太残酷,而是因为从经济上看,战争实在不值得。作者传播的这个新理念,很快成为那个时代欧洲人的一个大信条。坚信这个信条的人们,竟然成立了40多个组织,来宣传作者的学说。当时不仅一些平民百姓,而且决策层的政治精英,包括英国外交大臣、法国社会党领导人,都成为作者的信徒。甚至以好战著称的德意志帝国皇帝,也对战争不可能发生的理论,表现出浓厚兴趣。

对于市场告别战场的理论,最热心也最坚定的信奉者,是英国国王爱德华七世的心腹——埃舍尔男爵二世。英国王室和政府曾经多次邀请埃舍尔男爵出任要职,他却喜欢做一个幕后人物。在布尔战争之后,埃舍尔男爵创办帝国防务委员会,该委员会成为大英帝国军事战略的权威性决策咨询机构。这个委员会在 1912 年举行了一系列听证会，研究的问题就是假如欧洲战争爆发，将会对英国经济、贸易、金融造成什么影响。在那时，德国的绝大多数商船，都是伦敦劳埃德保险公司的客户。劳埃德保险公司主席在大英帝国防务委员会听证会上说，如果德国和英国之间爆发战争，皇家海军摧毁了德国商船，伦敦劳埃德保险公司就必须负责赔偿。埃舍尔男爵主持的委员会认为，仅仅这一点，就足以说明欧洲爆发战争是难以想象的。此时，距离奥匈帝国大公被刺杀和第一次世界大战爆发只有不到两年时间了。埃舍尔男爵还跑到剑桥大学发表一系列演讲，宣称："新经济时代已经清楚地表明，战争乃是最荒唐和最不可能的事情！""商业灾难、金融毁灭和个人苦难结合到一起，让欧洲战争成为永远不可想象的事情！"当人们痴迷于"战争不再可能"的信条时，整个欧洲早已危机四伏，巨大的火药桶正在等待火星引爆。

　　市场不仅出繁荣、出和平，也出危机、出战争。市场不仅不能告别战场，还会"引爆"战场。资本主义市场经济体系的一个重要特点，就是周期性经济危机的出现，而经济危机是引发战争包括世界战争的重要因素。第二次世界大战就与资本主义世界发生的经济大危机紧密相连。20 世纪 30 年代西方世界出现经济大危机、大萧条。1930 年一年时间里，世界主要工业体系的经济产出都大幅度下降。美国下降 30%，德国下降 25%，英国下降 20%。美国失业人口达到 500 万，英国达到 200 万，德国达到 450 万。全球大宗商品价格平均下降 50%。美国在 1930 年至 1932 年 3 年时间里，钢铁行业开工率只有 12%，占全部产能的 12%。汽车产量从年产 20 万辆下降到不足 2000 辆。工业产出下降一半，工业产出平均价格下降超过 30%。国民收入从 1000 多亿美元，萎缩到 550 亿美元。25%

的劳动者失业，总失业人数达到 1300 万人，当时美国全国劳动力是 5200 万人。有 3400 万人（包括男人、女人、孩子）完全失去收入来源。第二次世界大战正是在国际社会一场空前经济大危机的基础上发生的。

21 世纪经济全球化的深度和广度是空前的，但是 21 世纪的市场依然不能制止战争的发生，因为战争的根源是世界霸权主义。霸权主义不仅能把经济竞争变成经济战争，开打贸易战、科技战，而且能把市场变成战场，把经济竞争变成军事战争。美苏冷战结束后，世界发生多场局部战争，都与市场、与经济有关，都与美国对世界的资源控制、金融控制有关。

政治，是经济的集中表现。战争，更是经济的集中表现。在市场经济条件下，特别是在经济全球化时代，战场也是市场的集中表现。经济学家说，市场通行价值规律，是等价交换，这是对的；军事学家说，市场背后有战场，世界市场也通行战争规律。美国霸权主义的突出特征，就是军事霸权主义与市场霸权主义的结合，就是石油、美元、导弹的结合。新时代的中国，既要加强市场建设，推进经济发展，又要加强战场建设，强军备战，推进国防建设。要有能力用战场来保卫市场，要能够牢牢把握预防战争和打赢战争的主动权。

3. 百年未有大变局，防止"决赛"变"决战"

当今世界处于百年未有之大变局，中美关系成为影响和塑造世界格局的第一关系。在中美关系的战略思维上，决不能犯政治天真病、战略幼稚病。今天的美国大战略，是四个聚焦：越来越向中国聚焦；越来越向军事聚焦；越来越向打仗聚焦；越来越向大战聚焦。美国国家安全战略的基本逻辑是按照国家利益来界定威胁。美国国家利益中最核心的利益是维护其全球霸权地位，不允许任何超越自己的对手出现。现在，中国已经被美国视为挑战其世界霸权地位的最大威胁、第一号战略竞争对手。美国这样定位中国，主要有四个理由：

一是中国加入 WTO 以来，科技发展迅速，制造业比美国更具竞争力。

二是中国推动"一带一路"建设，是构建经济和外交势力范围，蚕食"美国治下的世界"，最后颠覆美国的全球霸权。

三是人民币国际化势头凶猛。随着中国经济发展和对外贸易规模越来越大，人民币作为贸易结算货币、作为石油期货货币、甚至成为有的国家储备货币的趋势正在发展。人民币地位的上升将动摇美元的金融霸权地位。

四是党的十九大提出到 2050 年建成社会主义现代化强国和世界一流军队的目标，是一个改造世界的蓝图。中国对外倡导构建人类命运共同体，推进全球治理体系和国际秩序变革，将挑战美国、改变世界。美国把中国定位为唯一能够全方位挑战美国霸权的"修正主义国家"，是 21 世纪美国的最大战略对手。

列宁当年写过《共产主义运动中的"左派"幼稚病》。在新时代的中美关系上，也要防止战略幼稚病。进入 21 世纪，中国向世界反复宣示自己和平崛起、和平发展的决心，是有积极意义的。但是中国和平发展的决心和善意，并不能排除美国对中国的战略遏制、战略包围、战争威胁。美国对华大战略由"亚太战略"升级为"印太战略"。美苏冷战结束后，在中国流行了几十年的一个战略判断，就是"中美关系好也好不到哪里去，坏也坏不到哪里去"。这是一种盲目乐观的天真判断。在美国放弃世界霸权主义之前，中美关系的确是好也好不到哪里去。但是在中国持续成功崛起的过程中，在中国综合国力和世界影响力以急行军的力度和速度追赶、超越美国的过程中，在美国霸权主义感到自己遭受到来自中国崛起的空前挑战时，在美国遏制中国的各种手段都陷于破产、宣告无效的时刻，美国霸权主义就越来越向军国主义、战争主义发展和演变。美国就会把"决赛"变成"决战"，把"竞争"变成"战争"，把局部战争变成世界战争。对此，我们必须有清醒的认识和充分的准备。

三、霸权猖獗，战争离中国还有多远

近些年来，美国航母经常以所谓的"航行自由"或是所谓的"特殊任务"进出中国南海并穿越台湾海峡，霸权气焰越来越嚣张。因此，我们必须有一支可以遏制世界霸权横行的强大的一流军队。

新时代中国强军备战、建设世界一流军队，必须创新战略思维，要从多年来形成的四种传统观念中解放出来。

第一，要从"防止第二场冷战"的观念中解放出来。未来30年中美关系的最大危险，不是"防止第二场冷战"，而是防止一场中美实战；中国面对美国军事霸权的威胁，不是一般性防止"恶性竞争"，而是防止"恶性战争"。

第二，要从"着眼于打赢高技术条件下局部战争"的观念中解放出来，做好应对大规模战争的充分准备。

第三，要从"核战争打不起来"的观念中解放出来，必须对核霸权大国铤而走险、发动核战争，保持足够的警惕。

第四，要从"第三次世界大战打不起来"的观念中解放出来，避免"大国之间无大战"这种主观判断的误导。

1. 全球热议《与中国开战》《即将到来的对华战争》

在西方世界尤其是在美国，近年来"与中国开战"成为一种思潮，成为一种时髦。2016 年 5 月 9 日，时任美国太平洋舰队司令、日本人后裔的哈里斯就公开狂妄叫嚣，美军"已做好今夜与中国开战"的准备。

2016 年 8 月，美国著名智库兰德公司推出一份报告《与中国开战——想不敢想之事》（*War with China—Thinking Through the Unthinkable*）以下简称《与中国开战》，对中美战争的各种场景进行了推演，是一个具有代表性的对华战争设计。

2016 年 12 月，英国电视台 ITV，播出一部纪录片《即将到来的对华战争》（*The Coming War on China*）。这部纪录片的导演，是居住在英国的澳大利亚记者约翰·皮尔格（John Pilger）。他是一名著名战地记者，是"联合国媒体和平奖"获得者。他历时两年拍摄了这部长达 113 分钟的纪录片。皮尔格在两年多的拍摄时间里走访了中国、美国、日本、韩国、马绍尔群岛等国家和地区，采访专家学者、政府官员，以及一些反对军备竞赛的人士。他的基本结论是："美国和中国可能正在走向战争，核战争不再是不可想象的。"

《即将到来的对华战争》这部纪录片，揭露了美国可能对中国发动第三次世界大战的野心和布局；美国针对中国的核武器是怎么试验出来的；美国为何把中国当敌人等。纪录片显示了美国国内有 4000 多个军事基地，在海外有 1000 多个军事基地遍布各大洲。中国早就处在美国 400

多个军事基地的导弹、战舰与轰炸机的包围下。这一切都是为了死死扼住中国的喉咙,为了能把"手枪顶在中国的额头上"。导演表示:"拍摄这部电影的目的就是要打破沉默,告诉世界:美国和中国可能正在走向战争,核战争不再不可想象。"皮尔格问:美国会成为第三次世界大战的元凶吗?他认为,只有人们团结起来共同行动,才能阻止战争。

中国正在日益走向世界舞台中心。有外国友人认为,中国现在虽然还不是国际社会的"核心",但是习近平领导下的中国必将成为人类世界的核心,新时代的中国必将凝聚全球人心,必能推进世界大同。据美国全国公共广播电台网站 2019 年 2 月 28 日报道,盖洛普民意调查公司 2 月 28 日公布的一项民调结果显示,对 2018 年美国领导地位表示认可的受访者仅占 31%,略高于前一年的 30%。而对中国领导地位的认可程度则升至近十年来的最高水平,达到 34%。该调查综合了来自 133 个国家的受访者对美国、中国、德国和俄罗斯的全球领导地位的看法。

在过去十年的大部分时间里,美国在民调中始终保持着领先中国和俄罗斯 10% 以上的优势。这种情况在 2017 年发生变化,当时美国在海外的形象急剧下滑,中国领导地位认可度首次超过美国。有国际媒体提出,当中国不仅正在日益走向世界舞台的中心,而且日益成为世界舞台"核心"的情况下,谁能担保那个掌握世界霸权百年的美国,不会把世界竞争的"舞台"变成"擂台"、变成世界战争的"战场"?!

百年大变局的世界,美好的梦想在召唤,战争的忧患也在加剧。有战争危险并不可怕,可怕的是在严重的战争危险面前,没有高度的忧患意识。

2. 最大忧患不是"新冷战"，而是"新热战"

美苏冷战结束后，国际战略界出现一个新概念——"防止第二场冷战"。2017 年 12 月 18 日，美国发布《国家安全战略报告》，把中国列为第一号"竞争对手"。从此，"防止第二场冷战""防止新冷战"的呼声更加强烈和时髦起来。

其实，"防止第二场冷战"，是对冷战之后 30 年国际形势在定性上的一个误判，是对当前中国面临主要危险的误判，也是对百年未有之大变局中的世界所面临最大危险的误判。"防止第二场冷战"的判断，看起来是为世界敲警钟，实际是对国际形势的一种盲目乐观，增加了国际社会的盲目性。

所谓"防止第二场冷战"，首先就否定了最近 30 年的第二场冷战。美苏冷战的结束，并不是国际冷战的结束，而是美国对俄罗斯和中国第二场冷战的开始。最近 30 年来，美国对俄罗斯的第二场冷战，对崛起的中国的冷战，丝毫不亚于对苏联的第一场冷战。美国最近 30 年对中、俄的意识形态渗透、军事包围和遏制，比第一场冷战有过之而无不及。美苏冷战结束之后，美国在全球发动的战争超过美苏冷战期间美国发动的战争。

美苏冷战之后，美国一直在进行一场新冷战，这是第二场冷战。如果说，美国和苏联从二战结束后就开打冷战，一直打到 1991 年 12 月莫斯科克里姆林宫上的苏联红旗落地，这是第一场冷战。那么从 1992 年开始到今天，美国又在这个世界打了第二场冷战。美国和苏联之间第一场冷战打了 40 多年，而从苏联解体至今，美国在这个世界（主要是和俄罗斯、中国）又开始了第二场冷战，至今已近 30 年。苏联在与美国的第一场冷战中失败了，俄罗斯仍然被美国视为战略竞争对手。就是说，美国和苏联之间的冷战结束了，但是美国和俄罗斯之间的新冷战又开始了。而且美国在与俄罗斯开始新冷战的同时，又开始了对中国的冷战。在特朗普任内，对中国的新冷战进一步升级。2017年12月18日美国白宫发布的特朗普任期内第一份《国家安全战略报告》，明确将中国列为第一号"竞争对手"。该报告提出："纵观历史，对权力的争夺一以贯之，当今时代也不例外。三股主要的挑战势力——以中国和俄罗斯为代表的修正主义势力，以伊朗和朝鲜为代表的流氓国家，以及跨国威胁组织，特别是圣战恐怖组织——正在积极地挑战美国以及我们的盟友和伙伴。尽管这些竞争对手在性质和规模上有所不同，但它们都在政治、经济和军事领域与美国竞争，并利用技术和信息加速这些竞争，以便将地区力量的天平向有利于他们的方向倾斜。从根本上说，这是赞成专制的人和赞成自由社会的人之间的政治竞争。"美国《国家安全战略报告》提出："中国和俄罗斯意图塑造一个与美国价值观和利益背道而驰的世界。中国试图在印度洋太平洋地区取代美国，扩大其国家主导的经济模式的势力范围，并以对它有利的方式改写地区秩序。俄罗斯试图恢复其大国地位，在其边界附近建立势力范围。"可以说，最新发布的美国《国家安全战略报告》，就是美国针对中国和俄罗斯等国家长期以来进行第二场冷战的一个升级版的冷战宣言。

关于第二场冷战，可以概括出以下八点认识：

其一，第二场冷战已经打了近30年。这场冷战是"冷热结合战"，主要是美国与俄罗斯、中国之间的冷战。包括经济冷战、意识形态冷战等。这是新型冷战，是二战结束以来世界冷战2.0版。

其二，今后30年中美关系的主要危险不是"新冷战"，而是"新热战"；不是第二场冷战，而是第三次世界大战。不要低估美国发动一场对华战争的能量和疯狂。今天的美国在战争问题上蠢蠢欲动。今天的美国对中国的战争冲动，超过当年美苏冷战期间美国对苏联的战争冲动。因为在美苏冷战中，双方在军事上势均力敌。而今天中美军事力量对比，中国明显处于劣势。

其三，谁能担保21世纪的世界，不会出"新型法西斯主义""新型军国主义"？

其四，《与中国开战》的立足点，是世界大战。

其五，中国必须具备抗击美国发动第三次世界大战的能力。美苏之间40多年冷战，没有激化为世界大战，不等于今后30年，就不会发生世界大战。

其六，和平与发展的时代，最容易患上"和平病"，陶醉于歌舞升平。和平时代，其实是最麻醉人的时代，是最危险的时代。

其七，美苏冷战40多年，为什么没有把冷战变成第三次世界大战？主要由于苏联模式对美国模式的挑战不够有力，僵化的苏联计划经济模式导致在美苏战略竞争中，苏联的经济力量始终难以追赶和超越美国；僵化的苏联军地分离模式，国防建设与经济建设不融合，导致苏联在军备竞赛中始终难以摆脱被动地位；僵化的苏联政治模式，导致苏联领导集团权力政治出现危机，斯大林逝世以后，赫鲁晓夫、勃列日涅夫、戈尔巴乔夫，这"三夫"领导苏联近40年，导致苏联在与美国的战略竞争中越来越处于下风。美国在对苏联40多年冷战中，总体处于战略优势，有信心、耐力和潜力，与苏联进行持久竞争，通过和平演变击败苏联政权。

时间在美国一方，美国可以等待。

其八，美国与中国竞争，为什么等不得，急于动手？因为中国从毛泽东、邓小平到习近平，三代伟人持续创造奇迹。中国特色社会主义不是苏联模式，不会成为第二个苏联。苏联模式无法超越美国，而中国模式正在快速赶超美国。毛泽东于1948年12月30日为新华社写的题为《将革命进行到底》的新年献词中说："中国人民将要在伟大的解放战争中获得最后胜利，这一点，现在甚至我们的敌人也不怀疑了。"①今天的中国，再有30年就要实现中国梦，这一点就连美国总统也不怀疑。美国对中国长期进行的和平演变战略已经破产，特朗普连对中国实行和平演变的经费都不想投入了。经济竞争，美国最终也赢不了中国。美国遏制中国，已经黔驴技穷，只有最后一招——战争。美国用局部战争不能解决问题，只有世界大战终极一搏。今后30年美国只有两个战略选择，一是通过非战争竞争，终结其世界霸权地位；二是通过战争尤其是世界战争，与中国进行"世纪较量"，实现"终极解决"。中美战略竞争，时间在中国一方，潜力和优势在中国一方，美国等不得。美国在与中国的战略竞争中，如同热锅上的蚂蚁，面对中国飞速发展感到心惊肉跳，遏制中国招数一旦用尽，就会"图穷匕首见"，必须时刻防止美国铤而走险。

中美竞争，美国为什么等不得？因为美国在20世纪可以用40多年的时间与苏联打一场冷战，成为最后的胜利者。但是美国在21世纪没有机会与中国打一场40年的冷战，因为中国在今后30年就要实现伟大复兴。中国首先是经济赶超美国，其次是军事赶超美国。《与中国开战》

---

① 《毛泽东选集》第4卷，人民出版社1991年版，第1372页。

报告指出："到 2025 年，中国可能超过美国成为最大经济体"。当今世界国防投入超过 1000 亿美元的只有两个国家，美国 5900 亿，中国 1500 亿。军费投入，中国现在是美国的 1/4。兰德公司认为未来 10 年，中国不仅将在经济总量上超越美国，而且中国军费投入也会超越美国。所以美国越来越感到"等不得"。

美苏冷战的终结，不等于"世界冷战"的终结。美苏冷战结束之后的世界，依然是一个冷战的世界，而不是一个"防止出现新冷战"的世界。这是由当今世界的根本性质所决定的，是由当今国际竞争的"丛林法则"所决定的。当今世界求和平、谋发展、促合作是时代潮流。但是国际竞争的"丛林法则"没有改变，"铸剑为犁"时代没有到来。中国必须"举剑护犁""举剑保犁"。由于今天国际竞争法则仍然是丛林法则，那么中国的选择，就是不做丛林的虎狼，也不做丛林的绵羊，而是要做既不吞噬弱小动物、也不被虎狼撕咬的大象，这就必须建设世界一流军队。中美竞争的最大危险，不是"防止第二场冷战"，而是防止第三次世界大战。

3. 打赢"局部战争"，不是迎战强敌的着眼点

新中国最近几十年的一个重要战略判断，就是"世界大战打不起来"，解放军的战争准备是着眼于"打赢高技术条件下局部战争""打赢信息化条件下局部战争"。进入新时代，世界面临百年未有之大变局，美国把中国定为第一号战略竞争对手，中美军事大博弈加剧，解放军军事斗争思维和战争准备基点，决不能只放在应对小打小闹的"局部战争"上。

美国智库兰德公司在《与中国开战》报告中指出："影响战争类型

的因素主要来自两个变量：强度（从温和到严峻）与持续时间（从几天到一年甚至更久）。因此，我们会分析这样四个关于战争类型的案例：短期低强度型、长期低强度型、短期高强度型以及长期高强度型。""拿破仑战争是如何席卷了整个欧洲，第一次世界大战是如何颠覆了几个帝国又壮大了另外几个国家，第二次世界大战盟军是如何彻底击败德国法西斯和日本军国主义而非仅仅停止他们的侵略。在这些战例中，战争的目的和造成的破坏大大超过交战国早期的意图。通常，失败一方的体制都被消灭。""中国和美国之间的战争会像历史上大国间的战争那样具有扩张性、系统性和不顾一切吗？在国际秩序下曾经给予双方帮助的共同利益，会被彼此的敌对所抹去吗？"该报告强调："这些问题的答案，老实说，没有人知道。正如我们将可能看到的，中美之间不断加剧的敌对可能会引发一场长期的、高强度的、惨烈的战争。而且，我们不能排除中美这样两个大国之间的战争，可能会发展成为全球性的战争：卷入其他国家，外溢至其他地区，将双方的政治制度和人口都牵扯到战争中，最后以无条件投降、宣布和平、驻军占领、政权灭亡和产生新的统治结束。"

兰德公司《与中国开战》的报告，其基点不是放在"局部战争"上，而是放在大国战争、全面战争、核战争、世界大战上。《与中国开战》这份美国人撰写的大报告，帮助中国人从"局部战争"的局限中走出来，增强在中美战略博弈中应对大国战争、应对中美大战、应对世界大战和热核大战的战备观念。

《与中国开战》的启示，就是中国应对美国军事霸权的挑战，不能只准备"局部战争"，必须准备应对美国发动的"世界战争"。世界战争，是世界主要国家之间进行的从根本上改变世界权力格局的大规模、持续性、全球性战争。按照美国智库的设计，中国与美国的战争作为全球两个大国之间的战争，将是一场世界战争。美国二战后设计和准备战争的基点，其全球军事布局，就是立足于打世界大战，而绝不只是立足于"局部战争"。21世纪，美国对中国的战争设计和军事布局，也不是立足于局部战争，而是立足于世界大战。

中国面对具有发动世界战争野心和能力的美国的军事包围和军事遏制，如果没有应对世界战争的思维、能力和准备，就难以迫使美国与中国和平竞争，难以迫使美国在面临中美战略地位根本逆转的时代，只是通过局部战争来决定竞争成败。中国有迎战美国发动世界战争的能力，才能迫使美国把战争局限在"局部"。中国同时具有局部战争和全面战争的能力与准备，才能迫使美国把中美战略竞争局限在"和平竞争"的范围内，迫使美国不敢把"中美竞争"升级为"中美战争"。这就是"竞争与战争"的辩证法，就是"局部战争与世界战争"的辩证法，就是"战争与和平"的辩证法。

4. 21世纪，人类能"告别世界大战"吗

今天的世界并没有告别世界大战。霸权国家，就是世界战争的策源地。

美国是一个在历史上没有发动过世界大战的国家。二战结束至今，美国没有直接发动过对某个世界大国的战争。但是，谁能担保美国在21世纪不会发动对中国的一次大战？

如何防止霸权主义在21世纪变成法西斯主义、军国主义？如何防止出现21世纪希特勒、东条英机式的人物？这不是危言耸听，不是杞人忧天，而是一种深层次的潜在危险。

美国兰德公司在《与中国开战》报告中，对于第三次世界大战的分析，是很开阔眼界的。兰德报告指出："中美战争可能比高强度长期战争的情况更严重。在20世纪，两次大国战争演变成了世界大战。类似地，第三次世界大战可能会重复同样的演变，甚至更糟。不能忽略的是，中美战争可能会波及其他大国和国家：日本会站在美国一边，印度、越南、北约也许会站在美国一边；俄罗斯和朝鲜则会站在中国一边。战争可能不局限于亚太地区。""总的来说，战争的程度和持续时间可能比本文为了便于分析而假设的最严重情况更严重。"

更有意思的是，兰德公司在《与中国开战》的报告中，直接批评一些中国人的和平麻痹思想，直接为中国敲警钟。该报告指出："中国的军事思想，自毛泽东思想的对不同意识形态国家的'人民战争'和'歼灭战'以来，已经有所演变。中国新兴的观念反映其不断增长的实力，中国倾向于在不与美国开战的情况下，通过威胁或使用武力，在周边实现有限的目标，例如阻止台湾'独立'和解决海洋争议。但是，中国不能排除与美国开战的情况。一旦开战，美国可能会对中国进行直接打击，造成惊人的损失，甚至导致中国最终的失败。所以中国应当做好准备，如果无法阻止美国的干预，那么就要准备如何避免失败。"

美国智库的分析和警告，帮助中国人增强对大国战争、中美大战、核战争、世界大战的战备观念。《与中国开战》报告，也对美国发出警告："美国应该做好与中国进行一场长期而激烈的战争的周全准备。"可以说，美国是中国增强国防意识和战备观念的最好教员。

有人嘲笑毛泽东时代准备早打、大打、打核战争的国防观念和军事准备是神经过敏，埋怨中国领导人把有限的钱财，集中使用在制造"原子弹"，影响了中国人改善生活"吃鸡蛋"。还是让今天的美国人给他们上一课吧！美国智库对于中美战争的研究、评估、设计，不局限于局部战争、常规战争、短期战争，而是着眼于世界大战、持久战争、核战争。

20世纪两次世界大战，是德国对英国霸权的挑战。21世纪可能发生的第三次世界大战，则是霸权国家美国对新兴、新型国家中国的遏制之战。美国智库推出《与中国开战》的报告，中国智库也应该推出《战胜美国》的战略报告。新时代的中国，在美国"与中国开战"的威胁下，必将在反战、止战、备战、迎战、胜战、智慧战争等方面，创造新的传奇。

5.如何保证"核战争打不起来"

大国之间，打不起核战争，这是长期和平年代又一流行观念。

其实，二战后世界最强大的美国，不仅是发动战争最多的国家，也是核战争准备最充分的国家，是核战争冲动最强烈的国家。

兰德公司在《与中国开战》报告中指出："在长期高强度的战争中，受到的困难和造成的伤害不断持续，这让我们又回到了一个问题上，即这样的一场战争会不会导致最终使用核武器。我们的评估是：它的可能性非常低，因此我们在分析成本和损失时并没有将核战争所造成的影响包括在内。这种情况的原因是：相互威慑的情况在中美的核战略关系中盛行。""尽管如此，研究核战争的风险还是十分有价值的。在一场长期的高强度的冲突中，可以想象，中国的政治和军事领导人会在以下情况下提出考虑使用核武器。"报告列出如下四种情况：

一是中国的军队，面临着被彻底摧毁的危险。

二是中国的国土，面对美国的常规进攻已表现出毫无抵抗力；而且美国对中国的广泛进攻，不只是对准军事目标，可能还包括政治领导人。

三是中国国内的经济和政治环境，已经糟糕到国家本身可能面临崩溃。

四是美国的常规进攻，包括进攻中国的战略威慑力量，特别是进攻中国的洲际弹道导弹（ICBMs）、弹道导弹潜艇（SSBNs）和战略指挥控制系统。

《与中国开战》报告强调："我们并不能排除中国领导人会认为，只有使用核武器，才能使国家免遭失败和毁灭的危险。不过，即便是在绝望的情况下，使用核武器也不是中国唯一的选项，中国也许会接受失败。美国的核报复，会使中国的破坏和崩溃程度更加严重。对中国来说，相比于核战争升级，在强大的美国面前接受失败，会是中国的一个更好的选择。中国一直坚守不首先使用核武器的政策，这也表明中国首先使用核武器是不可能的。"

中国是唯一公开承诺不首先使用核武器、不对无核武器国家和无核武器地区使用或威胁使用核武器的国家。但是中国不首先使用核武器的承诺，并不能保证不遭受核武器攻击。新中国成立至今，美国对中国实施"核打击"的冲动时起时伏，美国对新中国的"核战"阴谋，就像水中的鳄鱼，时隐时现。

美国是全世界第一个造出原子弹的国家，是第一个在战争中使用原子弹的国家。第一颗原子弹的爆炸，标志世界历史上"美国时代"的来临。二战后美国核武器的达摩克利斯之剑，一直悬挂在人类的头顶。新中国成立以后，就遭受美国的核威胁。美国发动核战争的阴影，一直笼罩在中国上空。对中国发动一场核战争，是美国精英头脑中多次出现的战略冲动。70 年来，美国对中国有多次接近喷涌的"核冲动"，仅仅在 1950 年至 1955 年，美国就有 5 次对新中国动用核武器攻击的冲动。

美国对新中国的第一次"核战冲动"——1950 年 6 月 25 日，朝鲜战争爆发，美国立即派遣海军第七舰队，侵入中国台湾省和台湾海峡，武力阻止新中国解放台湾。美国组建"联合国军"，进行大规模侵朝战争，迅速逼近中朝边境，新中国被迫组建志愿军，进行伟大的抗美援朝战争。

1950 年 11 月 30 日，时任美国总统杜鲁门在记者招待会上公开声言，在朝鲜战场，要采取"一切必要措施"挽回战局。当记者提问："您所讲的'一切必要措施'，是否包括使用原子弹？"杜鲁门回答："当然包括，也就是我们所拥有的一切武器。"在朝鲜战争中，时任联合国军总司令的麦克阿瑟曾计划使用 30 颗至 50 颗原子弹，沿着鸭绿江设置一条"放射性钴地带"，迫使中朝屈服。

美国对新中国的第二次"核战冲动"——1953 年，新上任的美国总统艾森豪威尔，面对美国在朝鲜战场的被动局面，为打破僵持状态，又产生"核冲动"。他认为使用核武器是一种"合理的选择"，他命令把装有原子弹的导弹，运输到冲绳岛。1953 年 5 月，当时的美国国务卿杜勒斯表示："如果不能实现停战，美国就不必对使用核武器的后果负责。"

美国对新中国的第三次"核战冲动"——1954 年，台湾海峡局势紧张时刻，美国又打算把中国的厦门变成第二个广岛。

美国对新中国的第四次"核战冲动"——1954 年，美国、英国、法国、澳大利亚、新西兰 5 个国家的军事领导人，在华盛顿举行军事会议。会议决定："如果由于中共入侵东南亚而突然爆发对华战争，我们将立即对军事目标发动空袭。为了取得最大限度的持久效果，从战争一开始，就既使用常规武器，也使用核武器。"

美国对新中国的第五次"核战冲动"——1955年，当解放军进行一江山岛战役之时，美国国会正式授权美国总统，可以对中国使用核武器。1955年3月，美国国务卿杜勒斯再次提出："我们将不得不使用原子武器，只有核武器能够有效对付中国大陆的机场"，"我们可能使用某些小型的战术原子武器"。

新中国做出研制原子弹的重大决策，是被美国逼出来的。面对美国多次公开的核威胁，毛泽东说："出兵朝鲜，我想了3天；搞不搞原子弹，我想了3年。"陈毅元帅说："哪怕裤子当了，也要搞原子弹。有了原子弹，我这个外交部长腰杆子就硬了。"

今天的美国总统，核战争的冲动依然强烈，核战争的准备在加紧推进。2018年1月30日晚，美国总统特朗普在美国国会发表首次国情咨文演讲强调："当我们重建美国在国内的力量和信心时，我们也在国外恢复力量。环顾世界，我们面临流氓政权、恐怖主义集团以及中俄等对手，他们挑战我们的国家利益、影响我们的经济、抵触我们的价值观。如何应对这些危险？我们深知，衰弱必导致冲突，强大无比的实力才是最好的防卫！出于这个原因，我要求国会结束危险的国防隔离制度，并为我们的伟大军队提供充足的资金。作为我们国防的一部分，我们必须现代化和重建我们的核武库。我们希望永远不要使用核武器，但我们的核武库必须足够强大，这样才能威慑和阻止任何其他国家或任何人的任何侵略行为。也许将来有一天，世界各国将聚在一起销毁核武器，这将是一个神奇的时刻。遗憾的是，我们还没到那个程度。"

美国在大力准备核战争，被美国列为第一号竞争对手的中国，其军队建设和反侵略战争准备的基点，就不能立足于"常规战争"，而是要准备应对美国在 21 世纪发动的第一场大国核战争。从毛泽东时代的"两弹一星"为中国核力量奠基，到习近平时代加快"火箭军"建设，21 世纪的中国必须具有遏制霸权国家对中国发动核战争的坚定决心和强大能力。

6. 英雄时代呼唤尚武精神，中国校园娇养"东亚病夫"

古今中外，凡是伟大国家，凡是英雄民族，必然是具有尚武精神的"战斗民族"。

中国历史上尚武精神强烈的时代有三个：一是战国时代；二是汉朝时代；三是隋唐时代。

战国时期，是中华民族形成和发展的青春期，文化上百家争鸣，军事上百战争雄。民风刚烈，猛士如云，尚武精神是时代风尚。战国七雄又以秦国为最。秦国鼓励耕战，民众出征打仗，手舞足蹈，欢呼雀跃，视死如归。秦国、赵国长平之战，双方百万大军厮杀，这种规模的战争，西方世界在工业时代才出现。

汉代中国，开放进取，强盛尚武。汉代人刚健、勇猛、豪爽、自信。"男儿不惜死""捐躯赴国难"。大将陈汤在奏折中写道："明犯强汉者，虽远必诛"。匈奴袭扰中原 400 年之久，汉武帝强势反击，千里奔袭，扑灭边患。汉武帝反击匈奴，是中国历史上唯一一次农耕民族对游牧民族大规模深远攻势作战，取得决定性胜利。千古名将霍去病，怀着"匈奴未灭，何以家为"的豪情壮志，长途远征，以少胜多，屡建奇功，使中国疆域越过了西域。

隋唐时期，是中国古代尚武精神第三次高潮。隋朝虽然短命，但是结束南北分裂，奠定盛唐根基。隋朝尚武精神强劲，气势不输秦汉，更有胡汉融合带来的雄风。唐朝军队威名远扬，有李靖、薛仁贵、高仙芝等名将。唐朝在军事上对外敌始终保持进击态势。唐朝文化中尚武精神潜移默化。"宁为百夫长，不做一书生"，"男儿何不带吴钩，收取关山五十州"，"将军三箭定天山，壮士长歌入汉关"，这些唐人诗句豪气感人。

进入近代，中国尚武精神严重弱化，不仅无法与西方国家比拟，而且与近邻日本比较反差巨大。日本民族在千年农奴制度基础上形成武士道精神，后来又学习普鲁士军队的军事文化。日本军队训练严格，军人服役期一年，要打 60 个射击练习。一年后转入预备役。新兵从入伍到服役结束，要打 1800 发子弹。日本军歌的题目就是"乞战死"，乞求战死，然后进靖国神社。中国近代著名政治活动家梁启超，当年看到日本军营新兵入伍、老兵退役的场面非常热烈，最震撼人心的是为新兵题写的标语"乞战死"。梁启超感慨："中国历代诗歌皆言从军苦，日本之诗歌无不言从军乐"。梁启超著文《论尚武》以警醒国人："今日之世界，固所谓'武装和平'之世界也"，"盖强权之世，惟能战者乃能和"，"立国者苟无尚武之国民、铁血之主义，则虽有文明，虽有智识，虽有众民，虽有广土，必无以自立于竞争剧烈之舞台。"梁启超在《论尚武》名文中，纵览中国历史，痛感民族"重文轻武之风既成，于是武事费堕，民气柔靡。两千年之腐风败习，深入于国民之脑，遂使群国之人，奄奄如病夫，冉冉如弱女，温温如菩萨，戢戢如驯羊"。梁启超说，欧洲国家的国民尤其是青年人，他们热衷体育，开展体操、击剑、赛马、射击、游泳等活动，"务使举国之人，皆具军国民之资格"。而中国人尤其少年、青年"终日伏案，闭置一室，绝无运动"，"以文弱为美称"，"翩翩年少，弱不禁风，名曰丈夫，弱于少女"。

中国近代爱国军事家蔡锷，翻阅日本小学课本，其中有很多爱国尊皇、海陆战事、军舰炮弹等方面内容，目的在于把学生"养成军人性质于不知不觉之中"。他反观中国，当小学生正处于"体魄与脑筋发达之时"，却天天"授以仁义礼智，三纲五常之高义"。1906 年 3 月，清王朝学部在《奏请宣示教育宗旨折》中提出一系列改革主张，不仅加强尚武精神教育，而且要求学生着制服。学生服装的式样，仿照军服设计，军事训练包括进行步枪实弹射击等课程。

今天，值得我们高度警惕的是，中华民族传统的尚武精神，中国共产党人可歌可泣的革命精神，中国人民解放军一往无前的战斗精神，在中国校园中，长期淡化、严重弱化，"骄、娇"二气在一些校园中弥漫。中国年青一代中缺乏尚武精神、没有健康体魄的新型"东亚病夫"现象惊人。

有一篇网络文章说："我们努力培养的，是新型东亚病夫"。文章披露，湖北省宜昌某中学一个班级做了一项单杠引体向上的体能测试，20 个学生，有两个学生做了 2 个以上，一个学生做了一个，其他 17 个学生连一个都做不到，甚至握住单杠后几秒都坚持不了。与之形成鲜明对比的是日本幼儿园的"身体素质课"，包括侧手翻、倒立行走等五个项目，日本小朋友都兴高采烈，小姑娘们也都毫不示弱。看了日本幼儿园体育课录像，日本小朋友简直都是些小运动员。

这篇文章有几个惊人的数据。

广州市四所中学 3600 名学生，开学前在一个训练基地统一集训，每次短短 40 分钟的操练时间里，总有学生晕倒在地，或者因为受伤去了校医院，一天下来晕倒率竟高达 10%。

我国 18 岁以下肥胖人群高达 1.2 亿。在共和国大地上，年轻的小胖墩比比皆是。

上海某高中，一半的男生引体向上得零分。引体向上测试及格不到 1/3。手无缚鸡之力，成为中国男孩的普遍现象。

杭州某小学举行运动会，开幕式 8 点开始，9 点半左右出现"晕倒小高峰"，大约有 20 位学生被扶到场外。

不久前，国家卫健委举行例行发布会，我国 6 岁至 17 岁儿童青少年超重率是 9.6%，肥胖率 6.4%，二者相加达到 16%。在不满 17 岁的青少年儿童中，有 1/3 的孩子至少出现了一种心血管危险因素。中国 12 岁至 18 岁的孩子中 1.9% 患有糖尿病，而美国同龄孩子是 0.5%，患糖尿病的中国儿童的比例，是美国同龄儿童的四倍。

新华网报道：2018 年，中国发布首份《义务教育质量监测报告》。报告指出，四年级、八年级学生视力不良检出率分别为 36.5% 和 65.3%。而美国青少年近视率约为 25%，澳大利亚仅为 1.3%，德国的近视率也一直控制在 15% 以下。[①]

中国青少年体质连续 25 年下降。力量、速度、爆发力、耐力等身体素质全面下滑。

---

① 《我国首份〈中国义务教育质量监测报告〉发布》，中华人民共和国教育部网站 2018 年 7 月 24 日。

日本的幼儿教育，是体育当先。日本小孩每天都有体育课，课后作业要坚持锻炼一小时。在日本，每天锻炼两小时以上的孩子，大约有40%以上。日本的体育教育，政府监控严格。日本孩子冬季要进行耐寒训练。寒冷的冬天，幼儿园孩子也要参加"冬季持久走大会"。宝宝们表现坚强。日本孩子身体素质好，200米一圈的操场，一二年级的小朋友每天要跑10圈。五六年级的小朋友每天要跑20圈。

我们在教育孩子上投入越来越大，但是我们孩子的身体素质越来越差。中国孩子每天都被困在书本中，上课听讲、学习，下课进辅导班、兴趣班，回家课后作业。每年一到换季季节，爆满的都是儿童医院。

少年强则国强。强国强军必须强少年、强青年。新时代实现中国梦、强军梦，就要培养一代又一代的英雄少年。

汉唐雄风，兴中华国运；尚武精神，创英雄时代。实现中华民族伟大复兴，必须复兴尚武精神。新时代是中华民族又一个英雄时代。这一代国民，这一代军人，这一代青少年，一定要是具有强烈尚武精神的人，是具有强健体魄和战斗精神的人。

7. 毛泽东名篇《丢掉幻想，准备斗争》的时代意义

21世纪的美国，为了保卫其世界霸权地位，会通过发动一场战争来遏制中国崛起吗？21世纪的中国需要通过赢得一场"抗美战争"来实现伟大复兴吗？这是当今世界热议的问题，更是中国人特别是中国军人需要深入思考的问题。

1840年以来，中国人所进行的所有战争，无一不是被迫的、忍无可忍、万不得已才出手的战争。新中国成立后进行的所有战争，都是胜利的战争，

是经典和传奇性的战争，也都是被对手"逼"出来的战争。21世纪的中国不想进行任何战争，但是如果一直被围堵、挑衅、侵犯，在万不得已、没有退路的情况下，也不惧怕任何战争。1949年8月，毛泽东在新中国成立前夕告诫全党，要"丢掉幻想，准备斗争"。70年过去了，这句话听起来依然发人深省。习近平在党的十九大报告中讲到坚决维护国家主权和领土完整那一段时，代表们掌声最热烈。这掌声就代表着党心民意，就是党和人民对解放军的期望和重托。为维护国家主权和领土完整，为捍卫中华民族伟大复兴，面对强敌侵犯，我们不惜一战，关键是要打得赢。新时代中华儿女要强化忧患意识、危机意识、打仗意识。人民军队更要把全部心思向打仗聚焦，各项工作向打仗用劲，加快强军步伐，把备战打仗能力搞上去。

第三章

建设世界一流军队的时间表、路线图

新时代，要建设世界一流军队，这是中国实现强军梦的总目标。这个世界一流军队的含义是什么？中国要建设的世界一流军队的特色是什么？中国建设世界一流军队的奋斗进程是什么？

一、新中国三代伟人强军大志向

从 1927 年 8 月 1 日南昌城头一声枪响，中国人民解放军诞生，到 2049 年实现建设世界一流军队的强军梦，在这 120 多年中，解放军的发展可以分为三个大的阶段，也可以称为三代解放军。

第一代解放军是夺取政权的"革命军"——从 1927 年建军到 1949 年新中国成立，经历了 22 年革命战争。

第二代解放军是保疆卫土的"国防军"——从 1949 年新中国成立，到 2012 年党的十八大召开，经历了 60 多年时间。

第三代解放军是捍卫民族复兴、造福世界和平的"首强军"——就是要在新时代建设世界一流军队，把解放军打造成为世界最强大军队。

新时代中国建设世界一流军队的历程，是从 2012 年党的十八大召开、习近平走上统帅岗位，到 2049 年强军梦成功、中国梦实现，要经历 37 年时间。

1. 从毛泽东到习近平，新中国强军目标发展路径

开国领袖毛泽东的强军目标——

新中国成立不久，毛泽东就发出"建设强大的国防军"号召。"国防军"的目标，不同于原来的"革命军"。

1950 年 9 月，毛泽东为全国战斗英雄代表会议题词，号召"为建设强大的国防军而奋斗"。

1953 年 8 月 26 日，毛泽东在给军事工程学院的训词中，明确提出"现代化国防"的概念。毛泽东指出："为了建设现代化的国防，我们的陆军、空军和海军都必须有充分的机械化的装备和设备。"

1954 年 9 月召开的第一届全国人民代表大会上，周恩来在政府工作报告中提出，要建设起强大的现代化的工业、现代化的农业、现代化的交通运输业和现代化的国防。

1958 年中央军委扩大会议上，毛泽东指出，解放军的建设要经过三个阶段：第一阶段是小米加步枪，从 1927 年到 1949 年；新中国成立后，是步枪加飞机大炮；几年后要有新发展，是常规武器加特种武器。

新中国成立初期，建设强大现代化国防军迈出的第一大步，就是在原来陆军的基础上，重点建设空军、海军和其他技术兵种，例如炮兵、装甲兵等。经过几年的努力，到 20 世纪 50 年代中期，解放军基本完成了由单一陆军向诸军兵种合成军的转变。20 世纪 50 年代中期以后，毛泽东把解放军现代化建设的重点，引导到发展以核武器为代表的尖端武器

装备上，集中全国力量攻关，很快取得重大突破，迈出了强军征程上的一大步。

1961年9月15日中共中央发出关于当前工业问题的指示，对四个现代化作出新的表述，提出"把我国建设成为一个具有现代工业、现代农业、现代国防和现代科学文化的社会主义国家"。把国防现代化由原来的第四位提高到第三位。

1964年召开的第三届全国人民代表大会，明确宣布实现四个现代化是中国人民在20世纪的奋斗目标。

毛泽东的强军目标，主要是两大概念、两次飞跃。两大概念：一是"建设强大的国防军"；二是"建设现代化国防"。两大飞跃：一是20世纪50年代从单一陆军到海军、空军三军和炮兵、装甲兵等技术兵种的飞跃；二是解放军在20世纪60年代中期到70年代中期，从常规武装到核武装的飞跃，有了第二炮兵，有了两弹（原子弹、氢弹）、一星（人造卫星）、一艇（核潜艇）。

邓小平论军队建设总目标——

1981年9月19日，邓小平在华北地区军事演习阅兵式上发表讲话，提出新时期军队建设总目标，就是"必须把人民解放军建设成为一支强大的现代化、正规化的革命军队"。

1987年8月1日，邓小平为解放军建军60周年题词："为把我军建设成为一支强大的现代化正规化革命军队而奋斗。"

习近平强军目标——

党的十八大胜利闭幕不久，2013年3月11日，习近平在十二届全国人大一次会议解放军代表团全体会议上的讲话中庄重宣布："要为建设一支听党指挥、能打胜仗、作风优良的人民军队而奋斗。"他强调，这"是党在新形势下的强军目标"。①

2017 年 10 月 18 日习近平在党的十九大报告提出："国防和军队建设正站在新的历史起点上"，"党在新时代的强军目标是建设一支听党指挥、能打胜仗、作风优良的人民军队，把人民军队建设成为世界一流军队。"②

从毛泽东 1950 年号召"为建设强大的国防军而奋斗"，到邓小平1981 年提出："必须把人民解放军建设成为一支强大的现代化、正规化的革命军队"，再到习近平提出"把人民军队建设成为世界一流军队"，新中国的强军目标与时俱进，引领解放军的建设不断迈出历史性新步伐。

2. 中国梦呼唤强军梦，世界一流军队大目标的形成

党的十八大后，习近平先后提出"实现中华民族伟大复兴"的中国梦与"建设世界一流军队"的强军梦。中国梦与强军梦的关系，就是"中国梦呼唤强军梦，强军梦护航中国梦"。

建设世界一流军队的强军梦，这个新时代强军目标的形成，经历了一个过程。

党的十八大报告的表述是"加快推进国防和军队现代化"，"建设与我国国际地位相称、与国家安全和发展利益相适应的巩固国防和强大

---

① 习近平：《努力建设一支听党指挥能打胜仗作风优良的人民军队》，《人民日报》2013 年 3 月 12 日。
② 习近平：《决胜全面建成小康社会 夺取新时代中国特色社会主义伟大胜利——在中国共产党第十九次全国代表大会上的报告》，人民出版社 2017 年版，第 53 页。

军队"。

2012 年 12 月 10 日，习近平担任中央军委主席以后第一次到战区部队考察，在与驻广州部队师以上领导干部合影后的讲话中第一次提出"强军梦"。他说："前不久，我参观了《复兴之路》展览，提出实现中华民族伟大复兴是中华民族近代以来最伟大的梦想。我想说，这个伟大的梦想，就是强国梦，对于军队来讲，也是强军梦。所以，我们要实现中华民族伟大复兴，一定要继续积极努力，坚持富国和强军相统一，建设巩固国防和强大军队。"

2012 年 12 月 26 日，在党的十八大之后新一届中央军委召开的第一次军委扩大会议上，习近平提出走中国特色强军之路，为建设一支听党指挥、能打胜仗、作风优良的人民军队而奋斗。

2013 年 3 月 11 日，习近平面对参加十二届全国人大一次会议解放军代表团全体成员庄重宣布：为建设一支听党指挥、能打胜仗、作风优良的人民军队而奋斗，这"是党在新形势下的强军目标"。

为建设一支听党指挥、能打胜仗、作风优良的人民军队而奋斗，这是总结中国共产党建军治军成功经验，适应国际战略形势和国家安全环境发展变化，着眼于解决军队建设所面临的突出矛盾和问题而提出来的，是党在新形势下的强军目标。这一目标明确了加强军队建设的聚焦点和着力点。其中，听党指挥是军魂，决定军队建设的政治方向；能打胜仗是核心，反映军队的根本职能和军队建设的根本指向；作风优良是保证，关系军队性质、宗旨、本色。这三者相互联系、密不可分。这三条是建军治军的要害，决定着军队发展方向，也决定着军队生死存亡。建军治军抓住这三条，就抓住了要害，就能起到纲举目张的作用。

听党指挥、能打胜仗、作风优良，这一党在新形势下的强军目标，吹响了强军新号角。全军准确把握这一强军目标，用以统领军队建设、改革和军事斗争准备，开启了强军新征程。

从 2012 年 11 月党的十八大召开到 2015 年底，中国新时代强军目标，就是围绕"听党指挥、能打胜仗、作风优良"这样三句话深化认识、加速建设。

"建设世界一流军队"，正式提出是在 2016 年。2016 年 2 月 24 日习近平在军队一次重要会议上的讲话中，第一次提出"建设世界一流军队"的目标。

党的十八大之后的三年中，习近平为推动外交开局、布局、成局，先后出访 20 次，到了六大洲、40 个国家，对当今世界大变局有了更为深切的感受。这种世界大变局，突出表现为四大变化。

一是国际战略格局发生重大变化。几百年间，虽然国际力量格局发生了几次大的变化，但都是在西方世界内部。现在，新兴市场国家和发展中大国力量上升，对西方在国际格局中的地位产生重大冲击，导致国际力量加快分化组合，大国关系进入全方位角力新阶段。

二是全球治理体系发生重大变化。世界治理体系变革正处在历史转折点上，几个西方国家凑在一起就能决定世界大事的时代一去不复返了。全球治理正在从列强通过战争、殖民、划分势力范围等方式争夺利益和霸权，向各国通过制定国际规则、相互协调关系和利益的方式演进。

三是全球地缘政治棋局发生重大变化。世界经济和战略重心，正在从近代以来第一阶段的"欧洲中心"、第二阶段的"美洲中心"，向第三阶段的"亚洲中心"转移。亚太地区成为大国战略竞争和博弈的焦点。

这是数百年来全球地缘政治棋局演变的最大特点。

四是综合国力竞争发生重大变化。新一轮科技革命、产业革命、军事革命加速推进，综合国力竞争在经济、科技、军事等领域全面展开，将从根本上影响世界发展进程和走向。全球最大的发展中国家中国，在与世界最大发达国家美国的综合国力竞争中，正在创造追赶和超越的奇迹。中国发展壮大，成为推动国际格局和国际体系深刻调整最重要的动因。中国前所未有走进世界舞台中心，国际社会从来没有像今天这样关注中国、重视中国。今天中国的时代方位、战略特点，就是三大：世界大变局、历史大机遇、战略大挑战。实现中华民族伟大复兴面临千载难逢的历史性机遇，一定要紧紧抓住、乘势而上、有所作为。

正是根据当今世界大变局的四个战略特征，习近平提出"建设世界一流军队"的强军大目标。

2017年10月18日，党的十九大胜利召开，"建设一支听党指挥、能打胜仗、作风优良的人民军队，把人民军队建设成为世界一流军队"这一"党在新时代的强军目标"，写入大会报告。"贯彻习近平强军思想""履行新时代军队使命任务"写入新修订的党章。

可以看出，习近平新时代强军目标的提出和形成在党的十八大之后三年多时间里有三次飞跃：首先，提出了"强军梦"这个大概念；其次，提出三句话的总要求，就是"听党指挥、能打胜仗、作风优良"；最后，提出"建设世界一流军队"的总目标。

二、中国特色世界一流军队的含义和性质

建设世界一流军队，这个"一流军队"的含义、定义是什么？中国要建设的世界一流军队，与国际社会过去那些一流军队有什么本质区别？回答这个问题，就是要说明中国"强军有理"，理直气壮。就是要批驳"中国威胁论"，说明中国强军有利于和平，有利于世界。

1. 战场无亚军，世界一流军队就是世界最强大军队

中国建设世界一流军队，就是建设世界最强大军队。

中国梦、强军梦，这两梦是统一的。中国梦的内涵，是实现中华民族伟大复兴，把新中国建设成为世界最富强的国家。中国强军梦的内涵，就是建设世界一流军队，把解放军打造成为世界最强大军队。

新时代中国的强国历程是三大步：站起来、富起来、强起来。中国强起来，是成为世界第一强国还是第二强国？显然是建设世界第一强国，建设世界最强大军队

"世界一流军队"的含义和定义，就是"世界最强大军队"。世界一流军队，虽然在有时不是只有一支，而是同时会有两支甚至几支，形成两强并立甚至三强鼎立的状况，双方或者几方旗鼓相当、势均力敌。例如，拿破仑战争时代的英国军队和法国军队，两次世界大战期间的英国军队、德国军队、美国军队，冷战期间的苏联军队和美国军队。但是，世界一流军队，其本质，就是世界最强大的军队。两支军队或者几支军队几乎同样强大的现象，只是一种过渡状态。

"文无第一，武无第二"，是从两军对决的战场来揭示决战决胜的

规律。军事战场不同于体育比赛场。战场无亚军，军事对决没有冠军和亚军的排列，只有胜军和败军的结局。世界一流军队，不是世界第二强，而是世界第一强。中国面对世界强敌，就是要遵循"武无第二、武应第一"的标准，来建设世界一流军队，打造世界一流战力。

建设世界一流军队，不是世界霸权国家的专利。为民族复兴和世界和平而建设一流军队，是捍卫中国国家主权的需要，是中国对人类文明的贡献。有一种舆论，认为这个世界只能美国第一，美国第一天经地义，中国人不能赶超美国，尤其不能在军事力量上赶超美国，否则就是中国威胁，就是军备竞赛，就是中国鹰派。其实，现在世界最大的问题是美国威胁，美国霸权主义是对世界和平与发展的最大威胁，美国超强军事力量是美国霸权主义的军事支柱。美国制裁世界，谁能制裁美国？美国在世界上发动了多场战争，带来了巨大灾难！台湾作家李敖写了一本书《审判美国》。美国是一个犯罪国家，联合国应该发表制裁美国宣言，国际法庭应该通缉犯有战争罪、反人类罪的美国总统。

一些人把中国强军兴军、建设世界一流军队、建设世界最强大军队，说成是"鹰派观点""鹰派思维"，是很荒唐的。美国有鹰派，美国鹰派是"进攻派"，是"侵略派"，是"霸权派"。被美国中情局点名的所谓"中国鹰派"，无一例外，都是"防御派"，是"卫国派"，是"反霸派"，是"维和派"（维护和平派）。鸦片战争以后的中国，富国强军、建设强大军队的呼声高涨。中国民主革命的先行者孙中山就提出：中华民族一定要也一定能够建设一个"驾于欧美之上"的"世界第一富强之国"，一定能够建设出一支世界"首强军"。

中国共产党的三位伟大领袖，在带领中国人民实现中华民族伟大复兴、建设世界第一富强之国的历程中，创造了三大奇迹。毛泽东开天辟地，创造了成立和建设新中国的奇迹；邓小平改天换地，创造了改革开放、由站起来到富起来的奇迹；习近平顶天立地，正在带领 14 亿中国人民奋斗中国梦、推进强军梦，并且引领 70 多亿"地球人"构建人类命运共同体的世界梦。按照美国的观点和标准，孙中山、毛泽东、邓小平、习近平，都是中国鹰派，而习近平则被他们看成是当今中国最大的鹰派。

美国丑化所谓"中国鹰派"，包藏祸心，必须揭露。同时，我们也明确告诉"美国鹰派""美国霸派"（霸权派）：21 世纪的中华民族，是腾飞冲天的巨龙，也是搏击长空的雄鹰。从毛泽东、邓小平到习近平，从站起来、富起来到强起来，中国龙三次腾飞，中华鹰三度搏击，中华民族三连跳，冲上世界巅峰。这不仅是富强中国的好事情，不仅是造福世界的好事情，也是能够促进美国由霸权国家向正常国家脱胎换骨、重塑转型的好事情。

2. 世界一流军队四种类型，解放军为什么最文明

建设世界一流军队，是否会改变解放军和新中国的性质？是否会造成一些人担忧和恐惧的所谓"中国威胁"？

其实，中国在 21 世纪要建设的世界一流军队，是与近代以来世界一流军队具有本质区别的新型军队。

近代以来世界一流军队有三种基本类型：

第一种类型，是为殖民扩张主义开路的世界一流军队。典型代表是大英帝国军队，依靠坚船利炮，打出了一个"日不落帝国"，把殖民主义旗帜插遍世界。今天的英国面积为 24.36 万平方公里，相当于中国广西

壮族自治区那么大。但是大英帝国在殖民地顶峰时代，却在五大洲占有3000万平方公里的土地，是英国本土面积的120多倍。

第二种类型，是为法西斯主义和军国主义冲锋陷阵的世界一流军队。典型代表是两次世界大战中的德国军队、日本军队，给世界造成巨大灾难。

第三种类型，是为霸权主义服务的世界一流军队。典型代表是从二战结束至今的美国军队。

21世纪上半叶，中国要建设的世界一流军队，与前三种类型的世界一流军队具有本质不同，是第四种类型的世界一流军队。是服务于实现伟大复兴中国梦、造福人类命运共同体世界梦的一流军队。是既不搞殖民主义、扩张主义，也不搞霸权主义的新型一流军队。这是世界历史上第一支最强大的新型文明军队。

解放军是一支没有侵略历史的军队，是一支"强而不霸"的军队，是既保卫国家安全也保卫世界和平的军队。解放军越强大，对世界和平就越有利。解放军最强大，对世界和平就最有利。

中国建设世界一流军队，是为了应对美国对中国的威胁，而不是为了威胁美国。中国建设世界一流军队，对美国是三不：一是中国不对美国发动战争，而美国能保证不对中国发动战争吗？二是中国不对美国首先使用和威胁使用核武器，而美国已经多次威胁对中国使用核武器；三是中国不搞军事霸权和军事联盟，不搞冷战，而美国能做到吗？

美国应该和中国共同制定《中美21世纪和平守则》，内容包括"六不"：不打仗；不使用核武器；不搞军事联盟；不搞军事包围遏制；不搞冷战；不干涉内政。联合国要制定《世界宪法》，管理霸权主义，防止战争主义，打击恐怖主义。然而，要做到这些中国首先要建设一支世界一流军队，让美国想发动战争时不得不有所顾虑。

三、新时代建成世界一流军队的时间表、路线图

建设世界一流军队，是一项伟大的军事工程，是一个时代的奋斗过程，要整体设计，要有时间表和路线图。

1. 三次飞跃，中国建成世界一流军队时间表

新时代，奋斗中国梦、强军梦，这两大"梦工程"同步推进。实现中华民族伟大复兴的时间表，与建设世界一流军队的时间表基本一致。从 2012 年 11 月 8 日党的十八大开启新时代，到 2049 年新中国成立100 年，是一个 37 年的伟大时代。这 37 年既是实现中国梦也是实现强军梦的过程。在这个过程中，实现中国梦和强军梦，要经历三个阶段、打好三大战役。

关于实现中国梦的三个阶段、三大战役——

新时代兴国第一战役：从 2012 年党的十八大成功召开，到 2021 年，用 9 年时间，决胜全面建成小康社会，实现"小康梦"。这是习近平新时代中华民族第一次大胜利。

新时代兴国第二战役：从 2021 年全面建成小康社会，到 2035 年基本实现中国现代化目标，用 14 年时间，实现国家"现代梦"，使中国步入世界创新型发达国家前列。这是习近平时代中华民族第二次大胜利。

新时代兴国第三战役：从 2035 年到 2049 年，再用 14 年时间，把中国建成富强民主文明和谐美丽的社会主义现代化强国，实现中华民族伟

大复兴，成功实现"中国梦"。这是习近平新时代中华民族第三次大胜利。

三个阶段、三大战役、三大胜利，这就是习近平新时代中华民族复兴"三部曲"，就是习近平兴国"路线图"，就是习近平建功立业三大里程碑，就是今后 30 年中国对世界三大震撼、三大贡献。

关于实现"强军梦"的三个阶段、三大战役——

与习近平新时代奋斗中国梦的三个阶段、三大战役相适应，习近平新时代奋斗强军梦，也是三个阶段，也要打好三大战役。

新时代强军第一阶段、第一战役，从 2012 年党的十八大习近平统率解放军开始，适应世界新军事革命发展趋势和国家安全需求，大力提高国防和军队建设质量和效益，确保到 2020 年基本实现机械化，信息化建设取得重大进展，战略能力有大的提升。

新时代强军第二阶段、第二战役，从 2021 年到 2035 年，同国家现代化进程相一致，全面推进军事理论现代化、军队组织形态现代化、军事人员现代化、武器装备现代化。要构建和形成 9 个体系，包括：具有时代性、引领性、独特性的军事理论体系；联合作战指挥体系；新型军事管理体系；现代军事力量体系；新型军事训练体系；新型军事人才体系；国防科技创新体系；现代军事政策制度体系；军民融合发展体系。经过 14 年奋斗，力争到 2035 年基本实现国防和军队现代化。

新时代强军第三阶段、第三战役，从 2035 年开始，再经过 14 年奋斗，到 2049 年，在新中国成立 100 年、中华民族伟大复兴的中国梦成功实现的时候，实现强军梦，把人民军队全面建成世界一流军队。

从 2012 年到 2021 年，从 2021 年到 2035 年，再从 2035 年到 2049 年，这其中要经历"一个 9 年""两个 14 年"，总共是 37 年时间。这样三个时间节点、三个发展阶段、三大战略性战役，就是习近平新时代中国兴国强军的全过程，就是中国梦、强军梦双梦并进的大画卷。

新时代中国建成世界一流军队的时间表，进入党的十九大报告。报告向世界宣示："坚持走中国特色强军之路，全面推进国防和军队现代化"。报告明确提出，中国人民解放军要"适应世界新军事革命发展趋势和国家安全需求，提高建设质量和效益，确保到二〇二〇年基本实现机械化，信息化建设取得重大进展，战略能力有大的提升。同国家现代化进程相一致，全面推进军事理论现代化、军队组织形态现代化、军事人员现代化、武器装备现代化，力争到二〇三五年基本实现国防和军队现代化，到本世纪中叶把人民军队全面建成世界一流军队"。

2. 跟跑、并跑、领跑，解放军弯道超车路线图

新时代中国建设世界一流军队，在30多年的时间里实现赶超，成为世界最强大军队，在时间节点上要经历三个阶段，在赶超方式上，将呈现三种形态。

第一种竞争形态——跟跑。就是在中美军力对比、中国差距比较大的情况下，中国在军力发展和强军道路上是在美国后面"跟跑"，是追赶。这一阶段，中国面对强敌优势的军事力量，用二流甚至三流的军事力量防御美国一流军事力量，在武器装备上必须着眼"以劣胜优"，在力量对比上必须着眼"以弱胜强"。

第二种竞争形态——并跑。就是在中国强军大业迅速推进，军事力量快速增强，中美两国在军力对比上的差距不断缩小，中美两国在军事力量上越来越趋于平衡和旗鼓相当，中国与美国并列，成为世界两强。

解放军与美军在世界军事舞台上棋逢对手，双方在军力角逐上进入"并跑"阶段。此一阶段，解放军在军事科技、武器装备、力量对比上，就可以摆脱过去必须立足于"以劣胜优""以弱胜强"代价高昂的被动状态，进入"以优胜优""以强胜强"的比较主动状态。

第三种竞争形态——领跑。就是在二三十年后，中国不仅经济总量和综合国力超越美国，而且军事科技、武器装备、整体军事力量都超越美国。此时的中国在世界军事舞台上，就由跟跑者、并跑者，跨越成为领跑者。

新时代中国在建设世界一流军队过程中，与跟跑、并跑、领跑三种形态、三个阶段相适应的，是解放军在武器装备上三大阶段性特点。由于解放军在武器装备上长期处于落后状态，处于劣势地位，所以面对强敌打胜仗，在军事博弈上将呈现三大不同特点：第一个特点，是在跟跑阶段，必须立足于以劣胜优，依靠劣势的武器装备战胜具有先进武器装备的对手；第二个特点，是在并跑阶段，在双方军事技术和武器装备处于同等水平、大致旗鼓相当情况下，就是以优胜优，赢得胜利；第三个特点，就是在领跑阶段，解放军的武器装备处于世界先进状态，在与对手的军事斗争中，就是以优胜劣、以强胜弱，这是解放军军力发展的理想状态。

总之，中国建设世界一流军队的过程，中国建设世界最强大军队的过程，其赶超的三个阶段、呈现的三种形态，最大特点就是后来居上，就是弯道超车、换道超车，就是突飞猛进、跨越式发展，就是"弯道超美"。这将是世界军事历史上独一无二的一支新型军事力量跨越式发展的传奇。

有人说，中国提出强军梦，是加剧世界军备竞赛，说中国建设世界一流军队，是破坏世界战略平衡，说解放军一旦成为世界最强大军队，全世界都会恐惧、发抖。这是西方世界特别是美国一些人丑化解放军、蛊惑全世界的舆论战。1840 年以来的中国，是三被：被侵略、被围堵、被遏制。而今天和未来的中国，在对外战略上是三不：不侵略、不扩张、不称霸。中国的经济增长对世界经济增长的贡献率超过 30%，超过美国、日本、欧洲对世界经济增长贡献率的总和。中国军事力量的增长，对世界和平的贡献率，也是越来越高。中国经济发展越来越成为世界经济稳定的压舱石，成为世界经济发展的发动机。中国军力的发展，也越来越成为世界和平大船上的压舱石，成为制衡世界霸权、遏制战争爆发、捍卫世界和平的最重要力量。

中国建设世界一流军队，要在 30 多年的时间里，在世界军事舞台实现由跟跑、并跑向领跑的转变和飞跃，其根本动力，就是创新驱动。创新是一个国家发展进步的灵魂，也是一支军队发展进步的灵魂。创新能力不足已经成为制约解放军建设发展和战斗力提升的突出矛盾。必须把创新摆在军队建设发展全局的核心位置，深入实施创新驱动发展战略，推进军事理论、技术、组织、管理、文化等各方面创新，不断提高创新对战斗力增长的贡献率。抓创新首先要抓科技创新这个牛鼻子。解放军在高新技术方面同世界军事强国相比仍有较大差距，科技储备远远不够。必须奋起直追、后来居上，加紧攻克老大难问题，加紧在一些战略必争领域形成独特优势。

3. 千载难逢，中国建设世界一流军队的机遇和挑战

从 1840 年至今，中华民族经过 180 年奋斗，在实现民族复兴、建设

世界一流军队上，迎来千载难逢的历史机遇。中国在新时代虽然各方面挑战很严峻，但是机遇大于挑战。这个历史机遇千载难逢，一定要牢牢抓住，千万不能丧失。

新时代中国实现民族伟大复兴，建设世界一流军队，是国家和民族的最高利益。新时代兴国强军的伟大事业已经进入关键发展阶段，现在中国比以往任何时候都更加接近兴国强军的伟大目标。越是在这样一个关键发展阶段，越是要保持战略清醒，增强战略定力，只争朝夕建设世界一流军队。

新时代中国兴国强军面临的机遇和挑战，集中表现在三个"前所未有"。习近平多次强调，我们必须准备进行具有许多新的历史特点的伟大斗争。习近平这句话含义很深，既意味着要抓住机遇，更意味着要迎接挑战。现在，中国前所未有地靠近世界舞台中心，前所未有地接近实现中华民族伟大复兴的目标，前所未有地具有实现这个目标的能力和信心。同时，也要清醒地看到，虽然是三个"前所未有"，但是前进道路绝不会一帆风顺。一些西方国家打心眼里不愿看到中国走上世界强国的位置，不愿看到社会主义中国发展壮大，他们必然会千方百计对中国进行战略遏制和围堵。中国周边领土主权争端、大国地缘竞争、军事安全较量、民族宗教矛盾等问题更加凸显，在中国家门口生乱生战的可能性增大。各种敌对势力遥相呼应，各种民族分裂势力蠢蠢欲动，各种暴力恐怖势力磨刀霍霍，影响社会稳定的因素大量存在。综合各方面情况看，中国安全和发展形势更趋复杂，各种可以预料和难以预料的风险挑战会增多，军事斗争任务复杂艰巨。

伟大的民族，是善于抓住历史机遇的民族。能否抓住机遇，关乎国家命运和民族未来。纵观历史，可以看出，那些能够抓住历史机遇，在对人类发展有重大影响的领域上率先实现跨越的国家，往往能够掌握巨大的战略优势。中国历史上曾经错失了一些重要历史机遇，例如错失了工业革命、错失了海洋时代等。结果中国同世界先进水平产生了时代差，国家实力整体落后，国势也就江河日下，长期陷于被动挨打的境地。现在，中国又到了一个历史关头。由于大量尖端技术被运用到军事领域，如果跟不上去，差距被拉开很大，最后还会落到被动挨打的境地。现在这个历史机遇，决不能失去。

第四章

科技兴军

习近平在党的十九大报告中提出，要"树立科技是核心战斗力的思想，推进重大技术创新、自主创新"，强调"建设创新型人民军队"。

科技塑造战争，战争演变依赖技术进步。火药的发明，无线电的运用，装甲车的登场，核武器的出现，都带来战争的巨变。在如今的信息化时代，两天内收集的数据量，就超过了自从文明诞生到 2003 年之间产生的全部数据量。而量子计算一旦完全实现，密码保护就不再可能，因为量子计算机能够破解任何密码，世界上尤其是军事领域将无密可保。

现代化战争，是高技术化战争；现代化军队，是高技术化军队。第一次世界大战时，参战军队的专业技术种类仅仅有 20 多种。第二次世界大战时，发展到 160 多种。20 世纪 90 年代，达到 3000 种以上。21 世纪以来，军事科技发展更是日新月异。

全球新一轮科技革命、军事革命浪潮迭起。大数据、云计算、物联网、量子通信、人工智能等一大批科学技术的突破，不仅给国家的新质生产力带来广阔增值空间，也给军队新质战斗力的提升创造了巨大机遇。战略高新技术群体迸发态势，对军队建设和作战影响越来越大。解放军建设世界一流军队，必须下更大气力推动科技兴军，向科技创新要战斗力。坚持军民融合，充分发挥举国体制优势，加快实现在科技创新上由跟跑、并跑向领跑的飞跃和跨越，把握世界军事竞争主动权。

为了推进科技兴军，2016年1月，解放军一个新的职能部门出现在改革后的中央军委机关序列中，它就是"中央军委科学技术委员会"。这个新部门的职能定位，就是加强国防科技战略管理，推动国防科技自主创新，协调推进科技领域军民融合发展。

一、世界一流军队，必须掌握世界一流科技

纵观世界近代军事历史，可以看出，在国际军事舞台上纵横驰骋、叱咤风云的一流军队，都是在军事科技领域处于领先地位的军队，是掌握世界一流科学技术的军队。

1. 装备赶超，告别"以劣胜优、以弱胜强"的历史

近代中国落后挨打的教训，是科技兴军的一本沉痛教材。由于中国封建统治者夜郎自大、故步自封，错失发展机遇，结果国家积贫积弱。从鸦片战争到甲午海战，再到八国联军侵华，中国军事力量薄弱、武器装备落后，尽管广大军民十分勇敢、浴血奋战，但最终还是不堪一击。现在科技革命为中国提供了千载难逢的机遇，要抓住机遇、奋发有为，不仅要赶上潮流、赶上时代，还要力争走在时代前列。要有这样的雄心壮志。

实行科技兴军，要正确认识人与武器的关系。战争制胜，人是决定因素。但是随着军事技术不断发展，武器因素的重要性在上升，如果武

器装备上存在代差，仗就很难打了。1999年科索沃战争中，面对美军的先进武器和精确打击，南联盟军队束手无策，只能望天兴叹。建设世界一流军队，解放军不仅要有革命精神优势，而且要有武器装备优势。军队有不怕死的革命精神，武器装备不逊于人甚至高于人，就能以最小的生命代价夺取战争胜利。

坚持科技兴军，要正确认识解放军"以劣胜优、以弱胜强"的优良传统。根据军史资料，解放军建军以来，先后打了470多个较大规模的战役，其中的败仗只有10个。解放军先后同日本、美国等21个国家的军队交过手，是古今中外著名的常胜军。这些胜利是神奇的，也是代价巨大的。解放军在武器装备上"以劣胜优"、军事力量上"以弱胜强"，是以战役战斗上集中优势兵力为代价的。而在战胜外部强敌的作战中，解放军人员伤亡的数量和比例，要远远高于强敌。解放军在武器装备上"以劣胜优"、军事力量"以弱胜强"的精神和气魄是宝贵的，要永远发扬。但是解放军在武器装备和军事力量上面对强敌长期处于劣势、弱势的状况，则需要尽快改变。新时代建设世界一流军队，就是要尽快告别武器装备"以劣胜优"、军事力量"以弱胜强"的历史阶段。使解放军面对强敌，不仅在精神和气概上处于优势、强势，而且在武器装备上也处于优势和强势。坚持科技兴军，就是要尽快超越"以劣胜优、以弱胜强"的历史阶段，进入"以优胜优、以强胜强"直至"以优胜劣、以强胜弱"的新阶段。

现代战争高技术化，科技兴军是必由之路。2015年5月发布的《中国的军事战略白皮书》指出："世界新军事革命深入发展，武器装备远程精确化、智能化、隐身化、无人化趋势明显，太空和网络空间成为各方战略竞争新的制高点，战争形态加速向信息化战争演变。世界主要国家积极调整国家安全战略和防务政策，加紧推进军事转型，重塑军事力量体系。军事技术和战争形态的革命性变化，对国际政治军事格局产生重大影响，对中国军事安全带来新的严峻挑战。"白皮书把现代战争高技术化，具体描述为"六化"：武器装备远程精确化、智能化、隐身化、无人化、太空化、网络空间化。应对"六化"挑战，必须坚持科技兴军，才能把握主动权。

实现武器装备发展历史性跨越，建设一支掌握先进武器的人民军队，是解放军孜孜以求的目标。建军初期，武器装备主要取之于敌，"小米加步枪，仓库在前方，枪炮靠缴获，运输靠老蒋"。新中国成立后，先后走过引进、仿制、自主研发等阶段，搞出一大批先进武器装备和高精尖技术，实现了武器装备发展历史性跨越。几代人艰苦探索创新，走出了一条中国特色武器装备发展道路，形成以"老军工"作风、"两弹一星"精神、载人航天精神为代表的光荣传统和优良作风。要在新时代发扬传统，再创辉煌。

2. 弯道超车，实现由"跟跑、并跑"向"领跑"跨越

科技兴军的目标，是在科技创新上，实现由"跟跑者"向"并跑者""领跑者"转变。中国国防科技总是跟在人家屁股后面追是不行的，一定要在一些领域成为领跑者。解放军在新时代科技兴军、跨越发展的历程，有三个阶段：第一阶段是差距较大的"跟跑者"；第二阶段是并驾齐驱的"并跑者"；第三阶段是超越对手的"领跑者"。科技兴军的征程，就是奋起直追、后来居上。

弯道超车，要有正确的追赶和超越策略。现在，主要国家高度重视推进高投入、高风险、高回报的前沿科技创新，大力发展能够大幅提升军事能力优势的颠覆性技术。解放军要高度重视战略前沿技术发展，确定正确的跟进和跨越策略，选准主攻方向和突破口，加紧在一些战略必争领域形成独特优势。

实现弯道超车，必须加快建立军民融合创新体系。随着科学技术快速发展，国家战略竞争力、社会生产力、军队战斗力的耦合关联越来越紧，国防经济和社会经济、军用技术和民用技术的融合度越来越深。推动科技兴军，必须立足经济社会发展和科技进步的深厚土壤，才能获得强大的科技支撑。当今世界科技领域竞争激烈，特别是在人工智能、网络信息、生物交叉、微纳材料等前沿科技领域，各大国展开激烈角逐。中国经过长期发展，经济实力、科技实力大幅提升，一些重要科技领域跻身世界先进行列，某些领域正由跟跑者向并跑者、领跑者转变，为科技兴军提供了坚实基础，完全有条件把科技领域军民融合搞得更好一些、更快一些。要顺势而为、乘势而上，深入实施军民融合发展战略，加快建立军民融合创新体系，研究制定科技兴军的"路线图""施工图"，开展军民协同创新。

坚持科技兴军、实现弯道超车，中国具有良好基础，完全有条件迈出更大步伐。党的十八大以来，中国加快实施创新驱动发展战略，科技界捷报频传。世界最大单口径射电望远镜建成，量子技术取得突破，天舟一号成功发射，国产大飞机首飞成功。建设创新型国家、打造创新型军队，取得丰硕成果。习近平决策成立中央军民融合发展委员会，成立中央军委科学技术委员会，重塑军事人才培养体系和军事科研体系，聚焦突破核心关键技术，对具有战略性、前沿性、颠覆性技术的发展，实行超前规划、超前布局。最近 5 年来，航空母舰、核潜艇等大国重器捷报频传，中国空军主力战机加速迈进以"运—20""歼—20"为代表的"20"时代，东风系列战略导弹惊艳全球。

国内外一些专家指出，目前中国处于世界领先地位的技术，包括量子通信、大型计算机、人工智能、变轨末端制导、电磁弹射、深潜技术等。中国科技兴军的技术突破呈现新局面。

3. 自主创新，是科技兴军的战略基点

科技兴军的实质，是创新强军，是建设创新型军队。新时代实现中华民族伟大复兴的中国梦，必须建设创新型国家；新时代实现建设世界一流军队的强军梦，也要建设创新型军队。

自主创新，是科技兴军的战略基点。真正的核心关键技术是花钱买不来的，靠进口武器装备是靠不住的，走引进仿制的路子是走不远的。要在激烈的国际军事竞争中掌握主动，就必须大力推进科技进步和创新，大幅提高国防科技自主创新能力。党的十八届五中全会提出了创新、协调、绿色、开放、共享的发展理念，创新是摆在第一位的。环顾当今世界，新一轮科技革命、产业革命、军事革命加速推进，创新驱动成为许多国家谋求竞争优势的核心战略。军事领域的创新和竞争尤为激烈。美国提出实施"第三次抵消战略"，就是要通过创新赢得新的绝对军事优势。俄罗斯提出"创新型军队"建设理论，着力打造信息化新型军事力量。其他主要国家也纷纷加大军事创新步伐，谁也不甘心落伍掉队。在国际军事竞争日益激烈的形势下，不创新不行，创新慢了也不行。否则就会

陷于战略被动，甚至错过整整一个时代。创新能力是一支军队的核心竞争力，也是生成和提高战斗力的加速器。创新能力不足是制约解放军建设发展和战斗力提升的突出矛盾。

坚持科技兴军，必须构建国防科技创新体系，统筹推进军事理论、技术、组织、管理、文化等各方面创新，依靠科技创新把解放军建设转到创新驱动发展的轨道上来。要加快发展高新技术武器装备，提高武器装备质量和体系结构科学化水平。

科技兴军，必须高度重视基础研究。基础研究是整个科学体系的源头，是所有技术问题的总开关，是武器装备发展的原动力。只有重视基础研究，才能永远保持自主创新能力。

坚持科技兴军，必须站在世界新军事革命发展前沿。空天领域处在世界新军事革命发展前沿，对军事技术创新要求非常高。要坚持自主创新这个战略基点，把现代化建设命脉牢牢掌握在自己手中。对具有前瞻性、战略性意义的"撒手锏"装备，要发挥作战需求牵引作用，举全国之力抓紧攻关，力争早日取得突破。

4. 制衡强敌，锻造中国独有的"撒手锏"

应对来自外部的军事威胁，解放军既要立足现有武器装备打胜仗，又要加速赶超步伐，发展自己独有、对手害怕的"撒手锏"。所谓"撒手锏"武器装备，是非对称、克敌软肋、使敌害怕的武器装备。

解放军发展"撒手锏"武器装备的重要和紧迫性，是由中国新时代在由大向强跨越过程中面临的严重军事威胁所决定的。一些西方国家从骨子里不愿意看到社会主义中国"风景这边独好"。随着中国综合国力、国际影响力快速发展，一些西方国家加紧在中国周边布棋投子，加紧对中国发展进行围堵和遏制。美国把他们的军事力量和先进武器装备更加集中地部署到东亚、东南亚来。各种敌对势力正在加紧对中国实施西化、分化战略，企图在中国策划"颜色革命"。周边有的国家企图乘机侵占中国领土和海洋权益。中国坚持走和平发展道路，但必须有防身利器，必须有对手惧怕的"撒手锏"，这样才能更好做到以武止戈。在这个问题上，绝不能有丝毫幻想和迟疑。

当前新一轮科技革命深入发展，战略高新技术群体迸发，网络化、无人化、隐身化、智能化正深刻影响世界军事发展走向。这给解放军带来挑战，也带来弯道超车的机遇。要坚持非对称思维，加强独创性设计，瞄准强敌，紧盯科技前沿，对看准的要超前规划布局，努力发展更多独有的"撒手锏"，确保不被强敌实施技术突袭，加重战略威慑和制衡砝码。

发展"撒手锏"，不是把遏制战争和赢得战争的希望都寄托在一两件新式武器上。而是要处理好"撒手锏"利器与整个军队武器装备体系的关系，发挥好"撒手锏"利器在推进整个中国特色现代军事力量体系中的作用。要把发展高新技术武器装备摆在战略位置，加大建设力度，重点发展能有效制敌的"撒手锏"武器装备，着力突破核心关键技术，优化武器装备结构。在发展武器装备上不能被动地跟着强敌走，要有自己独特的路数。要坚持把新型作战力量建设作为战略重点，增强新质作战能力，努力构建中国特色现代军事力量体系。

二、科技兴军核心是"科学家强军"，建设世界一流专家队伍

科技是核心战斗力，科技专家是科技创新的核心力量。近代世界一流军队，一个共同的战略特点，就是既有"大军"——有能征善战的强大军团，又有"大家"——拥有一批善于科技攻关、掌握先进军事科技的专家团队。杰出军事将帅的一个共同特点，就是不仅自己重视科技学习，而且充分尊重、保护科技人才，善于使用科技人才，大力培养造就科技人才。拿破仑远征埃及，随大军出发的就有一支特种部队——科学艺术工作团。该团由 175 名专家组成。拿破仑安排科学家走在大部队中间，以确保科学家的绝对安全。他在军事决策和军事行动中，充分发挥科学家的作用。

科技兴军的关键，是科学家强军。新时代中国建设世界一流军队，贯彻科技兴军的原则，要深刻认识和充分发挥科学家的作用，要拥有世界一流的科学家队伍。

1."两弹一星"，新中国科技兴军的一次成功突破

新中国建设强大国防军的起点，是小米、步枪、算盘。解放军在短短 20 年时间里，就实现了从小米、步枪到"两弹一星"的飞跃，是科技兴军的一次成功突破。这个历程对新时代科技兴军具有宝贵战略启示。

二战以后，世界一流军队的标志，就是有原子弹和氢弹，有人造卫星。新中国成立后第 5 个年头，就作出了发展核武器的决策。1954 年秋天，中国发现铀矿石。毛泽东说："我们有丰富的矿物资源，我们国家也要发展原子能。"毛泽东强调："这是决定命运的。"当毛泽东决定发展

原子能的时候，中国不仅不能制造飞机、坦克，也不能制造汽车、拖拉机。1955 年 1 月 15 日，中共中央书记处召开扩大会议，研究发展中国原子能事业。1956 年 4 月 25 日，毛泽东在中共中央政治局扩大会议《论十大关系》讲话中指出，中国"不但要有更多的飞机和大炮，而且还要有原子弹。在今天的世界上，我们要不受人家欺负，就不能没有这个东西。"1958 年 5 月，毛泽东在中共八大二次会议上发出一个伟大号召："我们也要搞人造卫星。"1958 年 6 月，毛泽东又强调："搞一点原子弹、氢弹、洲际导弹，我看有十年功夫是完全可以的。"1960 年，苏联单方面撕毁中苏"国防新技术协定"，撤回专家，带走资料，停止供应设备、材料。毛泽东的态度是："要下决心搞尖端技术，赫鲁晓夫不给我们尖端技术，极好，如果给了，这个账是很难还的。"解放军科研人员把苏联停止向中国提供核援助的 1959 年 6 月，定为中国第一颗原子弹的代号"596"。广大科技人员憋了一股劲，就是死，也要把"596"搞出来。中国第一颗原子弹被科研人员称为"争气弹"。

新中国搞"两弹一星"，小小算盘立了大功。当时中国科学家研制原子弹的器材缺乏，研制两弹一星的元勋邓稼先，率领理论设计队伍，用 4 台手摇计算机和算盘，在无数个日日夜夜，进行着高深复杂的原子理论计算。为了验算一个数据，他们常常是一天三班倒，一个数据算一次，要一个多月。如同人民军队在战场上用小米加步枪打败了强敌的飞机加大炮，新中国的科学家硬是用手摇计算机加算盘，攻克了"两弹一星"的道道技术难关。

1964 年 1 月 14 日，中国生产出第一批合格的浓缩铀。

1964 年 4 月，中国加工出第一套核部件。

1964年10月16日，中国第一颗原子弹试验爆炸成功。

1966年10月27日，中国成功进行"两弹结合"的导弹核武器试验。

1967年6月17日，中国第一颗氢弹爆炸试验成功。

1970年4月24日，中国第一颗人造卫星"东方红一号"发射成功。

新中国拥有"两弹一星"，国际舆论震撼。外国朋友盛赞新中国不仅"站起来了"，而且"挺起来了"。美国媒体报道："中国已经拥有了原子弹和氢弹，必须把这次卫星的成功看作是宣布能把洲际导弹发射到地球上任何地方的公告。"

美籍华人记者赵浩生写道："在海外中国人的眼中，那蘑菇状烟云是怒放的中华民族的精神花朵；那以报纸、广播传出的新闻，是用彩笔写在万里云天上的万金家书。"

一些长期旅居海外的爱国人士，开始大量回国。归国的国民党名将李宗仁的儿子李幼林说："父亲在美国期间，有三件大事使他对中国共产党的看法完全改变了。第一，中国军队在朝鲜战争中显示了力量。第二，印度军队入侵中国领土，中国军队在反击中不仅把侵略者赶出边界，甚至几乎打到了加尔各答。第三，中国成功爆炸原子弹。美国、苏联才有原子弹，这两个大国以此称霸，想要平分世界。中国有了原子弹，打破了他们的垄断局面，形成了新的三角平衡。"

1988年10月，邓小平指出，如果20世纪60年代以来，中国没有原子弹、氢弹，没有发射卫星，中国就不能叫有重要影响的大国，就没有现在这样的国际地位。这些东西反映一个民族的能力，也是一个民族、一个国家兴旺发达的标志。

"两弹一星"精神，就是科技兴军精神。新中国能够用20年时间实现从小米加步枪到"两弹一星"的飞跃，新中国也一定能够在未来30年科技兴军征程中，成功实现建设世界一流军队的伟大目标。

2. 4.1% VS 42%，中美一流科学家比例悬殊

科技兴军的核心，是"科学家强军"。两军对垒，战场上血与火的拼搏，与科学家在科研院所、在实验室的工作紧密相连。

现在，中国同美国等西方国家在世界一流科学家人才方面的差距是很大的。根据有关资料，中国现在世界一流科学家仅一百多人，占世界的4.1%，而美国的世界一流科学家队伍，占世界的42%。

新中国之所以能够在仅仅20年的时间里，在缺钱、缺物、缺技术的情况下，搞出"两弹一星"，关键是拥有一批像钱学森、钱三强、邓稼先那样的世界顶尖科学家和一大批优秀科技人才。毛泽东接见钱学森时说，美国人把你当成五个师，对我们来说，你比五个师的力量大得多。

现在中国不差钱，物质技术条件有很大改善，解放军也有一支可观的创新骨干力量。但是像钱学森那样的战略科学家、科技帅才、尖子人才，还是凤毛麟角，稀缺匮乏，新兴学科和前沿领域的领军拔尖人才数量不多，这是科技兴军的巨大战略忧患。

科技兴军，要聚天下英才而用之。必须围绕重要学科领域和创新方向，积极创新人才培养、引进、保留、使用的体制机制和政策制度，以更加开放的视野引进和集聚人才，造就一批世界水平的科学家、科技领军人才、工程师和高水平创新团队。

营造创新人才辈出的良好环境，是推进科技兴军必须解决的重大课题。要牢固树立人才资源是第一资源的理念，努力培养造就一支规模宏大、

结构合理、素质优良的国防科技和武器装备人才队伍。要积极营造尊重人才、求贤若渴的社会环境，待遇适当、后顾无忧的生活环境，公正平等、竞争择优的制度环境，为人才心无旁骛钻研业务创造良好条件。有些科研骨干不安心、不专心科研工作，老想着转轨走"行政线"，或者整天忙于跑项目、要经费、报成果，这种状况要改变。要把国防科技和武器装备领域打造成国家创新人才的高地、人才成长兴业的沃土，形成各类人才创造活力竞相迸发的生动局面。

造就新时代科技兴军的战略科学家，加强高科技人才队伍建设，要大力弘扬新中国"两弹一星"功勋人物的精神风貌、情操境界，让"两弹一星"精神在新时代发扬光大、代代相传。新中国"两弹元勋"邓稼先，1958年秋天接到原子弹研制任务后，回家对妻子说，自己"要调动工作，不能再照顾家和孩子了，通信也困难"。从此，他就在西北戈壁大漠隐姓埋名，一干就是20年。1999年，国家公开表彰"两弹一星"功勋人物，国人才知道邓稼先这个名字，此时邓稼先已经去世13年了。在邓稼先去世前，他在儿童时代的好朋友、著名物理学家杨振宁看望他时，询问国家为研发"两弹"颁发了多少奖金，邓稼先竖起两根手指头说："20元！原子弹10元，氢弹10元。"邓稼先在北京居住的是一套三居室的房子。去世前一年，他被任命为国防科工委科技委副主任（副部级）。他本有资格搬到部长公寓去住，他却没有搬，一直在老房居住。他家里的家具十分简单，除了书架、桌子和床以外没有什么摆设，唯一的两个单人沙发是1971年接待回国探亲的杨振宁先生时从单位借的。邓稼先去世后，他的夫人仍居住在当时的房间里，房间里的陈设至今也未曾改变。"两弹一星"精神，是新时代科技兴军的生动教材和宝贵资源，要继承弘扬好。

3. 两校一院，科技兴军的开路先锋

建设世界一流军队，必须有一流军事人才、一流军事理论、一流军事科技。这就需要创新解放军军事人才培养体系、军事理论创新体系、军事科技创新体系。

军事院校、科研机构在这方面地位重要。这次军事变革，优化院校力量布局，重构军事科研体系。解放军和武警部队原有 77 所院校整合为 44 所，重塑国防大学、国防科技大学。成立军委军事科学研究指导委员会，调整组建新的军事科学院、军种研究院，形成以军事科学院为龙头、军兵种科研机构为骨干、院校和部队科研力量为辅助的军事科研力量布局。

在军事人才培养和军事科研创新体系中，作为最高军事科学研究机构的中国人民解放军军事科学院，作为培养联合作战指挥人才的最高军事学府中国人民解放军国防大学，作为最高军事科技研究和军事科技人才培养的中国人民解放军国防科技大学，是三所战略性科研院、校，必须在科技兴军中勇担重任、走在前列。

国防大学、军事科学院、国防科技大学三所战略性军事院校和军事科研机构，必须创新办学、科研模式，创新军事人才培养体系和军事科研体系，破除体制机制障碍，加快高素质新型军事人才培养，加快军事理论创新，加快发展先进军事科技。

这次军队院校、科研机构、训练机构改革，聚焦备战打仗，注重体系重塑，健全了全军院校教育、部队训练实践、军事职业教育三位一体新型军事人才培养体系，构建形成了需求主导、军民融合、协同创新的中国特色军事科研体系，从不合时宜的办学模式、科研模式、训练模式中解放出来，使解放军军事人才培养和军事科研创新进入新阶段。

办好军事院校、搞好军事科研，需要有一流军事教育家、一流军事理论家。解放军历史上，刘伯承、罗荣桓、叶剑英、陈赓等名帅名将上马能杀敌，下马能办学，是杰出的军事教育家、军事科研事业的开拓者。现在解放军联合作战指挥人才培养、军事理论研究、国防科技创新，同打赢信息化战争要求、同世界军事强国相比差距很大。这有体制机制原因，也同长期以来这方面的领导力量弱，对办校、治学、育人、科研规律研究不深不透有直接关系。信息化时代的军事教育家和军事理论家，必须具有高科技思维和素质。现在支撑进行现实军事斗争的理论成果少，核心概念开发不出来，很重要的原因就是理论研究缺乏技术支撑。推进军事科研理技结合，要勇于创新、勇于超越，努力开拓具有中国特色军事人才培养和军事科研新路子。要提炼标识性学术概念，要加强军事学科体系和教材体系建设，打造具有中国特色和国际视野的军事学术话语体系。

军队教学科研单位，要有清风正气，才能出高端人才，出高质量成果。军事院校、科研机构、训练机构是孕育思想、传播知识的场所，必须把风气搞得很健康很纯正。如果把军事院校、科研机构、训练机构搞成了官场、市场、名利场，那是绝对不行的。这些年，受市场经济和社会不良风气影响，军队教学科研单位教风、研风不正。有的心浮气躁、追名逐利，有的投机取巧、弄虚作假，有的论师从派、跑找要送，学术造假、论文抄袭、科研腐败等问题时有发生。这次改革，取消了教学科研机构编制等级，探索实施项目负责人制度，赋予科技领军人才更大自主权，就是从体制上去行政化、去官场化，增强战场化，以利于革除弊端。

建设世界一流军事科研机构、综合性联合指挥大学、高等教育院校，是这次军事变革的重要内容。习近平 2017 年 7 月 19 日向新调整组建的军事科学院、国防大学、国防科技大学授军旗、致训词，出席座谈会并发表重要讲话。他强调，要全面实施科技兴军战略，坚持面向战场、面向部队、面向未来，建设世界一流的军事科研机构、综合性联合指挥大学、高等教育院校，努力开创军事人才培养和军事科研工作新局面。

军事科学院是全军军事科学研究的拳头力量。要适应军事科研工作新体制新要求，坚持军事理论和军事科技紧密结合，坚持研用结合、军民融合，创新军事科研工作组织模式，推动协同创新，加快发展现代军事科学，努力建设世界一流军事科研机构。

国防大学是培养联合作战人才和高中级领导干部的重要基地。要把握高级任职教育院校建设特点规律，推动教学、科研、管理创新，突出高素质联合作战指挥人才、联合作战参谋人才培养，加强军事理论研究，努力建设世界一流综合性联合指挥大学。

国防科技大学，是高素质新型军事人才培养和国防科技自主创新高地。要紧跟世界军事科技发展潮流，适应打赢信息化局部战争要求，抓好通用专业人才和联合作战保障人才培养，加强核心关键技术攻关，努力建设世界一流高等教育院校。

4. 科技兴军，各级领导干部要有"三个头脑"

战略、战役、战术，历来与"技术"紧密联系，现代战争中这种联系更加紧密。可以说，不懂军事科技，就没有军事领导权，就没有军事指挥权。军队领导干部，既要有政治头脑、军事头脑，也要有科技头脑。没有现代科技头脑，就难有现代军事头脑。日、俄两国海军 1905 年 5 月在对马海峡进行的"对马海战"中，俄罗斯舰队的无线电设备比日本海军先进得多，但是，由于俄罗斯舰队指挥官的科技素质落后，在俄罗斯舰队夜间进入朝鲜海峡时，在日本海军巡逻舰信号不断增强时，俄罗斯指挥官竟没有意识到敌人就在附近，攻击就在眼前。结果反而让日本舰队率先发现、率先攻击，导致俄军惨败。

毛泽东曾经指出，各级指挥员首先是军事技术专家。毛泽东的这一观点，深刻揭示了各级指挥员军事技术素养对于军队建设、对于战争胜利的重要意义。新时代科技兴军，不仅要强在武器装备，要强在官兵科技素质，尤其要强在各级领导干部的科技素养上。科技兴军的关键，是科技强兵、科技强官、科技强将。

和平时期建设军队，要把军事训练摆到战略位置。在军事训练中，科技训练的地位越来越重要。俄罗斯军队近年来在全军范围陆续组建科学连，主要解决在作战指挥、建设发展方面最迫切最实际的科技运用问题。解放军提高官兵科技素养、开展科技练兵，要借助地方科研院所、装备研制单位等的科技优势，大力传播科学精神、普及科学知识，使学习科技、运用科技蔚然成风。各级领导干部既要有政治头脑、军事头脑，也要有科技头脑，要加快知识更新、提高科技素养。

领导干部科技头脑的一个重要内容，是高度尊重和关心科技人才。聂荣臻元帅给自己的定位是"当个科学工作者的勤务员"。陈赓大将的名言："教员是'做饭做菜'的，学员是'吃饭吃菜'的，领导是'端盘子'的"。这是尊重科技人才的范例。在高度尊重和关心科技人才方面，周恩来总理是一个感人至深的光辉榜样。三年经济困难时期，中国那些日夜研究核武器和导弹的科学家们，与全国人民和全军官兵一样，饿着肚子进行科技攻关。那些科学家们进行高强度脑力劳动到半夜，常常只能用白开水冲杯酱油或者白糖水喝。综合导弹试验靶场的几万名官兵，用生长在当地的沙枣叶子和芦苇根充饥，驻地周围很大一片沙枣林和芦苇根被吃光了。当周恩来总理看到情况报告后，哭了。周总理亲自给各省省长打电话，要求全国支援。聂荣臻元帅向各大军区求援："我以革命的名义向大家募捐，请求你们立即搞一点粮食、副食支援我们的试验基地吧！我们的科技人员太苦了，他们能不能活下来是关系到国家前途和命运的大事啊！"

第五章

人才强军

党的十八大报告提出："培养大批高素质新型军事人才。"

党的十九大报告强调："加强军事人才培养体系建设。"

强军要强武器装备，更要强人才素质。解放军建军以来，之所以能够创造出在武器装备上"以劣胜优"、在力量对比上"以弱胜强"的军事传奇，一个重要原因，是在人才素质上具有优势、处于强势。新时代中国建设世界一流军队，必须造就高素质新型军事人才，打造世界一流军事人才方阵。

一、解放军面临新挑战，中国军事人才的"时代考卷"

人类历史上，最严酷的考卷，是军事考卷；军队和军人的考场，不是在课堂，而是在战场；军事考试的方式，是战争中的攻与防；军事大考的最高裁判、军事考卷最终的评分标准，是两军对垒中胜与败的较量。

战争年代的解放军，向党和人民交出的是一份份传奇的军事答卷。1600 多位开国将帅，就是几十年战场考试中的高才生。

新时代的解放军，在百年未有之大变局中，能不能发扬新中国开国将帅的优良传统，创造新型军事人才辈出的局面？能不能有力应对中华民族在新时代面临的军事挑战？能不能在强军兴国大业中交出优秀的军事答卷？这是摆在全军官兵面前的一张"时代考卷"。

1. 以前能打胜仗，不等于现在能打胜仗

邓小平对解放军打赢现代化战争的忧患意识——1977 年 8 月，邓小平指出："要承认我们军队打现代化战争的能力不够。要承认我们军队的人数虽然多，但是素质比较差。""指挥现代化战争，包括我们老同志在内，能力都不够。要承认这个现实。"①1980 年 3 月，邓小平又尖锐发问："我们军队有没有战斗力？一旦有事行不行？我讲的不是像对越自卫还击战这样的事，这样事好应付。如果从我们面临更强大的对手来说，衡量一下我们的战斗力，可靠性怎么样？"②

习近平在新时代对解放军"能打胜仗"的严重警示——习近平要求解放军"能打胜仗"。他多次强调，邓小平同志早在 1977 年就指出，要看到我们各级干部指挥现代化战争的能力不够，要承认我们军队打现代化战争的能力不够。这番话是针对机械化半机械化条件讲的。今天，我们已经处在信息化条件下，这"两个能力不够"的问题更加突出。一旦发生战事，如果我们打不赢，那是要负历史责任的。习近平强调新时代解放军打赢现代化战争能力不够的问题"更加突出"，这是对全军的高度警示。

---

① 《邓小平军事文集》第 3 卷，军事科学出版社、中央文献出版社 2004 年版，第 57 页。

② 《邓小平军事文集》第 3 卷，军事科学出版社、中央文献出版社 2004 年版，第 168 页。

以前能打胜仗，不等于现在能打胜仗，这是习近平给全军敲响的警钟。解放军是世界军事历史上少有的一支常胜军，素以能征善战著称于世，创造过许多辉煌战绩。但是，能打胜仗的能力标准是随着战争实践发展而不断变化的。历史的辉煌面对现实的挑战，呼唤的是战斗力的创新和发展。解放军打现代化战争能力不够，各级干部指挥现代化战争能力不够，这两个问题依然很现实地摆在全军面前。解放军最大的短板和弱项，是在党和人民需要的时候，这支军队能不能拉得上去、打胜仗，各级指挥员能不能带兵打仗、指挥打仗。从实际情况看，这方面短板和弱项还很突出，有的甚至是致命的，令人揪心。

和平时期的军队，需要具备遂行多样化军事任务的能力，例如抢险救灾、处突执勤等。但是核心任务是打仗，核心能力是打仗能力。必须强化官兵当兵打仗、带兵打仗、练兵打仗思想，牢固树立战斗力标准，立足最困难、最复杂情况，推进军事斗争准备，确保部队召之即来、来之能战、战之必胜。

推进练兵备战，必须大力解决存在的突出问题，切实解决好备战打仗意识不强、作战方案计划滞后、作战指挥和参谋人才匮乏、作战体系短板突出、训练实战化水平不高等问题。

军队战斗力的养成，在战时靠"战"，是打出来的，是在战场上学会战争。军队战斗力的提高，在平时靠"练"，靠实战化军事训练，在训练场学会战争。和平年代不打仗，军事训练是生成和提高战斗力的基本途径。要构建新型军事训练体系，坚持实战实训、联战联训，大抓实战化军事训练。训练内容要同实战要求对接，紧贴作战任务、作战对手、作战环境。通过加强大型训练基地和新型作战力量训练条件建设，加强模拟化、网络化、对抗性手段建设，构建逼真战场环境。要构建科学完备的训练评估和监察体系，完善训练奖惩制度，不断提高实战化训练水平。

2. 最大挑战，是"迎战强敌"能胜利

能打胜仗，解放军面临的最大挑战，就是面对强敌的挑战、侵略、进攻，能不能决战决胜。

解放军为什么要瞄着强敌？因为强敌早已经瞄准了中国。新时代的中国，正处在由大向强发展的关键阶段，前景十分光明，挑战也十分严峻。中华民族伟大复兴绝不是轻轻松松、一帆风顺就能实现的。美国和某些西方国家绝不愿也不会眼睁睁看着中国一天天强大起来。他们把中国当作最大战略对手，千方百计使绊子、下套子、找碴子，围堵、打压中国。中国越是发展壮大，面临的压力和阻力就越大，同各种敌对势力的斗争就越激烈。由大向强、将强未强之际，是国家安全的高风险期，而这种高风险主要来自世界最强大的霸权国家。

解放军有迎战强敌、打败强敌的光荣传统。这支军队完成了世所罕见的万里长征，以"小米加步枪"打败了美式装备的国民党军队，在朝鲜战场打败了武装到牙齿的世界头号强敌，演出了一幕幕威武雄壮的战争活剧，创造了一个个惊天地、泣鬼神的英雄壮举。美国人大卫·哈伯斯塔姆描写朝鲜战争的书《最寒冷的冬天》写到，美国及联合国军最敬佩中国人民志愿军的就是战士们冒着强大火力勇敢冲锋的不怕死精神，让他们胆战心惊。美国人一开始看不起黄种人的军队，认为黄种人最强大的军队——日本军队都被他们打败了。中国人民志愿军在朝鲜战场上的英勇表现，让美国人不得不对解放军这个对手肃然起敬。

解放军在新时代要勇于和善于威慑制衡强敌。威慑，就是要有遏制能力，让对手不敢动手；制衡，就是在局部战争中也能够打赢，就像当年抗美援朝战争那样。研究强敌，是制衡、威慑、战胜强敌的重要前提。要深化对作战对手尤其是强敌的研究，不断根据最新的研究成果，更新完善应对强敌的作战方案。

勇于超越对手，锻造精兵劲旅，是解放军全军官兵在新时代应有的进取精神和英雄气概。解放军"勇于超越对手"，就是要勇于超越当今世界最强大的军队；解放军"锻造精兵劲旅"，就是要锻造面对强敌能够战之必胜的英雄军队。

3. 不惜一战，做好随时"打硬仗"的准备

不惜一战，做好随时打硬仗的准备，这是习近平对解放军的要求，是在长期和平环境下必须树立和强化的高度战备观念。

解放军作为中华民族战斗队，必须把握战争与和平的辩证法。中国坚持走和平发展道路，决不干称王称霸的事，决不会搞侵略扩张。但是如果有人要把战争强加到中国头上，解放军就必须能决战决胜。中国人民渴望和平，但决不会放弃国家正当权益，决不会拿国家核心利益做交易。能战方能止战，准备打才可能不必打，越不能打越可能挨打，这是战争与和平的辩证法。

军队建设的基点，是随时准备打硬仗。军人的视野和思维，就是瞄准战场、聚焦打仗。不想打仗的军人不是好军人。忘战必危！总认为今天这一代军人处在和平年代，仗一时打不起来，如果有这种思想，就不配做一名军人，更不配做一名指挥员。

随时准备打硬仗，是军人必备的底线思维。宁可备而不战，不可无备而战。必须扎实推进各方向、各领域军事斗争准备，特别要加强海上方向军事斗争演练与指导。

在大国国际较量中，光靠三寸不烂之舌是不行的。归根到底还是要看有没有实力，要看会不会运用实力。有足够的实力，政治运筹才有强大后盾。实现中华民族伟大复兴，军事力量是保底的手段，面对强敌能打硬仗是最终保证。

一个伟大民族，在实现伟大复兴的征程中，面对强敌围堵，必须具有"不惜一战"的决心和气概。1949年8月，毛泽东在新中国成立前夕告诫全党："丢掉幻想，准备斗争"。70多年过去了，这句话听起来依然发人深省。习近平在党的十九大报告中讲到坚决维护国家主权和领土完整那一段时，代表们掌声最热烈。这掌声就代表着党心民意，就是党和人民对解放军的期望和重托。为维护国家主权和领土完整，我们不惜一战，关键是要打得赢。解放军要强化忧患意识、危机意识、打仗意识，全部心思向打仗聚焦，各项工作向打仗用劲，尽快把备战打仗能力搞上去。

解放军要形成能打仗、打胜仗的正确导向，做好随时打硬仗的准备。要保持箭在弦上、引而待发的高度戒备态势，确保党中央和中央军委一声令下，能够上得去、打得赢。战备值班体系必须始终高效运行，担负战备值班和应急处突任务的部队，要做到不经人员装备补充、不经临战训练就可遂行任务。坚持从政治上思考和处理军事问题，科学把握军事斗争时机、力度和方式方法，在战略全局上营造有利态势。要立足最复杂最困难局面，做到一场战争多种预案、一种行动多手准备。搞好作战方案计划常态化推演、实战化检验、动态化更新，确保实用管用。

4. 本领恐慌，防止成为现代战争"军盲"

军事领域，是发展变化最快的领域，也是胜败竞争最神秘的领域，是技术装备和人才素质更新换代最迅速的领域。军人的本领恐慌，是推进学习提高的第一动力。没有这种本领恐慌的军队，不可能成为一支积极进取、能打胜仗的军队。

"本领恐慌"概念，是毛泽东1939年5月20日在延安在职干部教育动员大会讲话中提出来的。他指出，现在我们的干部不学习便不能领导工作，我们队伍里有一种恐慌，就是本领恐慌。

新中国成立后，毛泽东推进军队现代化建设，不仅高度重视优秀科技人才培养，而且提出领导干部必须懂科学和技术。毛泽东指出："过去我们有本领，会打仗，会搞土改，现在仅仅有这些本领就不够了，要学新本领，要真正懂得业务，懂得科学和技术，不然就不可能领导好。"[1]

20世纪50年代初期，毛泽东在新中国国防委员会第一次会议上指出："原子武器出现以后，军队的战略战术和装备都有很大的变化，而在这一方面我们一点都不懂。"[2]

进入新时代，习近平要求解放军各级领导干部要有本领恐慌和知识危机意识，要大兴学习战争、研究战争之风，主动来一场军事学习革命。贯彻习近平主席这一战略要求，军队各级领导干部必须面对一个现实，那就是解放军多年没打仗了，对现代战争是个什么样子、怎么打、怎么

---

① 中共中央文献研究室编：《建国以来毛泽东文稿》第7册，中央文献出版社1992年版，第51—52页。

② 《毛泽东军事文集》第6卷，军事科学出版社、中央文献出版社1993年版，第358页。

指挥，知之不多、知之不深。更危险的是军队有些同志战争观念不强，心思也没有用在钻研打仗上。一些干部既不懂打仗，是穿军装的军事外行，是现代化战争的文盲、半文盲，又不用心学习军事、钻研打仗，甚至认为根本就不用准备打仗。扪心自问，如果现在就打，我们准备好了没有？能不能打赢？解放军在备战打仗方面欠账很多、差距很大。看到战争的危险，看到战备的差距，才会增强危机意识和紧迫感。

本领恐慌、知识危机，是积极进取、增强才干的动力。战争在更新换代，军人的战争思维、作战理念、素质能力必须与时俱进。不少人嘴上说的是明天的战争，实际准备的是昨天的战争。世界军事革命，要求"军事学习革命"。"战胜敌人"的前提，是"学胜敌人"，在学习上超越对手。

增强能打胜仗的素质和本领，要有很强的军事头脑，也要有很强的政治头脑。马克思主义经济学是"政治经济学"，马克思主义军事学也是"政治军事学"，它强调军事的根源是政治，军事的本质是政治，军事的目的是政治。政治是战争的发动机，政治也是战争的灭火器。军事行动的最高决策因素是政治。处理战争和政治的关系，事关国家命运。打还是不打、什么时候打、怎么打、打到什么程度，都要服从和服务于政治。有时候从军事上看有利，但如果政治上不允许，那也不能轻举妄动。反过来，如果政治上需要，即使军事上有困难和风险，也要坚决行动。

二、强军的关键是"强将"，一流军队要有一流将才

"兵熊熊一个，将熊熊一窝"。习近平曾经引用这句中国古代军事格言，来教育解放军的高级将领，来强调"强将"对于"强军"的战略意义。

解放军各级领导干部，要做备战打仗的带头人。这是作为军队最高统帅的习近平，对解放军高级将领的期望和要求。

强军必须强将！强军的关键是强将！建设世界一流军队，必须造就世界一流将军队伍。

1. 陈毅论国共军事博弈：将帅素质定乾坤

统率部是军队的"战略人才部"，是整个军队的大脑和神经中枢。统率部人才工程，是整个军队人才工程中的"龙头工程"。统率部宏图大略、深谋远虑、高屋建瓴的科学决策能力、坚强领导指挥能力，是起决定性作用的战略竞争力。

解放军的高级干部，比对手的高级干部高明，这是一种制胜的战略优势。在长期的中国革命战争中，解放军能够成为一支常胜军，按照陈毅元帅的分析，主要不是由于战术原因，更不是由于技术原因，而是由于在战略指导、在战役设计和指挥上比对手高明。1947年陈毅在总结华东作战时说，我们同对手比，别的可能比不上，但统率部的战略指导不知比他们高明多少倍。他强调，一年来自卫战争的胜利，首先是战略上的胜利。虽然我们打胜仗靠部队不怕牺牲流血的精神和大炮机枪，但主要是靠统率部、陕北总部、毛主席的战略指导。我们比战术是比不上人家的，如操场动作、内务管理、战斗动作等。我们愈往下愈差，但愈往上愈强，战略指导更不知比他高明多少倍。

新时代，解放军各级领导干部特别是高级干部要做备战打仗带头人。在军事人才问题上要有忧患意识，围绕能打仗、打胜仗抓干部和人才队伍建设，不拘一格选贤任能，把善谋打仗的干部用起来，形成优者上、庸者下、劣者汰的鲜明导向。从中央军委到部队各级党委，都要努力做到"六个必须"：必须对党忠诚、听党指挥；必须善谋打仗、能打胜仗；必须锐意改革、勇于创新；必须科学统筹、科学管理；必须厉行法治、从严治军；必须作风过硬、作出表率。按照"六个必须"的要求，加强军委班子和各级党委班子建设，就能够有效增强领导力、组织力、执行力。

造就大批高素质新型军事人才，必须建设高素质统率机关。中央军委，作为解放军的统率部，军委班子必须是高素质新型领导班子，军委机关必须是高素质新型领率机关。要以统率部的人才建设，引领和带动全军军事人才队伍的建设。

2. 战场淘汰"和平将领"，苏联卫国战争教训大

战争年代的革命军队，从战争中学习战争，那时的军事人才，是在血与火的战场上拼杀出来的。和平年代从教科书中培养出来的"和平将军"，一旦走上战场，难免成为"失败将军"。

苏联元帅科涅夫总结卫国战争的经验教训，曾经讲过这样一段话："战争环境比任何一个干部机关，都能更好纠正战前干部机关和最高统率部在一些岗位人事任免中所犯的错误。"他说，战场会一步步把那些不适应战争要求的人，从指挥岗位上撤下来，在战时指挥方面军的那些高级指挥员，并不是那些在和平年代被任命在这些岗位上的人，所有方面军司令员都是在战争进程中脱颖而出的。

苏联卫国战争的经验教训，揭示了和平时期晋升的"和平将领"难以成为真正优秀的"战场战将"。在机械化战争时代，还有时间通过战争初期的检验，淘汰大批和平将领，换上在实战中涌现出来的"战将"。

而在信息化条件下的大国战争中，要在初战就是决战的情况下，通过一段时间的实战淘汰一批"和平将领"，发现和选拔一批战将，就是难以承受的沉重代价了。

解放军经历了从战争中学习战争、在战场上选拔人才的阶段，开国将帅都是从战场上拼杀出来的，都经历了战场鉴定。战场标准就是实战标准。而在长期的和平时期，如何防止军队和平化、和平病，防止军事将领成为"和平将军"，只会平时管理、不会战场用兵，只会平时带兵、不会战时打仗，这是世界大国军队面临的共同课题。建设世界一流军队，造就世界一流战将，在长期不打仗的和平环境中，如何造就出大批上了战场会打仗的优秀军事人才，这是必须从根本上加以解决的一个重大战略问题。

3. 21世纪决胜疆场，呼唤新时代优秀战将

一段时间，由于腐败严重、军风不正、和平病流行，出现一批"和平官"。一部分指挥员，离开机关就不会判断形势，不会理解上级意图，不会定下作战决心，不会摆兵布阵，不会处置突发情况，甚至连作战会议都不知道怎么开，更不用说进行联合作战指挥了。这样一批"七不会"指挥员的出现，是人民军队的悲哀。在实兵对抗中，有的部队违背战术配置要求，指挥所和大功率电台相隔不到百米，一发炮弹全端了。有的在演习场站礼宾哨，防空袭时先集合再疏散，在防御阵地内列队搞动员，夜间机动接敌大灯齐开。指挥员成了军事外行，就带不出会打仗的部队。强军首先要强官、强将，尤其要强指挥员。要把指挥员训练突出出来，增强各级指挥员策划和指挥打仗的能力。

一支军队，最危险的事情，就是战斗员不会战斗，指挥员不会指挥，成为现代化战场上的盲兵、盲官、盲将、盲军。一些高级指挥员"七不会"的问题，确实是人民军队的极大隐患。

军事对垒，首先是双方高级将领的素质对垒，是双方指挥机构作战理论和战法的对垒。制约解放军备战打仗的一个源头性问题，就是一些领导干部对未来打什么仗、怎么打仗若明若暗。说不懂都能讲一套，说懂又讲不透，没有真正搞明白。他们的观念和素质能力，跟不上安全形势发展，跟不上战争形态和作战方式演变，跟不上作战对手的变化。这"三个跟不上"，暴露了解放军一些高级将领和高级机关在战争指导上存在的严重问题。多年来，不少作战理论研究是在别人后面亦步亦趋，拿人家的东西装点门面，没有形成自己独到的成果。革命战争年代，解放军在作战理论和战法上始终高敌一筹，现在反而成了一个弱项了。

军队建设和练兵备战的重点，是将军群体，必须树立正确的"将军观"。兵书《六韬》中有将之"七不"的说法：将不仁，则三军不亲；将不勇，则三军不锐；将不智，则三军大疑；将不明，则三军大倾；将不精微，则三军失其机；将不常戒，则三军失其备；将不强力，则三军失其职。不想当将军的士兵不是好士兵，但是当将军又是为了什么？党和人民委以重任当了将军，不是让你守摊子、混日子、光宗耀祖，而是让你带兵打仗、精忠报国。领导干部必须树立正确的事业观、权力观、地位观，时刻保持临战姿态，真想打仗的事情，真懂打仗的艺术，真抓打仗的准备。

两军对决的疆场，是优秀将才脱颖而出的摇篮，也是淘汰"和平将军"的试金石。苏联卫国战争时期的作战部长什捷缅科大将说过一句话："战争到来，首先要淘汰一批和平时期的将帅"。现在，我们军队的各级领导干部又有多少人可以挂帅出征、决胜疆场？各级领导干部要反思自己有没有带兵打仗、指挥打仗的底气。要拿出自我革命精神，自觉来一场大学习，集中精力研究军事、研究战争、研究打仗，提高战略素养、联合素养、指挥素养、科技素养，做到懂打仗、善谋略、会指挥。要带头在重大军事斗争实践、重大军事演训活动中磨砺自己，把打仗本领搞过硬。

解放军出了一批"贪将"，是对人民军队建设的极大破坏。长期的和平环境，又造成多少不会带兵打仗的"庸将"？一支军队"和平病"的最大危害，就是出现一批不会指挥打仗的"和平将军"，不懂打仗的"和平将军"带不出能打仗的战斗部队。当战争到来，这些和平将军可以被淘汰，但是军队打败仗对国家和民族命运带来的灾难性影响，则难以估量和弥补。

4. 从被动适应战争，到主动设计战争

解放军要做到"能打胜仗"，就要深化对未来打什么仗、怎么打仗问题的认识，特别要具体研究未来可能在哪个方向打仗、同谁打仗、打什么样的仗等问题，做到知己知彼、料敌在先、掌握主动。现代化战争一个突出特点，就是作战精确化。将来打仗精确性要求更加突出，在作战筹划中不能大而化之，要把在什么时机、什么地域、什么情况下，使用什么力量、采取什么方式、谁来组织指挥、怎么搞好协同等问题搞得很具体、很精确。

要"设计战争"，统筹加强各方向、各领域战略指导，制定相关军事行动计划和建设规划，对各个战场逐个设计。这就需要加强作战理论创新。要大兴作战问题调查研究之风，把握现代战争规律和战争指导规律，

加强核心作战概念和作战理论研发，创新作战方式和军事力量运用方式，构建具有我军特色、符合现代战争规律的先进作战理论体系，努力实现由被动适应战争向主动设计战争转变。

战争设计与实兵演练要紧密结合，"训练场"与"战场"要挂钩、接轨。对于各个战略方向、各个战场的作战方案，要进行实兵对抗演练。根据各方向使命任务，立足复杂困难情况，加强形势研判，把敌情我情、战场情况、作战指导和战法运用搞清楚，做到一场战争多种预案、一种行动多手准备。方案预案可不可行、顶不顶用，不能坐而论道，必须加强推演和实战化检验。中央军委颁发了《关于提高军事训练实战化水平的意见》，要求组织诸军兵种联合作战实兵对抗演练，不打招呼进行战略战役层次拉动检查。一段时间，危不施训、险不练兵、训练中消极保安全现象比较普遍。有的单位怕出事故，随意降低训练标准和难度强度，该拉的实兵不拉，该带的实装不带，该打的实弹不打，这样是不行的。训练实战化程度越高，风险也就越大，要尽可能降低和防范安全风险，但也不能因此就缩手缩脚，以牺牲战斗力为代价消极保安全。如果怕这怕那，什么都不敢练，一旦有战事，就要付出血的代价。要坚持仗怎么打、兵就怎么练，努力提高军事训练实战化水平，不搞花拳绣腿，不搞假把式。

设计现代战争，要树立底线思维。现代战争是体系同体系的对抗，谋划现代战争，首先要谋划战场环境被大规模控制、武器装备大规模毁坏、人员大规模伤亡的情况下怎么办。这是近年来几场战争最突出的特点。战争设计和联合训练必须高度重视这一特点。

战争设计和方案检验，都要与时俱进。原有的方案计划制订后，如果放在保密柜里多少年不动，训练计划跟不上形势变化，这样以不变应万变是不行的。要逐个方向、逐个领域检查、演练、创新作战方案。

实现中国梦、强军梦，进行伟大军事斗争，必须面向战场，创新军事斗争战略指导。这包括，必须把中国的作战对手——中国未来会与谁打仗，搞清楚；必须把中国的作战地点——中国未来会在哪几个战场打仗，搞清楚；必须把中国未来的作战类型——打几个什么样的仗，搞清楚；必须把中国未来的作战结局——每场作战的风险、变局以及对地区、世界的全局影响，搞清楚。既确保解放军能打仗、打胜仗，又确保军事上的胜仗能创造出政治上、战略上的长远效益。

5. 创新解放军"选将制度"，让优秀军事人才脱颖而出

建设世界一流强大军队，必须打造世界一流将军队伍。习近平统率解放军，在将军人才的培养、选拔、使用上，其突出特点，就是"三抓"：

第一抓：对党忠诚听指挥——造就新时代"忠将"。

第二抓：坚决彻底反腐败——培养新时代"廉将"。

第三抓：能打胜仗有本领——重用新时代"战将"。

党的十八大以来，习近平主席抓军队高级领导干部选拔，推出一系列重大改革举措。坚持大范围遴选交流，注重选拔优秀年轻干部，优先使用经过作战部队主官岗位扎实历练、完成重大任务表现突出、作风求真务实的干部，其中用了几个打过仗的干部。重视培养选拔年轻干部，不是单纯强调年龄搞一刀切，而是坚持"老中青"相结合，合理使用各年龄段干部，调动方方面面积极因素，形成梯次配备的干部队伍结构。

选拔军队高级领导干部，充分发扬民主、广泛听取群众意见，是一个重要环节。但是必须克服"选票里面出将军"的不良倾向。不能把推

荐票等同于选举票，不能把推荐票多少作为决定任用干部的唯一标准，不能把得票多就等同于最优秀，简单地以票取人。对那些平时真抓实干、坚持原则、敢于负责而得票相对较少的干部，具体情况具体分析，该保护的一定给予保护。

在将才选拔中，一定不能把"发扬民主"与"投票选举"混为一谈。不能把"选票"当成是"选优"的法宝来使用，不能把得票多作为"群众公认"的证据和尺度。特别是在风气不正和投票者并不掌握有关情况的时候，"投票选将"易淘汰特别优秀的军事人才，易淘汰战场过硬的实战干部，易淘汰官场过硬的廉洁干部，易淘汰政绩过硬的优秀干部，易淘汰政治过硬的忠诚干部。所以，高级军事人才选拔，绝不能"选票定乾坤"。解放军干部制度是党管干部，实行任命制，干部任用必须经过党委集体研究决定，坚持正确处理党委领导与发扬民主的关系，坚持组织认定和群众认可的统一。既保障官兵对干部选拔任用的知情权、参与权、表达权、监督权，尊重群众公论，又不"唯票取人"，不搞"群众票决"，正确分析和运用民主推荐、民主测评结果。坚持发扬民主，落实"党管干部"，不能把发扬民主、走群众路线，变成了"选票里面出人才""选票里面出将军"。不能把"党管干部"变成了"票管干部"，把人才选拔中的"实践标准"变成了"选票标准"。不能把走群众路线，变成"群众说了算""选票定乾坤"。要强化党组织的领导把关作用，既不能少数人说了算，也不能简单以票取人、以分取人。调整配备干部，要坚持档案必审、个人有关事项报告必核、纪检监察机关意见必听、线索具体的信访举报必查。综合运用纪检、巡视、政法、审计等部门掌握的情况，严格把关。重视保留和使用好那些具有参战经历、经受过复杂斗争考验的好干部。

实行特殊人才特殊政策，优先重用"打过仗的干部、流过血的功臣"。不要让英雄既流血又流泪。让英雄战场流血、官场流泪，是一个国家、一支军队的悲哀。打仗干部、流血功臣，是经过"战争投票"、经过"鲜血投票"、经过"生命投票"的义士、壮士。那些经过战火考验、军政素质全面过硬的优秀军事人才，是共和国的国宝，是解放军的军宝。这样的特殊人才应该享受特殊政策，应该优先提拔使用，其他人员根本无法与之攀比。在一些单位，这方面做得不够。一些打过硬仗、流过鲜血、立过战功的优秀军事人才，不仅没有得到应有重视和使用，有的还受到不公正待遇。但是他们表现了"战场敢于流血、官场不会流泪"的军营男子汉气质，是难能可贵的。

拓宽选拔优秀将才的视野，可以实行党委领导班子、纪检监察、民意测验、军事专家团"四结合"的选将模式。其一，各级党委领导班子，要提出本单位优秀后备干部人选。其二，党委和干部部门要在一定范围、通过一定方式，走群众路线，听取和了解群众公论。其三，军委纪检、监察部门不仅要抓反腐败工作，而且要参与"选良才"工作。不仅要对优秀后备干部本人进行审查，也要对其妻子、孩子的政治、经济、财产等全面情况进行检查。其四，由中央军委组织派出"将才选拔军事专家团"，在全军挑选著名军事专家，到军事演练现场，到作战室、模拟室等，对后备人选进行现场试卷书面考试，之后由军事专家团集体与后备人选，进行面对面答辩考核，提供考评意见。

战争年代，解放军"战场选将"，拥有世界一流优秀将帅群体，确保部队能够创造"以劣胜优、以弱胜强"的军事传奇。和平年代在军事训练和院校培训的"考场选将",有积极意义也有局限性。一段时间由于腐败猖獗出现的"酒场选将",影响恶劣。简单化理解发扬民主而出现的"投票选将"弊端突出。新时代强军兴军,造就世界一流将军人才,必须坚持"综合选将"。解放军总政治部应该专门有一个《关于新时代军队将军人才培养、选拔、使用若干问题的意见》。

三、面向战场,创造新时代军事人才辈出新局面

战争年代,高素质军事人才,是在血与火的战场上拼杀出来的。和平时期,高素质军事人才的培养,也必须面向战场,在军事竞争、军事斗争的实践中造就。必须着眼中国特色新型军事人才成长的特点规律,努力创造新时代解放军人才辈出的新局面。

1. 遵循军事人才成长规律,建立科学培养体系

造就面向战场、打赢战争的高素质军事人才,必须着眼军事特点,适应时代要求,建立科学的培养体系。

军事人才现代化,文化水平是基础。解放军建军以来,长期是一支以农民为主要成分的军队。新中国成立初期,解放军干部队伍高小以下文化程度占68%。1951年11月,中央军委做出教育训练"以文化教育为主的方针"。1951—1962年,解放军曾经大力开展文化教育。2008年解放军军官文化程度基本实现了大学化。到2008年底,解放军干部队伍中具有大学本科以上学历达到72.4%,其中研究生达到12.3%。

一支军队,其成员的文化程度,是现代化的重要指标。发达国家军队,

基层军官高学历化，高级军官专家化。进入 21 世纪，美军现役军官大学本科以上文化程度是 100%，其中硕士 8 万人，博士 2 万人，占军官队伍 40%。而且大多数是理工科专家型指挥人才。俄罗斯军官普遍受过高等教育，指挥军官全部是大学本科毕业。印度军官 98% 是本科学历。意大利军官的文化起点是硕士。

长期以来，解放军干部中经过全日制本科、专科教育的数量少，具有研究生学历的更少。国防大学 2002 年入学的国防研究系和基本系 239 名军师职领导干部学员，全日制理工科本科以上毕业的只有 12%。解放军官兵中本科以上学历的比例不仅低于发达国家军队，而且低于印度、巴基斯坦、土耳其等发展中国家军队。发达国家的军队，士兵大学生化，军官硕士化、博士化。解放军培养高素质新型军事人才，必须进一步提高官兵文化素质。

军事人才培养周期长，要保证质量，就不能急功近利。解放军培养一名飞行员大队长，需要 12 年左右。培养一名舰艇长，需要十七八年。即使培养一名复杂机械的操作维护能手，也需要 10 年左右。

造就大批新型高素质军事人才，必须深入推进干部政策制度调整改革，建立科学的干部制度体系。要着眼建立中国特色军官职业化制度，抓住军官服役、分类管理、任职资格制度等关键性问题，科学设置各类人才成长路径，努力在重要领域和关键环节实现突破，建立起一套成熟定型的干部制度体系，为更好集聚人才、培养人才、使用人才提供有力的政策制度保障。

在高素质新型军事人才培养中，军队院校具有重要作用。必须根据建设世界一流军队对军事人才的需求，重塑军事院校格局，改革军队院校教育。这次国防和军队改革，从健全院校管理体制、优化院校体系结构出发，对全军院校作了较大幅度压缩，目的是构建以联合作战院校为核心、以兵种专业院校为基础、以军民融合培养为补充的院校格局。依托国民教育培养军事人才的路子要继续走下去，同时坚持军队需求主导，聚焦紧缺专业、重点高校、优势学科，提高人才培养层次和质量。

创新军事人才培养体系，需要突出抓好作战急需人才的培养。必须把联合作战指挥人才、新型作战力量人才，作为人才培养、选拔和使用的重中之重。对那些年轻优秀、有发展潜力的干部，要有计划地放到作战部队、重点岗位、艰苦地区历练。要坚持练兵先练将，把联合训练和指挥训练作为锻炼提高指挥能力的大课堂，依托战区建设使用好"没有围墙的联合作战学院"。

要拓展选人育才视野。着眼"全军选将"，打破单位界限，加大干部交流力度，走开在全军范围内干部遴选交流的路子。要积极探索三军联培、军民融合的育才新路，健全军队院校教育、部队训练实践、军事职业教育三位一体的新型军事人才培养体系，让部队、机关、院校干部良性流动，在多岗位实践中成长成才，为强军兴军打造世界一流军事人才方阵。坚决克服选人用人上"跑、找、要、送"的不正之风，克服个人依附、裙带关系、重用领导干部个人秘书之风。

2. 突出四种人才建设，按照"六个必须"选贤用杰

构建新型军事人才体系，要突出四种军事人才建设：一是联合作战指挥人才；二是新型作战力量人才；三是高层次科技创新人才；四是高水平战略管理人才。

培养造就大批高素质新型军事人才，必须把解放军"好干部"的标准确立起来。这个标准就是"六个必须"：必须对党忠诚，听党指挥；必须善谋打仗，能打胜仗；必须锐意改革，勇于创新；必须科学统筹，科学管理；必须厉行法治，从严治军；必须作风过硬，作出表率。

在高素质新型军事人才中，真正能够带兵打仗的优秀人才，又特别重要、特别珍贵。孙中山先生曾经希望中国的精英群体，要立志做大事，不要立志做大官。就是要注重真本事、做出大贡献。在人民军队中，要把那些想打仗、谋打仗、能打仗的干部用起来。不能打仗，只想在军队混个一官半职、谋取待遇的人，不仅不能提拔，而且要批评教育。千军易得，一将难求。只有以强烈的忧患意识，切实按照能打仗、打胜仗的要求，大力实施军事人才战略工程，特别是把联合作战指挥人才、新型作战力量人才培养作为重中之重，紧紧抓在手里，才能使军事人才建设适应整个军队全面建设的需要。

3. 抓住四个关键问题，树立正确选人用人导向

组织上如何选人用人，对于干部本人的成长成才，具有重要导向作用。造就大批高素质新型军事人才，必须树立正确的选人用人导向。

树立正确的选人用人导向，必须抓住四个关键问题。

一是坚持五湖四海、任人唯贤，坚持德才兼备、以德为先。决不能小圈子为先，肯花钱为先。要完善干部选拔任用机制，建立健全干部考核评价体系，加强和改进干部考核工作，增强选人用人科学性、准确性、公信度。坚持面向全军选将，防止和克服本位主义、"小山头""小团体"，着力解决有些单位和部门干部"派不进、调不出"的问题。中央军委在

干部使用上必须有权威，走开军以上干部在全军范围遴选交流的路子。

二是树立注重基层的导向。坚持把基层一线作为培养锻炼干部的基础阵地，不能老是从首长身边、从机关干部里面选拔领导干部。科学设置干部的成长路径，让基层一线干部能看到希望、有奔头，让那些真正有抱负、有才干、努力工作的人能够脱颖而出，特别要给基层一线成长起来的干部施展才干的空间。

三是树立注重实干的导向。注重选拔求真务实、默默奉献、不事张扬的干部，不让老实人吃亏，不让投机钻营者得利。要强化不进就是退、无功便是过、平庸就是错的观念。对那些不作为、不担当、碌碌无为的人，坚决采取组织措施，形成鲜明的工作导向、用人导向。

四是树立注重官兵公认的导向，而不是个别领导干部凭主观感觉。要全面准确识别干部，客观公正评价干部，使选拔出来的干部真正能够让组织放心、官兵满意。要匡正选人用人风气，反对任人唯亲，反对找关系、跑门路，反对打招呼、递条子，反对一切形式的跑官要官、买官卖官，切实解决用人不公问题。

军事人才选拔，要适应从战争年代"战场选将"到和平年代"制度选将"的转变，就必须建立一套科学的制度体系。战争年代看一个干部能力怎么样，主要看战场表现，考验很直接、很直白。和平时期考验干部就不那么容易。现在，世界许多国家把军事专业能力形成的资历，如院校专业培训、岗位任职经历、服役年限等，作为选拔使用军官的基本条件，这可以借鉴。要逐步建立和实行解放军干部任职资格制度，让干部能力、实绩等客观因素在选人用人中起主导作用，使对干部的基本评价不因某个人一时一事的看法而改变，也不因单位领导更替而改变，以利于激励干部把心思精力用在干事创业上，而不是去跑门子、拉关系。

依靠制度选将，包括实行领导干部推荐干部实名制。过去，干部任用上有个不好的现象，就是推荐者站在幕后，出了问题不负责任。要实行领导干部推荐干部实名制，把责任制摆在明处，严格责任追究，让推荐者负责任。中国古代就有这种做法，官员们可以推荐人才，但同时承担责任，出了问题要拿推荐者是问。

4. 常胜将军粟裕"四不会"：不会下棋、打牌、喝酒、跳舞

苏联时代的畅销书《钢铁是怎样炼成的》，描写一个普通的苏维埃青年如何成长为一名钢铁般坚强的红军战士。解放军的高干，为什么比对手的高干高明？这也提出了一个问题，就是"战将"是如何炼成的。特别是那些被赞誉为"常胜将军"的解放军将帅，他们是如何炼成的。

常胜将军粟裕，被敌我双方公认是一位传奇"神将"。粟裕传奇是如何炼成的？这其中因素是多方面的。但是粟裕为人们津津乐道的一个特点，就是他终生不会打牌下棋，不会喝酒跳舞，他一辈子最大的爱好和兴趣，就是看地图、观地形、研究打仗。在长期和平年代，他每晚就寝之前，都将衣服和鞋子放在可以随手摸到的地方，随时准备出征。晚年要靠别人帮助穿衣服，他还是按军人要求，把衬衣、毛衣整整齐齐扎进裤腰里。粟裕带兵内行、跳舞外行，打仗内行、打牌外行。他是把有限的精力和时间聚焦使用在研究打仗上。

"导弹司令"杨业功，他一年中2/3时间是铆在阵地上。弥留之际，他魂牵梦绕的还是训练场、演习场。

强军兴军、能打胜仗，需要造就新时代优秀将才。解放军高级将领

需要重塑自己，进一步努力提高战略素养、联合指挥素养、科技素养，潜心研究现代军事、现代战争，提高谋划、指挥、带兵打仗能力。当前解放军高级干部队伍中，真正懂指挥、会打仗的优秀将才并不多，精通联合作战指挥的人才还很匮乏。高级干部队伍中"现代军盲"的突出表现，就是"两个不懂"：一是不懂"信息化"，军事思维和指挥素质停留在机械化军队和机械化战争阶段；二是不懂"联合化"，思维和素质没有突破"陆战型"。一些领导干部在职务上是高级，在素质上却并不高级。有的在军事素质上是中级、初级甚至低级水平。那些靠金钱开辟晋升道路的腐败贪官，他们酒场上是高素质，军事造诣是低层次。这是重大战略隐患，在未来军事斗争中是要出大事、吃大亏的。

当然，在世界军事历史上，在解放军历史上，既会喝酒、跳舞、打牌、下棋，又会打仗的高级军事人才，也是不乏其人。并不是说，要成为常胜将军，就必须是"粟裕式"的"四不会"。但是粟裕把有限的精力和宝贵的时间，集中使用在研究军事、思考打仗上，这的确值得新时代解放军各级领导干部学习。

第六章

反腐正军

党的十八大以来，习近平统率解放军，依法治军、从严治军，打了三大战役，进行了三场伟大斗争，使全军官兵思想灵魂经受洗礼，使人民军队面貌和形象得到重塑。

第一战役，是在解放军历史上进行了一场空前彻底的反腐败斗争，为建设廉洁军队清除了蛀虫，为推进强军大业消除了隐患。

第二战役，是在人民军队的军风建设上，进行了一次浴火重生大整顿，从根本上改变了解放军的政治生态。

第三战役，是进行了一场全方位的军事管理革命，为新时代打造中国特色法治化军队，奠定了坚实基础。

一、腐败亡军，解放军的头号敌人是腐败

解放军面临两个战场，要进行两条战线斗争。第一个战场是外部对敌斗争战场，要取得军事斗争主动权；第二个战场是内部反腐败斗争战场，要取得反腐败斗争胜利。当今，解放军的头号对手是腐败，不能战胜自身的腐败，就不可能战胜军事对手的进攻。

1."枪杆子"远离"钱袋子",防止军队变质变色

一段时间,解放军滋生严重腐败。郭伯雄、徐才厚等腐败高官对部队政治生态的破坏是颠覆性的,导致部队作风形象断崖式下跌、干部塌方式腐败。在军队一些实惠性岗位上,干部接连出事,甚至出现"前腐后继"现象。一些贪污腐败分子以权谋私,疯狂敛财,胃口之大,情节之恶劣,到了触目惊心的地步。群体性腐败问题明显增多,有的是查处一个带出一串,有的是军地人员相互勾结、共同作案,有的是地方一个老板放倒部队多名干部。还有小官大贪、小权腐败现象突出。一些干部将兵员征集、士官选拔、选送技术学兵、入党考学等都当成捞钱财的筹码。

坚决反对腐败,防止军队变质变色,一个关键问题,就是"枪杆子"绝不能接轨"钱袋子"。军官的收入就是薪水,不能有什么灰色收入,更不能有违法所得,否则就要查处和追究。习近平要求解放军全体官兵,不仅要做到一不怕苦、二不怕死,而且绝对不能"爱钱"。

人民军队反腐败,就是要培养造就大批"一不怕苦、二不怕死、三不爱钱"的"三不"干部。

2.比"贪钱"更危险的是"贪权"

军队腐败问题,不仅表现在贪官贪"金钱",更表现在贪官贪"军权"。贪权,比贪钱更危险。

一批军队高级将领同时出问题,而且出这么大的问题,是解放军建军以来、新中国成立以来没有的。他们的贪腐问题骇人听闻,但这不是他们问题的要害,要害是他们触犯了政治底线。他们已经成为高级将领,还贪这么多钱干什么?要这么多钱能花得了吗?其实,根本问题,不是

多少钱的问题，而是他们的政治野心，驱使他们在政治上给自己画了一个圈，把给不给钱财当作是不是对他们效忠的标准，而把他们给不给职位变成了是不是让你入伙的标志。他们也讲忠诚，只不过讲的是对其个人的所谓"忠诚"。他们已经形成了小山头、小团伙，形成了政治性很强的利益集团。他们把党和人民的军队当成了私家军，卖官鬻爵，拉帮结派，干的都是毁长城的事情。军队中上上下下跟着他们跑的那些人，心目中根本就没有向党看齐、对党忠诚的意识，他们迷恋和追求的是官位、名利、权势，依靠的是个人依附，是向个人效忠。所以，他们的根本问题，不是经济问题，而是政治问题。

贪图金钱的"权钱交易"，把"枪杆子"与"钱袋子"接轨；贪婪军权的"结党营私"，"枪杆子"与"野心家"结合，这是极其危险的。军队中腐败分子贪钱、贪权的结合，对人民军队的危害，是政治性的，如果不及时查处，不彻底解决，后果不堪设想！

3. 腐败倒下的高级干部，远超战场牺牲的高级将领

战争年代，解放军的高级干部，平时艰苦奋斗是榜样，战时身先士卒是表率。由于郭伯雄、徐才厚长期恶劣影响和严重破坏，军队一些高级干部的"高级腐败"达到触目惊心的地步。

从党的十八大到党的十九大的五年间，在军队反腐败斗争中被查处的军以上干部，就有 150 多人，平均每年倒下 30 多个高级将领，平均每个月要倒下 3 个将军。这些腐败将军不是在战场上冲锋陷阵光荣牺牲的，他们是在金钱和腐败的包围中可耻落马的。而且这些被腐败打倒的高级将领，已经不是一般的将军，而是包括两个军委副主席、一个总参谋长、

一个总政治部主任，堪称是"腐败高规格""高规格腐败"。

从 1927 年南昌起义到 1949 年新中国成立，解放军干部牺牲最多的时期是在红军时期，那时军以上干部牺牲了 160 多人。牺牲的高级将领中，职务最高的是在长征途中英勇牺牲的红三军团参谋长邓萍，年仅 27 岁。

解放军在抗日战争中牺牲的最高将领，是八路军副总参谋长左权，年仅 37 岁。

解放战争时期，解放军牺牲的最高将领，是东北民主联军炮兵司令员朱瑞，他是 1948 年 10 月在辽沈战役中牺牲的，牺牲时 43 岁。

这也就是说，党的十八大之后五年中，在反腐败斗争中倒下的军以上干部，相当于从红军时期到新中国成立这 22 年在战场上牺牲的军以上干部的数量。

在新中国成立以后进行的三年抗美援朝战争中，牺牲的军职干部有 4 名，师职干部有 10 余名，团职干部 200 多名。牺牲的军职干部，是 67 军代理军长李湘，受到细菌武器感染牺牲，23 军副军长饶惠谭、39 军副军长吴国璋、50 军副军长蔡正国遭到敌军飞机轰炸牺牲。这也就是说，在党的十八大之后五年军队反腐败斗争中落马的腐败将军 150 多人，等于打了 40 场抗美援朝战争牺牲的军职干部数量。

由此，就有两个比较：一是时间比较，解放军在 25 年的战争中，在战场上牺牲的高级将领，和解放军在党的十八大之后第一个五年中因为腐败而落马的高级干部，数量相当；二是职务级别比较，因为腐败而落马的高级将领，最高是军委级别的干部，而战争年代在战场上牺牲的我军高级将领，最高职务是八路军副总参谋长。由此可以看出，和平时期反腐败斗争这个战场对高级干部的杀伤力，远远超过战争年代战场上高级干部的伤亡率。

4. 坚决破除军队特殊论，反腐风暴洗礼解放军

长期以来，军队反腐败是一个要加以避讳的敏感话题，怕影响和损害伟大的中国人民解放军的形象和威信。

其实，军队不是生活在真空里，人民军队也要防止脱离人民。伟大的中国共产党要反腐败，否则就会亡党亡国。伟大的中国人民解放军也要反腐败，否则就会毁军亡军。一个坚决反对内部腐败的政党和军队，才是伟大政党、伟大军队。

解放军反腐败，要坚决破除"军队特殊论"。党内不能有腐败分子的藏身之地，军队是拿枪杆子的，更不能有腐败分子的藏身之地。新时代解放军掀起反腐风暴，可谓恰逢其时，挽救了人民军队。习近平在古田召开全军政治工作会议上的讲话中，一针见血点明部队中存在的突出问题，为全军敲响警钟，产生了巨大震慑作用。全军坚决惩治腐败，坚持有腐必反、有贪必肃，坚持无禁区、全覆盖、零容忍，严肃查处郭伯雄、徐才厚等人严重违纪违法案件，为解放军扫除了重大隐患。解放军光荣传统和优良作风得到发扬，清风正气上扬，政治生态好转，提振了军心士气，重塑了军队形象。

5. 解放军反腐败，是任重道远持久战

党的十八大以来，解放军拿出刮骨疗毒、壮士断腕的决心勇气，坚定不移反对和惩治腐败，一大批"老虎""苍蝇"被绳之以法，不敢腐的氛围正在形成，不能腐、不想腐的工作正在深化，彻底扭转了军队腐

败问题积重难返的局面。

解放军打好反腐败持久战，营造政治上的绿水青山，不断增强了自我净化、自我完善、自我革新、自我提高的能力。党的十八大以来，解放军反腐败已经形成一套制度体系。中央八项规定公布的第三天，中央军委十项规定公布。2014年10月，解放军审计署由总后勤部划归中央军委建制，直接对中央军委负责并报告工作。纪检、巡视、审计，如同三把利剑。2015年2月至4月，军委巡视组对海军、空军、二炮、武警部队党委班子和成员进行巡视，以后又按照年度计划安排，实现巡视全覆盖。实行派驻监督，在解放军历史上是第一次。采取单独派驻和综合派驻的方式，向军委机关部门和各个战区派驻。2016年3月，中央军委发出《关于军队和武警部队全面停止有偿服务活动的通知》，改变了过去破墙开店、营房出租，创收搞副业、私设小金库等问题。习近平签署命令，发布新修订的《军队审计条例》，从2017年1月1日起施行。

6. 解放军反腐败，中央军委作表率

新时代解放军反腐败，从中央军委开始。先是抓了两个军委副主席：郭伯雄和徐才厚。后来又抓了两个军委委员：总参谋长房峰辉、总政治部主任张阳。

习近平宣布：改进作风，反对腐败，必须自上而下、以上率下。对军队来说，就从军委做起，军委就从我本人做起。按照习近平的要求，中央军委和军委主席为全军做表率，关键是"四个管好"：管好自己、管好配偶、管好子女、管好身边工作人员。决不谋私利，决不搞特权，以实际行动给全军做表率。

习近平要求中央军委一班人，位高不能擅权，权重不能谋私。要教育家属、子女不搞特殊化，不打着干部的旗号收受好处，不乱说话，不乱办事。有很多别有用心的人，专门打领导干部亲属的主意。对在领导干部身边工作人员，教育管理要严格。看不好身边人，就会被拖累，造成坏影响。要按规定解决领导干部身边人员的职务和待遇问题，不能搞特殊。对身边工作人员要加强思想引导，明确到领导同志身边来是工作需要，不是一个升官发财的途径。多年来，部队对这个问题反映较大，需要制定和实施更严格的规范。

二、军风不正，败坏人民军队政治本色

作风优良，是解放军的光荣传统和战略优势，是解放军巨大的"软实力"，是无形的战斗力。解放军新时代作风优良的实质，就是永葆人民军队性质、宗旨、本色。

解放军在建设世界一流军队的奋斗中，如何始终保证"作风优良"？关键是要做到"三个永远"：人民军队的性质永远不能变，老红军的传统永远不能丢，艰苦奋斗的政治本色永远不能改。丢掉了好传统好作风，就是自毁长城。

1. 人民解放军，前面为何冠有"人民"二字

解放军全称是"中国人民解放军"。我们的军队是"人民军队"，解放军官兵是"人民子弟兵"。我们的战争是"人民战争"，依靠人民力量战胜一切敌人。军民团结如一人，试看天下谁能敌。

　　解放军作风建设的根本问题，是树立坚定的"人民观"。全心全意为人民服务是解放军的根本宗旨。来自人民、为了人民，始终与人民血肉相连、生死与共，是解放军的制胜之本、力量之源。革命战争年代，人民群众积极参军参战，地方政府积极拥军支前。淮海战役中，支援部队作战的民工达 540 多万。如果把运粮小车摆成五路，可以从北京一直排到南京。陈毅同志曾感慨地说，淮海战役的胜利，是人民群众用小车推出来的。

　　中国人民解放军，来自人民，解放人民，保卫人民，服务人民。解放军和人民形成"人民军队爱人民、人民军队人民爱"的血肉联系，解放军就有了战胜强敌、赢得胜利的无穷力量。1946 年，在有 1 亿人口的解放区，有 9000 万农民分得土地。中国农民是决定中国命运的伟大力量。解放区农民表示，"解放军打到哪里，我们就支援到哪里！"在著名的淮海战役中，60 万解放军打败了 80 万国民党军队，创造了以少胜多的军事传奇。而在淮海战役双方军队 60 万对 80 万的背后，是亿万人民群众对解放军的大力支持。

　　1948 年 11 月淮海战役开打，国共双方的兵力对比：解放军以 60 万对决国民党军队 80 万。双方兵器对比：火炮 1364 门对 4215 门，蒋军是解放军的三倍多；坦克 22 辆对 215 辆，蒋军是解放军的 10 倍；飞机零架对 158 架。经过 65 个日夜的决战，国民党军队 55.5 万人被歼灭。在淮海战役中，华东军区共动员了 543 万民工。到了战役第三阶段，支前民工与参战兵力的比例达到 9:1，远远超过战役初期预计的 3:1。在每个参战的解放军官兵后面，有 9 个支前民工进行后勤保障。正是这 543 万民工的小推车，保障了 60 万解放军英勇奋战，推出了淮海战役的伟大胜利。

淮海战役中，解放军的支前大军，推着88万辆小推车，车轮滚滚，担架紧跟，浩浩荡荡，前送粮弹，后运伤员。那些支前民工的手推车上运载的是大米、白面，而他们自己吃的是自带的红高粱、红辣椒、红萝卜咸菜。

淮海战役胜利后，人民为解放军筹集的军粮还剩余5亿斤。在西柏坡纪念馆，陈列着一张纸条，上面有这样一段话记载着人民群众支持革命、拥军支前的动人情景："最后一碗米用来做军粮，最后一尺布用来缝军装，最后的老棉被盖在担架上，最后的亲骨肉送到战场上。"

在迎战强敌、保家卫国的抗美援朝战争中，人民群众开展了捐献飞机大炮运动。从1951年6月到1952年5月，全国人民捐献的钱款，可以购买3710架飞机。

人民军队的官兵来自人民，人民军队的宗旨是服务人民，人民军队的背后站着人民，人民和军队的血肉联系，就是解放军立于不败之地的战略奥秘。

2. 党风关系党的生死存亡，军风攸关军队生死存亡

解放军作为一支新型人民军队，自成立以来就以作风优良著称于世。但是由于长期和平环境，由于社会不良风气影响，特别是由于郭伯雄、徐才厚的破坏，把军队政治生态搞坏了，导致"部队作风形象断崖式下跌、干部塌方式腐败"，这是令习近平主席"最为痛心"的问题。

"部队作风形象断崖式下跌"，突出表现在跑官要官，把潜规则变成了明规则。一段时间以来，部队不正之风滋生蔓延，吃喝玩乐、跑找要送现象猖獗。加强作风建设，必须对腐败歪风零容忍，做到弊绝风清。决不允许搞跑跑送送、拉拉扯扯的事情。保持如临深渊的谨慎，坚决拒

绝关系网、潜规则，做到依法用权、秉公用权、廉洁用权。

"部队作风形象断崖式下跌"，表现在吃拿卡要，败坏基层风气。基层风气是军队作风状况最直接最经常的反映。一段时间，一些领导和机关随意插手基层敏感事务，截留克扣基层物资经费，在入党、考学、转士官上处事不公，收受战士钱物，侵占士兵利益，基层意见很大。解放军是人民军队，不是剥削阶级军队，决不能搞这一套。

和平时期，奢靡之风销蚀军人斗志。一段时间，军营中"酒气"败坏"风气"。很多不正之风都是因酒引起。酒进入军队，酒肆虐军营，成为解放军优良作风一大杀手，成为官兵特别是一些领导干部身心健康的一大杀手，喝垮了一批干部的身体，喝死了一些领导干部，喝坏了军营好作风。郭伯雄、徐才厚更是开启了酒桌上考核干部的恶劣风气，一些干部酒桌表忠心，热衷于酒桌功夫，舍得在"招待功""招待学"上用气力。大杯子干杯、大碗喝酒的能量很大，而钻研军事、带兵打仗却缺乏造诣。一支军队，如果天天"今朝有酒今朝醉"，变成了酒军、酒兵、酒将，就不会有优良作风，不会有战斗力。中央军委颁布了"禁酒令"，"习习清风"吹进军营，军营中少了酒气，多了正气。官兵们反映，严格控制喝酒之后，领导少了酒气，多了纯洁的风气；干部少了酒气，多了带兵的锐气；战士少了酒气，多了训练的虎气；部队少了酒气，多了安全发展的底气。各级领导也都觉得很好，如释重负，不仅减少了应酬的烦恼，也有利于身心健康。

奢靡之始，危亡之渐。古今中外，曾经战功赫赫的军队最后被奢靡之风搞垮的例子多得很。解放军是党领导的革命军队、人民军队，必须永远保持革命战争时期那么一股劲、那么一股革命精神、那么一种拼命精神。

党风关系党的生死存亡，"军风"关系军队生死存亡。古往今来，作风优良才能塑造英雄部队，作风松散可以拖垮常胜之师。作风优良是解放军的鲜明特色和政治优势，作风建设是人民军队一项基础性长期性工作。新时代解放军作风建设的战略意义，就是三个"关系到"：关系到军队生死存亡，关系到党和国家事业兴衰成败，关系到社会主义红色江山会不会改变颜色。

不良作风具有顽固性。长期以来，部队中有些人养成了一种很不好的习气，部队出了什么事情就想着怎么欺上瞒下，自己出了什么事情就想着怎么抵赖狡辩，同事出了什么事情就想着哥们义气，帮助掩饰，觉得什么都可以勾兑掉，脑子里根本没有党纪军纪的概念。抓好军队作风建设，要打攻坚战，更要打持久战。解放军作风建设永远在路上，反腐倡廉建设永远在路上，全面从严治党永远在路上。

3. 军风与家风，治国治军先治家

人民军队的作风建设，与革命军人尤其是高级干部的家风建设，密切关联、相互影响。军队高级将领如果家风不正，军营风气就难以清正。领导干部的家风建设，是军队作风建设的一个重点，也是一个难点。

习近平高度重视、反复强调高级干部的"家风"建设问题。他要求大家仔细看一看"家"和"冢"这两个字，它们很像，区别就在于那个"点"摆在什么位置。在家庭建设中，对家属子女要求高一点才能成为幸福之家，低一点就可能葬送一个好家庭。周恩来总理就讲过领导干部要过好亲属关，强调不要造出一批少爷，不然对后代不好交代。大量腐败案例表明，

很多人什么关都能过，生死关也能过，但是亲情关过不去，最后栽在这个问题上。

在端正家风问题上，中央军委领导为全军做出榜样。党中央出台了规范党和国家领导人待遇的规定，中央军委也对军委领导成员待遇做出进一步规范。军委成员对教育管理亲属子女和身边工作人员的情况做出报告。军委成员在给全军做榜样上，坚持做到"心无妄思，足无妄走，人无妄交，物无妄受"。在这方面，习近平主席对自己要求是很严格、很谨慎的。他反复讲，有的人打着他的旗号到处找人办事甚至骗钱骗官，发现了这样的人，不论是谁，都要及时报告、严肃处理。领导干部要坚持原则，按规矩办事，如果什么事都看来头，考虑所谓"背景"，明明知道违规还一路绿灯，那么我们制定的规矩还有谁信？！他多次重申，凡是打着他的旗号办事的，决不允许搞什么"特事特办"，如果办了就是抹黑，就要受到严肃追究和查处。人都有三亲六故，但是共产党人不能搞"一人得道、鸡犬升天"那一套。

古人讲，"所谓治国必先齐其家者，其家不可教而能教人者，无之"。如果连家人都管不好，甚至后院起火，还怎么抓工作、带部队？严是爱、松是害，高级领导干部要严格要求亲友，过好家庭关，不允许亲友"走后门"。对身边工作人员，也要严格教育管理，坚决防止打旗号、乱办事的情况发生。领导干部要慎独慎微，努力做到"暗室不欺"。元代的《景行录》中说："坐密室如通衢，驭寸心如六马，可以免过。"意思是坐在密室中如置身大街上，驾驭小小的心如驾驭六匹马，就可以免除过错。

4. 高处不胜寒，高级将领为什么被"围猎"

人民军队作风建设，在本质上是一场正气与歪风的博弈，是腐蚀与反腐蚀、腐败与反腐败之间的一场阵地争夺战。在这样一场无形无声的博弈中，高级领导干部始终处于不良风气侵袭包围的风口浪尖和激流险滩，是在政治上"伤亡"风险和"牺牲"概率最大的群体。

高级领导干部"高处不胜寒"，军队高级将领是不良风气"围猎"的重点对象。古往今来，凡是成就大业的人，都是能够管住自己的人。清代李汝珍的小说《镜花缘》中描写了一个阵法，叫作"自诛阵"，这个阵不设一兵一卒，而是布了酒色财气"四关"。只有意志坚强、操守坚定的人才能走出来。而那些见酒而醉、见色而淫、见财而贪、见气而怒的，无一例外都命丧阵中。现在，方方面面诱惑很多，高级干部面临的诱惑更多，很容易成为被"围猎"的对象。高级领导干部要想始终保持清醒，立于主动，就必须自觉接受监督，乐于接受监督，防止和克服特权思想，不搞特殊化；就必须强化自我修炼、自我约束、自我塑造；就必须坚持公正用权、谨慎用权、依法用权；就必须坚持交往有原则、有界限、有规矩，做到思想防线有长城，遵纪守法有阵地。

军队领导干部和领导机关加强作风建设的一个重要举措，就是始终保持与基层、与士兵的密切联系，保持普通一兵本色。党的十八大之后，习近平提出要组织全军团以上领导和机关干部下连当兵、蹲连住班。2013 年全军就有五万六千多名团以上领导和机关干部、军职以上领导干部 820 多人次，走向基层、走进班排。他们脱下军官服，穿上士兵服装，佩戴列兵军衔，与战士一起站岗放哨、摸爬滚打、风餐露宿，重温兵之初，体察兵之情，当出了真感情，蹲出了好作风。

三、利剑高悬，推进军事管理革命

2012年12月10日，习近平视察广州军区时鲜明提出"依法治军、从严治军是强军之基"。[①]

2015年2月21日，中央军委印发《中央军委关于新形势下深入推进依法治军从严治军的决定》（以下简称《决定》）。《决定》指出，2020年前初步构建中国特色军事法治体系。

党的十九大报告，要求新时代解放军推进军事管理革命，坚持全面从严治军，推动治军方式根本性转变，提高国防和军队建设法治化水平。

1.治军方略，创新解放军军事管理体系

治国理政，关键是在一个治字；治军带兵，更要突出一个治字。养兵千日，用兵一时。养兵千日的过程，就是管理、治理、建设军队的过程。新时代建设世界一流军队，必须推进军事管理革命，形成新的治军大思维、大格局。习近平创新治军方略，构建新时代军事管理体系，其基本框架，就是坚持一个原则，构建四个体系，实现三个转变。

坚持一个原则——坚持依法治军、从严治军的原则。

构建四个体系——适应全面依法治军、从严治军需要，构建系统完备、严密高效的军事法规制度体系；军事法治实施体系；军事法治监督体系；军事法治保障体系。这四个体系构成完整的中国特色军事法治体系，是新时代兴军强军的法治保障。

---

① 《习近平在广州战区考察时强调 坚持富国和强军相统一 努力建设巩固国防和强大军队》，新华网2012年12月12日。

实现三个转变——从单纯依靠行政命令的做法，向依法行政的根本性转变；从单纯靠习惯和经验开展工作的方式，向依靠法规和制度开展工作的根本性转变；从突击式、运动式抓工作的方式，向按条令条例办事的根本性转变。这样就在全军形成党委依法决策、机关依法指导、部队依法行动、官兵依法履职的良好局面。实现治军方式的三个根本性转变，是解放军治军方式的一场深刻变革。

坚持和落实"依法治军、从严治军"，推进军事管理革命，既要创新完善军事法治的制度体系，又要大力培育弘扬军队法治文化，强化全军法治信仰、法治思维，还要普遍提高部队法治素质，培育自觉尊崇宪法和党章、严守军法和军纪的高素质现代化法治军人。

2. 慈不掌兵，美国军队为什么保持死刑

从严治军是古今中外军队建设的一条通律。军队作为执行政治任务的武装集团，要在两军生死搏斗的战场上过得硬，必须从严管理、从严要求。严，是军队这个武装集团与其他任何社会组织的根本性职业区别。

慈不掌兵，这是古今中外军事家的共同信念。兵以治为胜，治以严为要。解放军治军带兵，更必须坚持严字当头、一严到底。必须下大气力治松、治散、治虚、治软，向一切不严不实问题开刀，确保有令必行、有禁必止。

没有严格的纪律，就带不出有战斗力的部队。西方国家也高度重视军队纪律建设。美国以崇尚民主、自由、保护人权著称，美国大部分州都取消了死刑。但是美国却坚持军队从严、军法从严，反对在军队中取消死刑。在美国《军事审判统一法典》中，明确规定十四种判处死刑的

情况。

当然，美国的从严治军和解放军的从严治军不是一个性质。美军的政治性质和美国发动战争的非正义性，决定了美军法治建设的局限性。根据《纽约时报》报道，在朝鲜战争最初一年里，美军士兵开小差的就有 4.7 万人。此后美军逃兵的数量每年保持在 3.5 万至 4 万人。在越南战争中，美军军官阵亡 5600 人，其中被自己士兵打死的有 1031 人。在海湾战争期间，美军参战部队中有 64% 的女兵遭受过男兵性骚扰。

解放军作为一支人民军队，从严治军之所以优胜于美国军队，是由于这种严格要求，是建立在人民军队政治先进性和战争正义性的基础之上，这是其他任何军队不可比拟的。

3. 依法治军，关键是依法治权、从严治官

治军的难点和关键，不是"治兵"，而是"治官""治权"。解放军大变革，抓住治权这个关键，构建起比较严密的权力运行制约和监督体系，为正风肃纪提供了制度保障。军委纪律检查委员会、军委政法委员会、军委审计署，坚持原则，敢于碰硬，充分履行监督职能。

依法治权、从严治官，需要有斗争精神，敢于碰硬，敢于碰官、敢于碰权。解放军在战场上面对强敌要有战斗精神，解放军在军队内部面对不正之风、不正之人、不正之官、不正之将，也要有批评精神，有斗争精神。习近平多次强调要增强革命军人、人民军队的斗争精神。维护国家主权、安全、发展利益，没有斗争精神是不行的。要善于斗争，也要敢于斗争，该硬的时候一定要硬。缩手缩脚、畏首畏尾，只能贻误时机。全军要时刻绷紧备战打仗这根弦，集中精力研究打仗，抓紧增强带兵打仗、

指挥打仗本领，抓紧把战斗力搞上去。同时，坚持从严治军，在部队内部特别是在领导班子内部，也必须有斗争精神。现在，一些单位存在的一个突出问题是批评和自我批评开展不起来。如果上级对下级哄着护着，下级对上级捧着抬着，同级对同级包着让着，连开展批评都畏首畏尾，那就失去了原则性。在从严治军中没有斗争精神的军队，在战场上也难有强烈的战斗精神。

习近平在从严治军、依法治军中，抓住"依法治权、从严治官"这个关键和要害，统一整合"治权"部门和"治权"力量。把纪检、巡视、司法、审计等监督部门，统一划归中央军委直接领导，构建起科学有力的权力运行制约、监督体系，确保军队建设发展、军事战略资源使用、高级干部掌权用权履行职责的情况，都在中央军委、在军委主席的视野之中。

4. 铁腕治腐，纪检、巡视、审计三把利剑高悬

习近平统率解放军以来，人民军队深入彻底反腐败、正军风，在解放军90年历程中史无前例。2014年古田全军政治工作会议后，第一批被查处的军级以上领导干部16人名单公布。紧接着，公布第二批、第三批。军队反腐败斗争取得重大成果，但是深入持久反腐败的任务依然艰巨。继续腐败的还大有人在，不收敛不知止、刀悬头而手不停的还大有人在。如果手软了，手松了，那些人就会以为没有什么大事，胆子会越来越大。必须深化标本兼治，时刻保持利剑高悬，从监督体制机制上改革创新。解放军在准备打仗的问题上，要保持"常备不懈"。解放军在反腐败斗争问题上，也必须坚持"常反不懈"，打持久战。

新华社 2018 年 3 月 10 日长篇通讯《从浴火重生到征途如虹——写在习近平主席提出强军目标 5 周年之际》，提供了如下资讯：

2013 年以来，军委纪委组织 20 多个波次明察暗访，覆盖 200 多个驻军城市、1000 多个团以上单位，发现移交一批问题线索，相关责任人受到严肃处理。在 387 个旅团级单位建立基层风气监察联系点；狠抓基层风气建设，严肃查处"微腐败"，大力纠治官兵身边的不正之风。

2014 年 10 月，解放军审计署由原总后勤部划归中央军委建制，直接对中央军委负责并报告工作。

2015 年 2 月开始，军委巡视组对海军、空军、原第二炮兵和武警部队党委班子及其成员展开巡视，之后按年度计划安排，实现巡视全覆盖。

2016 年 5 月，采取单独派驻和综合派驻方式，向军委机关部门和各战区派驻 10 个纪检组。这是解放军历史上第一次实行派驻监督。[①]

纪检、巡视、审计，三把利剑高悬，歪风邪气无处隐匿，潜规陋习难以遁形，反腐败斗争压倒性态势形成。

压实不敢腐的底线，划明不能腐的红线，筑牢不想腐的高压线，"三条线"并举，聚线成网、多维发力，惩治的震慑力、制度的约束力、教育的引导力高度统一，构建起管长远、治根本的正风反腐大格局。

5. 法网恢恢，解放军组建三大监督机构

新时代，解放军在依法治军、从严治军的监督机制上，大刀阔斧、

---

① 《从浴火重生到征途如虹——写在习近平主席提出强军目标 5 周年之际》，新华网 2018 年 3 月 10 日。

改革创新，集中表现在三个"组建"上：

一是组建新的军委纪律检查委员会。由中央军委直接领导，向军委机关各个部门和各个战区派驻纪检组，发挥纪检、巡视机构的监督作用，推动纪委双重领导体制落到实处，使党内负责监督的专门机关能够切实发挥职能作用。特别是通过强化巡视监督，发挥了利器作用。巡视是党内监督的战略性制度安排，也是解放军军内监督的战略性制度安排。

二是组建新的军委政法委员会。按区域设置军事法院、军事检察院，保证军队法律部门能够依法独立公正行使职权。

三是组建军委审计署。改革审计监督体制，全部实行派驻审计，加强审计工作垂直管理，推进军事审计制度创新，大大强化了对军队经济活动的审计监督。党的十八大之后，军队审计体制由原来的"党委领导、按级负责"转变为"区域设置、统管统派"，不断加强政策法规审计、无形资产审计、价格行为审计、军民融合项目联合审计。积极推进预算决算年年审、重点领域系统审、重大项目跟踪审、经济责任周期审，实现了审计监督全覆盖。突出了领导干部经济责任审计，重点审班子、审主官、审后备。加大对中高级领导干部审计力度，把审计内容延伸到住房、用车、使用工勤人员等方面。干部选拔任用，征求审计部门意见。

解放军新型反腐治权制度体系，强化了监督机关独立性和权威性，有力克服了过去对本级党委特别是对各级主官监督制约不力问题，大大增强了监督部门战斗力和监督制度威慑力，形成决策权、执行权、监督权既相互制约又相互协调的权力运行体系。

第七章

浴火重生：大变革重塑解放军

改革是强军的必由之路，坚定不移把改革进行到底。这是习近平引领解放军大改革的两句至理名言。

新时代中国军事改革，走在整个国家全面深化改革的前列。这场整体性、革命性变革，着力解决制约国防和军队建设的体制性障碍、结构性矛盾、政策性问题，推进军队组织形态现代化，进一步解放和发展战斗力，进一步增强军队活力，为建设世界一流军队打下坚实基础。

一、三个告别——实现中国军队转型新跨越

军事变革的实质，就是对于不符合时代要求的旧的军事传统的告别，就是对于赢得现代战争所迫切需要的新的军事境界的创造。新时代中国军事大变革，锋芒所向、攻坚转型的重点，就是让新时代的中国军队实行三个告别：告别陆战型、告别国土防御型、告别人力密集型。推动全军由数量规模型向质量效能型、由人力密集型向科技密集型转变。改变陆战型、国土防御型力量结构和力量布局，构建适度外向、积极防御的深远军事战略部署，能够在陆、海、空、天、电各个战略领域和各个战

略方向，牢牢把握军事竞争和战争的主动权。

1. 历史性突破，新中国最深刻的军事变革

党的十九大报告指出：新时代"强军兴军开创新局面。着眼于实现中国梦强军梦，……国防和军队改革取得历史性突破，形成军委管总、战区主战、军种主建新格局，人民军队组织架构和力量体系实现革命性重塑"。[①]

新时代中国国防和军队改革取得历史性突破，解放军在改革中实现革命性重塑、历史性转型，不仅鼓舞中国人民，而且发生了深刻的世界影响。美国《外交政策》评论说，习近平领导了中国自 1949 年以来最为深刻的一次军队改革，使解放军变得更加聪明，规模更加精干，行动更加有效，实力更加强大。习近平评价这次军事改革，有三句结论性的话，更是鼓舞全国人民、激励全军将士。这三句话就是："革命性重塑""新中国成立以来没有过的""在全面深化改革中走在了前列"。

这次军事大变革，首先从"脖子以上"的头部改革开始，形成军委管总、战区主战、军种主建新格局。再到形成陆军、海军、空军、火箭军、战略支援部队的军队组织架构和力量体系，这是军队主体——身子和骨骼的变革。军队院校、科研机构、训练机构的改革也迈出了大的步伐。再到军民融合、国力与军力一体、战斗力与生产力融合，把国防建设和经济建设一体化、相互促进、相互拉动。最后，是国防和军队建设政策

---

① 习近平：《决胜全面建成小康社会 夺取新时代中国特色社会主义伟大胜利——在中国共产党第十九次全国代表大会上的报告》，人民出版社2017年版，第6页。

制度的变革和创新。这次军事变革，是对中国军事力量体系的革命性重塑。

改革强军，这次军事变革的实质，是一场革命。从首都北京军事机构和人员的变化，就可以透视这场改革的深刻和彻底。北京城里，仅解放军原总部机关正师级以上机构，就减少了200多个，人员精简1/3。从四总部到十五个军委机关职能部门，从领导机关到办事机构，层级减少、等级降低、人员减少。调整组建后的军委机关，从领导机关变为参谋机关、执行机关、服务机关。从首都北京看军队变革，解放军浴火重生，令人印象深刻。

2. 面对世界军事革命，不改革就打不了胜仗

改革创新是军队发展的强大动力。军事领域是竞争和对抗最为激烈的领域，也是最具创新活力、最需创新精神的领域。当今世界三大革命——科技革命、产业革命、军事革命蓬勃发展，要求推进中国特色军事变革。世界新军事革命发轫于20世纪70年代，现仍在加速推进。这场新军事革命，不仅反映在军事科技突飞猛进，也反映在军事理论不断创新，还反映在军事制度深刻变革。是以信息化为核心，以军事战略、军事技术、作战思想、作战力量、组织体制和军事管理创新为基本内容，以重塑军事体系为主要目标的深刻变革。变革推进速度之快、范围之广、程度之深、影响之大，为第二次世界大战以来所罕见。这场世界新军事革命是全方位、深层次的，覆盖了战争和军队建设全部领域，直接影响国家军事实力和综合国力，关乎战略主动权。

世界新军事革命，对中国是严峻的战略挑战，也是难得的历史机遇。机遇稍纵即逝，抓住了就能乘势而上，抓不住就可能错过整整一个时代。

当前世界主要国家都在加快推进军队改革，谋求军事优势地位的国际竞争加剧。在这场世界新军事革命大潮中，谁思想保守、故步自封，谁就会错失宝贵机遇，陷于战略被动。军事上的落后一旦形成，对国家安全的影响是致命的。习近平经常看中国近代的一些史料，一看到落后挨打的悲惨情景就痛彻肺腑。他多次强调，不改革是打不了仗、打不了胜仗的。搞好中国特色军事改革，是解放军回避不了的一场大考，军队一定要向党和人民、向历史交出一份合格答卷。

军事变革的实质，是军事创新。解放军90多年的发展史就是一部创新史。解放军在新时代需要继承和发扬军事创新这一优良传统，努力建立起一整套适应信息化战争和履行使命要求的新的军事理论、体制编制、装备体系、战略战术、管理模式。缩小同世界强国在军事实力上的差距，努力掌握国际军事竞争战略主动权，使解放军在新时代成为一支召之即来、来之能战、战之必胜的威武之师。

3. 战略视野，科学设计新时代中国军事变革

习近平担任中国最高军事统帅以后，立足当前、着眼长远，整体设计、全面推进军事变革。为未来30年强军大业布局，体现了政治家、战略家的视野和担当。

从2014年3月开始，成立了中央军委深化国防和军队改革领导小组和相关工作机构，开展改革方案研究论证和拟制工作。首先进行大规模调研。改革方案初步形成后，多轮次征求军委领导、四总部领导、大单位主官意见，还征求了部分老同志意见。2015年7月29日，中央政治局常委会审议通过了深化国防和军队改革总体方案。在中国人民抗日战争

暨世界反法西斯战争胜利 70 周年纪念大会上，习近平郑重宣布中国将裁减军队员额 30 万，在国内外引起强烈反响。

军事大变革要求思想大解放。推进新时代军事思想大解放，必须实现"四个改变""四个树立"：一是改变机械化战争的思维定式，树立信息化战争的思想观念；二是改变维护传统安全的思维定式，树立维护国家综合安全和战略利益拓展的思想观念；三是改变单一军种作战的思维定式，树立诸军兵种一体化联合作战的思想观念；四是改变固守部门利益的思维定式，树立全军一盘棋、全国一盘棋的思想观念。

军事改革，是统帅工程。习近平对新时代中国军事改革，亲自设计、领导和指挥。党的十八届三中全会对国防和军队改革作出战略部署。军委成立深化国防和军队改革领导小组和相关工作机构，习近平亲自担任领导小组组长。这次军队改革涉及很多深层次矛盾和问题，有些重点难点涉及高层领导机关，同时还要与国家全面深化改革相协调，必须实施集中统一领导。军委改革办公室设在中央军委办公厅，这样设置可以使改革办公室运行更加超脱。新时代中国特色军事变革顺利推进，体现了习近平统率军队、领导变革的战略艺术。

2015 年 11 月 24 日，中央军委改革工作会议在北京召开。吹响了深化国防和军队改革、转型重塑解放军的冲锋号。

2015 年最后一天，陆军领导机构、火箭军、战略支援部队正式成立。

2016 年 1 月 11 日，新调整组建的军委机关各部门集体亮相。原四总部完成使命，军委机关 15 个部门走上历史舞台。多部门制取代四总部制。2 月 1 日，东、南、西、北、中五大战区成立大会举行。9 月 13 日，中央军委联勤保障部队成立大会举行。

2016 年 12 月 2 日至 3 日，中央军委军队规模结构和力量编成改革工作会议在北京召开，力量重塑攻坚战拉开大幕。

2017 年 4 月 27 日，国防部例行记者会披露，陆军 18 个集团军番号撤销，调整组建后的 13 个集团军番号公布。与此同时，陆军、海军、空军、火箭军和战略支援部队中新型作战力量的组建，标志着规模结构和力量编成改革取得重要突破。

就在这场记者会之前，全军新调整组建的 84 个军级单位主官齐聚北京。之后，新调整组建的军队院校、科研机构、训练机构主要领导共聚京城。

2018 年 1 月 10 日，调整领导指挥体制后的武警部队正师级以上单位主要领导会集首都，他们肩负共同的光荣任务——受领党的领袖、军队统帅的时代号令。

经过这场改革，解放军规模更加精干，结构更加优化，编成更加科学，从根本上改变了长期以来陆战型、国土防御型、人力密集型的力量结构，从重兵集团、以量取胜的模式中走出来，迈出由数量规模型向质量效能型、人力密集型向科技密集型、国土防御型向深远布局型转变的一大步，以精锐作战力量为主体的联合作战力量体系形成。

军事政策制度的变革和创新，既是军事变革的重要内容，也是军事变革的重要保障。2018 年 11 月 13 日至 14 日，中央军委政策制度改革工作会议在北京召开，习近平出席会议并发表重要讲话。他强调，军事政策制度调节军事关系、规范军事实践、保障军事发展。军事政策制度改革对实现党在新时代的强军目标、把人民军队全面建成世界一流军队，对实现"两个一百年"奋斗目标、实现中华民族伟大复兴的中国梦具有重大意义。要认清军事政策制度改革的重要性和紧迫性，统一思想、坚定信心、步调一致、狠抓落实，把军事政策制度改革任务完成好。习近平强调，要深化我军党的建设制度改革，要创新军事力量运用政策制度，要重塑军事力量建设政策制度，要推进军事管理政策制度改革，要突出改革急需、备战急用、官兵急盼，抓紧出台一批政策制度。

新时代中国特色军事变革，为今后30年强军梦奠基。而这场改革攻坚战，作为一场历史性、战略性战役，是一场硬仗。这场硬仗，从2015年11月24日中央军委改革工作会议召开，改革攻坚战开始，到2020年前，要取得决定性胜利，这是一场历时5年的大战役。改革攻坚战的时间表，也是一张改革大考的军令状，要开拓进取，要只争朝夕。根据改革总体方案确定的时间表，2020年前要在领导管理体制、联合作战指挥体制改革上取得突破性进展，在优化规模结构、完善政策制度、推动军民融合发展等方面改革上取得重要成果，努力构建能够打赢信息化战争、有效履行使命任务的中国特色现代军事力量体系，完善中国特色社会主义军事制度。

4. 告别陆战型、国土防御型、人力密集型

解放军在规模结构和力量编成上，长期是一支"三型"军队——陆战型、国土防御型、人力密集型。打破这种力量结构，是这次军事变革的重要内容，也是这次改革的一块硬骨头。1985年6月，党中央对解放军建设指导思想进行战略性转变，从立足"早打、大打、打核战争"的临战准备状态转到和平时期建设轨道上来，实行百万大裁军。20世纪90年代中期，党中央提出"两个根本性转变"的战略思想，即军事斗争准备由应付一般条件下局部战争向打赢现代技术特别是高技术条件下局部

战争转变，军队建设由数量规模型向质量效能型、由人力密集型向科技密集型转变。1997年9月，党中央宣布三年内裁减军队员额50万。2003年9月，党中央决定2005年前再裁减军队员额20万，把解放军总员额控制在230万以内。经过这几次大的精简整编，解放军规模结构和力量编成不断优化，有效解放和发展了战斗力。但是，解放军数量规模有些偏大，重大比例关系不够合理，精锐作战力量比较少，体系作战能力亟待提高，整体上仍属于陆战型、国土防御型、人力密集型的力量结构，还没有完全从重兵集团、以量取胜的模式中走出来。特别是面对现代战争形态加速演变新趋势，面对中国由大向强发展新形势，面对使命任务拓展新要求，规模结构和力量编成不适应的问题日益突出。

改变这种状况，必须通过军事变革，创新解放军的规模结构和力量编成，把"陆战型"转变为陆海空天电一体的合成联合型，把"国土防御型"转变为"适度外向、积极防御"型，把"人力密集型"转变为精兵科技型，只有这样一种新型力量结构，才能有效履行新时代解放军历史使命。规模结构和力量编成改革是深化国防和军队改革的重要组成部分，是推进军队组织形态现代化、构建中国特色现代军事力量体系的关键一步，是实现党在新形势下强军目标、建设世界一流军队必须迈过的一道关口。从根本上解决这个问题，必须坚持体系建设、一体运用，调整力量结构布局，打造以精锐作战力量为主体的联合作战力量体系。这次改革对军兵种结构做了较大调整，改变了解放军长期以来陆战型、国土防御型的力量结构，军兵种内部力量结构也得到优化。

新时代中国军队规模结构和力量编成改革的总体要求，就是着眼于维护国家主权、安全、发展利益，有效应对各战略方向和重大安全领域现实威胁，按照调整优化结构、发展新型力量、理顺重大比例关系、压减数量规模的要求，推动全军由数量规模型向质量效能型、由人力密集型向科技密集型转变，部队编成向充实、合成、多能、灵活方向发展，构建能够打赢信息化战争、有效履行使命任务的现代军事力量体系。

关于改变"国土防御型"力量结构和力量布局。党的十八大以来，解放军着力构建适度外向、积极防御的军事战略部署。这对于争取战略主动权、维护国家长远利益和安全，对于捍卫世界和平、构建人类命运共同体的伟大事业，都具有重要战略意义。优化力量布局是更高层次的结构塑造。

关于改变军队"数量规模型"问题。这次改革坚持减少数量、提高质量，优化兵力规模构成，打造精干高效的现代化常备军。美军全球部署、全球机动，现役员额只有130多万人。俄罗斯国土辽阔，军队也只有100万人。解放军长期面临一个突出问题，就是干部多，机关大，但战斗部队并不多，头重脚轻尾巴长。邓小平早在1980年就讲："这是我们军队的一种病态，很不好。"这种状况长期没有根本转变，官兵比例、机关和部队比例、作战部队和非战斗单位比例明显不合理。干部本来就多，又扎堆在非战斗单位。兵本来就少，还超占兵员。这种状况必须改变。这次改革，着眼打造精干高效现代化常备军，裁减军队员额30万。这样一个裁军目标，也是一个强军指标，就是大力压减团以上机关、非战斗机构及人员，重点裁减老旧装备部队，优化官兵比例、机关与部队比例、作战部队与非战斗单位比例，对解放军整体减少"脂肪"、壮实"骨骼"、增强"内功"。解放军总体规模员额减下来了，但是作战部队人员不减少、反增加。

这次改革的一个突出特点，就是解放军穿军装的现役人员减少，文职人员增加。当今世界大国军队普遍重视使用文职人员，数量一般在现役员额一半以上。解放军这次改革建立起统一的文职人员制度，扩大文职人员编配范围，文职人员数量将逐步增加。

新时代军事改革，关键是三大步：第一步是"军以上"领导机构的改革；第二步是"军以下"作战部队的改革；第三步是"军地之间"军民融合的改革。而"军以下"作战部队的改革，对于改变解放军长期以来"人力密集型"问题，具有决定意义。通过改革作战部队编成，打造了具备多种能力和广泛作战适应性的部队。信息化条件下，模块化编组、积木式组合、任务式联合是世界主要国家军队编成调整的大方向，以往重兵集团编组模式越来越不适应形势发展。

军以下部队编成直接关乎指挥效率和战斗力生成。解放军虽然从20世纪80年代以来，部队编成不断有进步，但是部队结构类型单一、指挥层级偏多、联合作战能力不足的问题，一直十分突出。这次大改革，把过去部队长期实行的军—师—团—营四级体制，调整为军—旅—营三级为主体、师—团体制为补充的新型编成模式。所有集团军、全军主要作战部队，统统实行旅—营体制，旅成为解放军的基本作战单位，营成为基本作战单元。这样，指挥层级减少了，部队合成化、模块化程度提高了，适应现代作战的能力增强了。通过改革，优化了部队编成，打造出适应信息化时代联合作战要求的部队新体制。

二、四个打破——开辟中国强军大业新境界

这次军事大变革，决心和力度之大，大就大在四个打破：一是打破了长期实行的大总部体制，重塑军委机关；二是打破了大军区体制，实行战区体制；三是打破了大陆军体制，组建陆军领导机构；四是打破了国防建设和经济建设的军地分离体制，实现军民融合。这四个打破、四个创新，形成中国特色军事体系新格局。

2015年7月底，中央政治局常委会会议审议通过了深化国防和军队改革总体方案。2015年11月下旬，中央军委召开改革工作会议，国防和军队改革正式进入实施阶段。之后，相继成立陆军领导机构、火箭军、战略支援部队，把七大军区调整划设为东部、南部、西部、北部、中部五大战区，完成海军、空军、火箭军、武警部队机关整编工作。通过这些大力度改革，解放军突破了长期实行的总部体制、大军区体制、大陆军体制，建立了军委管总、战区主战、军种主建的新格局，实现了军队组织架构的一次历史性变革。

调整后的军委机关，从四总部体制运行模式转变过来，以主要精力履行战略谋划和宏观管理职能。战区从大军区体制运行模式转变过来，以主要精力研究打仗、指挥作战。军兵种从过去建用一体的运行模式转变过来，以主要精力抓好部队建设管理。在军事建设与经济建设的关系上，打破长期以来"军地分离"状态，实现"军民融合"发展。对解放军整个组织架构的重新塑造，建立了新时代掌军、建军、用军新格局。

1. 打破"大总部体制"，重塑军委机关

新中国成立后，解放军领导指挥体制进行过多次改革调整，关于军委总部层面的改革，就先后实行过四总部、八总部、三总部再到四总部。1998年，解放军开始实行中央军委领导下的总参谋部、总政治部、总后勤部、总装备部的四总部体制。四总部在职能地位上，既是中央军委的工作机关，又是全军军事、政治、后勤、装备工作的领导机关。近20年来，随着形势发展变化，四总部体制的弊端突出，改革的迫切性凸显。解放军总部制，是历史形成的，对推动军队建设发展、保证各项重大任务完成发挥了十分重要的作用，应该充分肯定。同时，随着形势和任务发展，这种体制的弊端也日益凸显，主要是职能泛化、条块分割、政出多门、相互掣肘、战略功能不强。特别是四总部权力相对集中，事实上成了一个独立领导层级，代行了军委许多职能，不利于军委集中统一领导。这次改革，把军委机关由四个总部改为一厅、六部、三个委员会、五个直属机构共十五个职能部门。从职能定位入手，优化了军委机关职能配置和机构设置，使军委机关真正成为军委的参谋机关、执行机关、服务机关，减少了领导层级，提高了决策和办事效率。

打破"大总部"体制，重塑军委机关，是解放军统率部的一次自我革命。对军委机关的重塑，是从职能定位入手，着眼于突出核心职能，整合相近职能，加强监督职能，充实协调职能，突出强化军委机关战略谋划、战略指挥、战略管理三大基本职能。对过去代行的军种职能坚决下放，对过去担负的具体管理职能坚决剥离，使原来大小权力高度集中的"总部领导机关"，转型为"军委办事机关"，成为保障习近平主席和中央军委进行战略决策、实施战略指挥和战略管理的参谋机关、执行机关、

服务机关。军委直属的各个职能部门，直接对习近平主席和中央军委负责，有效保证了解放军战略发展规划、军事立法、高级将领任免、重大行动决策、军事资源配置等战略领导权和管理权绝对掌控于最高统帅习近平手中。

2.打破"大军区体制"，实行"战区"体制

长期以来，解放军实行作战指挥和建设管理职能合一、建用一体的体制，这是在一定历史条件下形成的。这种体制难以适应现代军队专业化分工要求，难以适应信息化时代能打仗、打胜仗的要求。如果不调整，势必影响作战效能和建设效益，不利于军委对全军实施高效领导指挥。这次改革重新调整划设战区，建立健全军兵种领导管理体制，使作战指挥职能和建设管理职能相对分离，把联合作战指挥的重心放在战区，把部队建设管理的重心放在军兵种，使战区和军兵种在军委统一领导下各司其职、各负其责。

3.打破"大陆军体制"，组建陆军领导机构

这次改革，组建陆军领导机构，把原来七大军区调整划设为东部、南部、西部、北部、中部五大战区，把第二炮兵更名为火箭军。这样调整后，就构建起军委—战区—部队的作战指挥体系、军委—军种—部队的领导管理体系。

打破"大陆军体制"，并没有降低陆军的战略地位，而是对陆军建设的加强。通过成立"陆军部"，组建陆军领导机构，健全了解放军军种领导管理体制，打破了解放军从建军以来形成的"大陆军体制"。解

放军的创建，从陆军开始。解放军有全球最大规模的陆军部队。陆军是新中国最富传奇性的功勋大军。新中国陆军实行的是"大总部代管、大军区直辖"的领导管理体制，没有像海军、空军那样，设立独立的陆军领导机关。对全军庞大陆军部队的领导职能一直由各总部代行，而驻守全国各地的陆军部队，则由所在大军区直接领导、管理和指挥。这样一来，解放军陆军建设就长期是"部门化领导、区域化管理、分散化建设"，而不是由统一的陆军领导机关进行军种化、系统化领导和管理。这次军事大变革，对陆军领导管理体制重新设计，成立了陆军领导机关"陆军部"，组建了战区陆军，有效解决了解放军组织体系中长期存在的陆军建设责任主体缺失的结构性短板。这样，既有利于加强陆军现代化建设，又有利于完善全军联合作战指挥体制。在打破大陆军体制的同时，大力发展新型作战力量，加强新质作战能力建设，从根本上使陆军部队脱胎换骨、凤凰涅槃。

4. 打破"军地分离体制"，实现军民融合

国家经济建设，是国防和军队建设的基础。国防和军队建设要与国家经济建设融为一体。在军民融合发展方面，要加强集中统一领导，打破军民二元分离结构，打破军队自成体系、自我保障的建设模式，构建军民融合组织管理体系、工作运行体系、政策制度体系，形成全要素、多领域、高效益的军民融合深度发展格局。逐步实现国家各领域战略布局一体融合、战略资源一体整合、战略力量一体运用。

推动军民融合发展，军地双方都要胸怀国家战略全局，做到应融则融、能融尽融。坚决打破自成体系、相对封闭的发展模式，坚决清除"民

参军""军转民"障碍，善于运用社会一切优质资源和先进成果，把国防和军队建设有机融入经济社会发展体系。2015 年 5 月发布的《中国的军事战略》白皮书指出："依托国家教育体系培养军队人才、依托国防工业体系发展武器装备、依托社会保障体系推进后勤社会化保障"。①2016年 5 月，中央下发《关于经济建设和国防建设融合发展的意见》。

总之，改革不是改向，变革不是变色。这次军事改革着眼贯彻新形势下政治建军要求，推进领导掌握部队和高效指挥部队有机统一，形成军委管总、战区主战、军种主建的格局。军委管总、战区主战、军种主建，是领导指挥体制改革的总原则，这个总原则要解决的问题，就是在新形势下确保党对军队绝对领导，确保军委高效指挥部队，确保军委科学谋划和加强部队建设管理。强化军委集中统一领导，更好使军队最高领导权和指挥权集中于党中央、中央军委。解放军体制大革命，保证了在新体制下，军委机关各个部门、各个战区、各个军兵种等大单位，能够在中央军委集中统一领导下，各司其职，各尽其责。首先，是军委机关部门，能够以主要精力履行战略谋划和宏观管理职能，当好军委的参谋机关、执行机关、服务机关，而不是原来的"权力机关"。战区则以主要精力研究打仗、指挥作战，其使命是应对本战略方向面临的安全威胁，维护和平，遏制战争，打赢战争。军兵种则以主要精力抓好部队建设管理，提高部队建设现代化水平。

----

① 《中国的军事战略（全文）》，中华人民共和国国防部网站 2015 年 5 月 26 日，转自新华社。

三、脱胎换骨——形成中国武装力量新体系

新时代中国军事改革和军事创新的最大成果，就是形成了统率中国军事力量、建设中国军事力量、运用中国军事力量的新型军事体系，布局了中国今后30年兴军强军大棋局。中国新型军事体系，中国新时代强军大棋局，主要有七个基点。

1. 一个核心——"军委管总"的关键是"军委主席负责制"

习近平是全党核心、全军统帅。作为解放军最高统率部的中央军委，实行主席负责制。军委主席作为集中掌握解放军最高领导权和指挥权的最高统帅，具有"一锤定音"的绝对权威。这场军事变革，在领导管理和作战指挥体制上，按照"军委管总、战区主战、军种主建"的总原则，以重塑军委机关和战区为重点，理顺指挥与管理、平时与战时的关系。通过改革、强化了中央军委集中统一领导和战略指挥、战略管理功能，形成了决策权、执行权、监督权既相互制约又相互协调的运行体系，构建起平战一体、常态运行、专司主营、精干高效的战略战役指挥体系。"军委管总"的根本原则、"军委主席负责制"的核心制度，从顶端确保了党对军队的绝对领导，确保了人民军队的方向和性质。

2. 三个体系——增强中国武装力量的战略功能

军委管总、战区主战、军种主建，是这次领导指挥体制改革的总原则。按照这样一个总原则进行改革，解放军新时代领导指挥体制，就形成了"一个核心、三个体系"的新型组织架构。

一个核心，就是实行军委管总，坚持军委主席负责制。

三个体系：

一是中央军委—战区—部队的联合作战指挥体系。

二是中央军委—军种—部队的建设管理体系。

三是中央军委—武警—部队的领导指挥体系。

建立健全军委、战区两级联合作战指挥运行机制，把联合作战指挥的重心放在战区，推动军种指挥深度融入联合作战指挥体系，发挥军委机关部门服务、保障、支撑军委联指中心运行的作用，就把最高领袖对全军的最高统率权，把军委、战区对作战的联合指挥权，把军委、军种领导管理部队的建设权，紧密统一在军委主席手中。通过调整武警部队领导指挥体制，党中央和中央军委对武警部队实行集中统一领导。这样就全面落实了党中央对全国武装力量的绝对领导。三个体系的构建，大大增强了中国武装力量的战略效能。

3. 十五个部门——领导指挥体制的一次革命

军委机关调整组建，是整个领导指挥体制改革的龙头。军委机关由原来四总部调整组建为十五个职能部门，是领导指挥体制的一次革命。按照军委管总、战区主战、军种主建的总原则，把总部制改为多部门制，使军委机关成为军委的参谋机关、执行机关、服务机关。调整组建后，军委机关由原来的总参谋部、总政治部、总后勤部、总装备部这四个总部，改为十五个职能部门，即：军委办公厅、军委联合参谋部、军委政治工作部、军委后勤保障部、军委装备发展部、军委训练管理部、军委国防动员部、军委纪律检查委员会、军委政法委员会、军委科学技术委员会、军委战略规划办公室、军委改革和编制办公室、军委国际军事合作办公室、军委审计署、军委机关事务管理总局。这样调整组建，使指挥、建设、管理、监督等路径更加清晰，决策、规划、执行、评估等职能配置更加合理，有利于坚持党对军队绝对领导和军委集中统一领导，有利于坚持军委主席负责制，有利于军委机关履行战略谋划和宏观管理职能，有利于加强权力运行制约和监督。

4. 五大战区——实现军政、军令科学分工

解放军原来实行"大军区"制，把高度专业的两种战略职能——作战指挥职能与建设管理职能，合于一体。面对世界军事革命挑战，这样一种"军政"与"军令"合二为一的体制，越来越不适应现代化军队建设与现代战争需要。这次改革，实行"军政"与"军令"分离，把"军区"调整改革为"战区"，将原来七大军区调整划设为专司联合作战指挥职能的五大战区。适应一体化联合作战的指挥要求，建立健全了军委—战区—部队三点一线的现代联合作战指挥体制，构建起平战一体、常态运行、专司主管、精干高效的战略战役指挥体系，为提高解放军一体化联合作战能力提供了体制机制保障。战区的设立，实现了解放军战时作战指挥与平时建设管理这样两大职能的相对分离。

现代军队建设与现代作战指挥，已经成为密切联系又各具特点的两个领域。解放军长期坚持"战、建合一"原则，实行作战指挥与建设管理职能合一体制，这是一种"军政"与"军令"合一、"建军"与"用兵"没有分工的体制。这样一种领导指挥体制，集平时领导、管理、建设部队与战时履行作战指挥于一体的合成体制，不适应现代军队建设与联合

作战要求。这次军事变革，把养兵与用兵的职能适度分离，实行"战区主战"，把联合作战指挥重心放在战区；实行"军种主建"，把部队建设管理的重心放在军兵种。这样就把军委的战略统率职能、军种的建设管理职能、战区的作战指挥职能统一起来，保证全军在习近平主席统领下，圆满履行使命。

5. 七大劲旅——中国武装力量高度集中统一

新中国成立后，解放军开始由"三军"——陆军、海军、空军组成。后来发展为"三军一兵"，增加了"第二炮兵"，这是新中国的核武部队。这次军事变革，将"第二炮兵"更名为"火箭军"；整合各军种和军委机关的战略支援力量，成立战略支援部队；整合主要承担通用保障任务的战略战役力量，成立联勤保障部队。武警部队领导指挥体制，也转变为由党中央和中央军委实行集中统一领导。这样一来，中国正规武装力量就由：陆军、海军、空军、火箭军、战略支援部队、联勤保障部队、武警部队这七支劲旅组成。建设世界一流军队，建设世界一流武装力量，就是要把这七支劲旅都建成世界一流水平。

建设强大现代化世界一流陆军——陆军是中国共产党最早建立和领导的武装力量，陆军在新中国成立前22年的革命战争中和新中国建国70年维护国家主权、安全、发展的历程中，建立了伟大的功勋。新时代的中国陆军建设，要按照机动作战、立体攻防的战略要求，加快实现区域防卫型向全域作战型转变，努力建设一支强大的现代化新型陆军。

建设强大现代化世界一流海军——新时代中国海军要加快推进由近海防御型向远海防卫型转变，构建现代海上作战体系，全面提高海上威慑和实战能力，把人民海军全面建成世界一流海军。

建设强大现代化世界一流空军——新时代中国空军要强化空天安全意识，实现国土防卫型向攻防兼备型转变，增强空天战略能力，加快建设一支空天一体、攻防兼备的强大人民空军。

建设强大现代化世界一流火箭军——新时代中国火箭军是中国战略威慑的核心力量，是中国大国地位的战略支撑，是维护国家安全的重要基石。将"第二炮兵"更名为"火箭军"，不仅是一个更名问题，而是中国核武部队由"兵种"到"军种"的提升和飞跃，具有重大战略意义。新时代中国战略力量建设要取得重大进展，火箭军必须有一个新的更大发展。火箭军的建设，要按照核常兼备、全域慑战的战略要求，加快提升战略能力，增强可信可靠的核威慑和核反击能力。要加强中远程精确打击力量建设，在提升战略遏制能力、提高备战实战化水平、加强战略运用上实现新突破。加快打造世界一流战略军种，努力建设一支强大的现代化火箭军。

实现中国梦所需要的良好战略安全环境，不能靠人家恩赐，不能坐等天下太平。政治外交运筹很重要，但归根结底要靠实力说话。中国必须有"撒手锏"，必须有谋取战略平衡的手段，必须有让对手不敢轻举妄动的实力。中国火箭军要加快发展步伐，确保在大国博弈中发挥战略制衡作用，在国家利益拓展中发挥战略慑控作用，在重大军事斗争和未来战争中发挥战略决胜作用。新时代要加快推动火箭军战略能力实现大的跃升。紧紧抓住火箭军建设面临的难得机遇，加强战略谋划和顶层设计，精心铸剑，潜心砺剑，善于亮剑，在提升战略遏制能力上实现新突破。

战略遏制能力是给对手强大震慑、关键时刻一锤定音的能力，这是火箭军的核心使命，也是火箭军建设的根本方向。要更加注重聚焦强敌，坚持敌人怕什么就重点发展什么。着力培养富有战略眼光和创新思维的战略管理人才、精通联合作战和导弹运用的作战指挥人才、善于引领和推动科技创新的导弹专家人才，打造一支规模宏大、结构合理、素质优良、后劲持续的人才方阵。

建设强大现代化世界一流战略支援部队——新时代中国战略支援部队是维护国家安全的新型作战力量，是解放军联合作战体系的重要支撑，是新质作战能力的重要增长点。要瞄准世界一流，勇于创新超越，树立信息主导、体系制胜思想，努力在关键领域实现跨越发展，高标准高起点推进新型作战力量加速发展、一体发展，努力建设一支强大的现代化战略支援部队。

战略支援部队作为一个新军种，对战略支援部队来讲，技术就是核心战斗力、核心竞争力。拥有先进技术，能够很好利用这些技术，就能掌握制胜利器。必须紧紧抓住科技创新这个牛鼻子，努力实现"弯道超车""换道超车"，掌握自己独有的"一招鲜"。打造拔尖创新团队，特别要培养造就领军人才。

战略支援部队是党中央和中央军委直接掌握的战略力量，肩负特殊使命，战斗在特殊战场。必须把思想政治建设抓得紧而又紧，努力打造具有铁一般信仰、铁一般信念、铁一般纪律、铁一般担当的过硬部队。战略支援部队是敌人企图拉拢渗透的重点，必须研究把握信息网络时代政治工作特点规律，加强反渗透、反心战、反策反、反窃密教育，做好隐蔽斗争和防间保密工作，确保不出问题。坚持用光荣传统教育官兵，用崇高精神塑造官兵，用神圣事业感召官兵，大力培养"四有"新一代革命军人。

建设强大现代化世界一流联勤保障部队——新时代中国联勤保障部队是实施联勤保障和战略战役支援保障的主体力量，是中国特色现代军事力量体系的重要组成部分。必须按照联合作战、联合训练、联合保障的要求加强部队建设，深化军事斗争后勤准备，加快融入联合作战体系，提高一体化联合保障能力，服务官兵、服务战斗力、服务部队建设，努力建设一支强大的现代化联勤保障部队。

建设强大现代化世界一流武装警察部队——新时代中国武警部队是党领导的人民武装力量的重要组成部分，在维护国家安全和社会稳定、保卫人民美好生活中，肩负重大职责。要按照多能一体、有效维稳的战略要求，突出核心能力建设，加强执勤、处突、反恐、海上维权和行政执法、抢险救援等能力建设，加快融入全军联合作战体系，加快构建军地协调联动新格局，始终保持高度戒备，永远做党和人民的忠诚卫士，努力建设一支强大的现代化武装警察部队。

6. 一个体制——坚持"三结合"武装力量体制

新时代中国，实行的是解放军、武警部队、民兵"三结合"武装力量体制。这样一种武装力量体制，能最大限度凝聚和发挥人民军队、人民战争、人民国防的作用，能够把综合国力转化为强大的国防力、战斗力。

这次军事变革实行"中央军委—武警部队—部队"领导指挥体制，武警部队的根本职能属性没有发生变化，不列入解放军序列。公安边防部队、公安消防部队、公安警卫部队退出现役，国家海洋局领导管理的海警队伍转隶武警部队，武警黄金、森林、水电部队整体移交国家相关职能部门并改编为非现役专业队伍，撤收武警部队海关执勤兵力，彻底理顺武警部队领导管理和指挥使用关系。调整后，武警部队包括内卫部队、机动部队、海警部队等。

7. 一个基础——军民融合是强国兴军的坚实基础

当年美苏军备竞赛，苏联失败的一个重要原因，就是实行"军民分离"体制，国防建设和经济建设是两个独立分离的体系。新时代中国推进强军事业，不是和世界强国搞军备竞赛，但是要又好又快强大起来，就必须坚持军民融合。必须把建设世界一流军队的基础，牢牢扎根和奠基在军民融合的机制之上。要统筹经济建设和国防建设，努力实现富国和强军的统一。

经济建设是国防建设的基本依托，只有国家经济实力增强了，国防建设才能有更大发展。国防建设是中国现代化建设的战略任务，只有把国防建设搞上去了，经济建设才有安全保障。加强国防建设对经济社会发展也具有重要拉动作用，要努力推动国防实力与经济实力同步发展。军民融合的目标是构建一体化国家战略能力。要善于在社会主义市场经济条件下，发挥举国体制优势，统筹各方面力量资源。

第八章

新时代军事战略方针

战略决定成败。兴国强军，战略先行。没有战略魅力的军队，在战略智慧、战略指导上没有优势的军队，难以成为胜利之师。"军事战略方针"是一个党、一个国家的"政治战略方针"在国防和军事领域的贯彻，是党、国家、军队军事战略智慧和军事战略艺术的集中体现。人民军队 90 多年征程能够战无不胜、攻无不克，军事战略方针的优越，军事战略指导的高超，是根本原因。

党的十八大之后不久，习近平总书记主持制定了新形势下军事战略方针。新形势下军事战略方针，对整个国家如何建军、备战、用兵、打仗，具有整体统揽作用，对军队建设、改革，对军事力量布局和军事斗争准备，具有全局和长远指导意义。全面贯彻习近平强军思想，成功建设世界一流军队，必须准确把握、坚决贯彻新形势下军事战略方针。

一、中国共产党军事战略方针，七次创新

从毛泽东到习近平，解放军军事战略方针与时俱进，先后经历七次创新，科学指导了人民军队的建设和军事斗争的进行，创造了影响世界的军事奇迹，必将塑造中国新时代建设世界一流军队的辉煌。

1. 军事战略方针第一次创新——诱敌深入

土地革命战争时期，红军的战略方针，就是毛泽东创造的以"诱敌深入"为核心的积极防御的战略方针。红军坚持和贯彻"诱敌深入、积极防御"原则，形成了以游击战为主、不放松有利条件下的运动战的人民战争战略战术。

红军时期，红军和国民党军队的基本作战形式，是围剿与反围剿。红军的基本作战方针，是诱敌深入，在运动战中各个歼灭敌人。红军时期作战方针的经典代表作，就是江西苏区五次反围剿作战。红军作战方针的基本内容，就展示在第一次反围剿作战誓师大会会场上悬挂的一副对联上："敌进我退，敌驻我扰，敌疲我打，敌退我追，游击战里操胜算；大步进退，诱敌深入，集中兵力，各个击破，运动战中歼敌人。"这副对联，集中表达了解放军第一代军事战略方针的内容。这一军事战略方针的科学性，被五次反"围剿"作战成功与失败的实践所证明。

2. 军事战略方针第二次创新——独立自主的山地游击战

抗日战争时期，毛泽东深刻分析、科学揭示中日战争特点规律。他在1938年5月出版的《论持久战》一书中指出，抗日战争的战略总方针是"持久战"，抗日战争的基本作战形式，是"独立自主的山地游击战"[①]"基本的是游击战，但不放松有利条件下的运动战。"[②]

按照毛泽东的分析，抗日战争整个过程将包括三个阶段：第一阶段是战略防御；第二阶段是战略相持；第三阶段是战略反攻。三个阶段的

---

① 《毛泽东选集》第2卷，人民出版社1991年版，第393页。
② 《毛泽东选集》第2卷，人民出版社1991年版，第441页。

军事辩证法，表现为：在前两个阶段的作战，应是积极、主动、灵活、有计划地执行防御战中的进攻战、持久战中的速决战、内线作战中的外线作战。在第三阶段，是战略反攻作战。

在整个抗日战争过程中，共产党领导的人民军队，始终坚持三个结合：战略上的防御与战役战斗上的进攻相结合；战略上的持久与战役战斗上的速决相结合；战略上的内线作战与战役战斗上的外线作战相结合，始终在被动中把握主动。

3. 军事战略方针第三次创新——"十大军事原则"

1946 年 6 月，当中国全面内战爆发时，国民党和共产党双方力量对比悬殊。国民党控制中国 76% 的国土、71% 的人口，控制着国家全部近代工业。国民党拥有 430 万大军，主要使用美国和日本的武器装备，拥有空军和海军力量。共产党建立的解放区，占全国土地 24%，占全国人口比例不足 29%，几乎没有近代工业。解放军总兵力约 127 万人，武器装备极其落后，没有海军和空军。蒋介石计划在 8 个月到 10 个月内击败和消灭解放军。

1947 年 12 月 25 日，毛泽东在《目前形势和我们的任务》报告中，提出战胜国民党军队的著名"十大军事原则"。这"十大军事原则"就是解放军赢得解放战争的军事战略方针。"十大军事原则"全部内容 593 个字，核心是"集中优势兵力，各个歼灭敌人"，"以歼灭敌人有生力量为主要目标，不以保守和夺取城市和地方为主要目标"。[①] 在"十大军

---

① 《毛泽东选集》第 4 卷，人民出版社 1991 年版，第 1247 页。

事原则"指导下，解放军风卷残云，通过辽沈、淮海、平津三大战役，解放长江以北地区，又通过渡江战役，解放全中国。

4.军事战略方针第四次创新——积极防御、诱敌深入

新中国成立后，抗击外部势力大规模侵略，维护国家安全，成为军事战略的主题。人民军队积极防御战略思想进一步丰富发展，上升为新中国的国防战略思想。

实行积极防御，反对消极防御，是毛泽东一贯的战略思想。新中国成立之后，由于中国边防线漫长，如果到处修筑工事，到处设防，只能被动挨打，不是高明办法。毛泽东在20世纪50年代就提出，要重点设防、重点守备。大部兵力用于野战，少部兵力用于守备。

根据毛泽东的战略思想，1956年时任国防部长的彭德怀在第二次中央军委扩大会议上作了《关于保卫祖国的战略方针和国防建设问题》报告。彭德怀在这个报告中根据毛泽东积极防御战略思想，明确提出了积极防御的战略方针。1957年7月16日，彭德怀在第三次国防委员会全体会议上，进一步阐述了积极防御战略方针，强调新中国在军事上是战略防御的方针，而不是发动战略进攻的方针。但是这种防御，不是消极防御，而是积极防御。

新中国成立初期积极防御战略方针的基本精神和主要内容，就是加快国家军事力量建设，扩大国际统一战线，从军事上政治上推迟、制止战争爆发。一旦敌人进攻，发起侵略战争，解放军要在预定设防地区，有效阻止敌人进攻，及时进行有力还击。战前，在沿海方向重要地区构筑坚固防御工事；制订歼灭敌人的战役和战略空降计划；加强情报侦察

工作，争取预先发现敌人发动战争和使用大规模杀伤性武器的症候，减少敌人突然袭击造成的破坏和损失，保证解放军第一线和纵深作战部队能及时进入战斗，为国家战争动员赢得时间，掩护全国由平时状态迅速转入战时状态；在战略部署上，掌握强大的战略预备队，具有很强的机动作战能力，能够适时进行战役、战斗上的反攻和进攻，配合沿海守备力量消耗和消灭敌人，歼灭入侵的空降部队，在战略上完成积极防御任务。积极防御的战略方针，包括战略防御阶段、战略相持阶段、战略反攻阶段。只要能够在战争开始后3~6个月内，坚决顶住敌人突然袭击和连续进攻，顶住敌人"三板斧"，把敌人全面进攻阻止和限制在预定地区，把战局稳定下来，就能打破敌人速战速决的战略企图，迫使敌人陷入持久作战泥潭和困境之中，丧失战略主动权。而解放军则能够逐渐变被动为主动，由战略防御转入战略反攻、战略进攻。

新中国在1956年制定的积极防御军事战略方针，科学揭示了新中国成立初期捍卫国家安全、保持军事斗争主动权、赢得反侵略战争胜利的客观规律，是国防和军队建设的战略指导方针，也是对一切妄图侵略中国的敌对势力的巨大威慑。

到20世纪60年代中期，针对解放军现代化水平比较低、实行大规模机动作战能力有限的状况，毛泽东提出，御敌于国门之外，不是抵御强敌大规模入侵的好办法，还是实行诱敌深入才好打。但是诱敌深入的过程必须是有顶有放，这就需要强大的战争潜力和强有力的战场依托，以最大限度迟滞消耗敌人。贯彻毛泽东的战略思想，新中国成立之后30多年，解放军积极防御军事战略方针的核心内容和基本形式，就是立足国内战场，实行诱敌深入，放进来打。

从新中国成立初期到 1980 年 30 多年时间里，新中国军事战略方针就是"积极防御、诱敌深入"八个字。准确理解和把握积极防御和诱敌深入二者的关系，十分重要。在 1956 年提出"积极防御"战略方针的基础上，到 20 世纪 60 年代，毛泽东又提出要"诱敌深入"。诱敌深入是共产党在长期革命战争中有效对付国民党大军"围剿"的传统战法。毛泽东认为，面对强敌，诱敌深入，也可以作为反侵略战争的作战指导。1965 年 6 月，毛泽东在杭州会议上指出：还是要诱敌深入才好打。御敌于国门之外，从来也不是好办法。只有把敌人放进来，才便于发挥我们的长处，大打人民战争。只有把敌人放进来，才能使其分散兵力，便于我们集中兵力打歼灭战。把敌人放进来，无非是让敌人占了我们的什么地方，名誉不好。但这不要紧，问题的关键不是名誉，而是最后胜利。当然，诱敌深入也不是摊开两手，让敌人长驱直入。我们不能学蒋介石，让日本人很快打到南京、长沙；不能学斯大林，让希特勒一下就逼到了莫斯科、列宁格勒城下。该顶的地方还是要顶。但顶的目的是消耗敌人，使我们后边有时间做些准备。顶到适当机会，就是把敌人放进来，诱其进入我预设阵地，将其消灭。总的方针是诱敌深入，不是顶住不放。

这样，20 世纪 60 年代中期以后，"诱敌深入"就与"积极防御"并称，成为统领全局的战略方针。正像毛泽东后来讲到的：人家打来，我们是不打出去的。我说不要受挑拨，你请我去我也不去。但是你打来呢，那我就要对付了。看你是小打还是大打。小打就在边界上打。大打，我主张让出点地方来。中国这个地方不小。他不得点好处，我看他也不会进来。他进来了，我看比较有利，不仅有理，而且有利，好打，使他陷

在人民的包围中间。^①

1977 年中央军委全体会议，对军事战略方针的概括，仍然是"积极防御、诱敌深入"。

5. 军事战略方针第五次创新——积极防御

1980 年 9 月，时任军事科学院院长的宋时轮，向时任中央军委副主席的叶剑英，报送了一份《关于战略方针问题的建议》（以下简称《建议》）。

宋时轮在《建议》报告中提出，积极防御的战略方针，是贯穿战争全过程和各方面的战争指导原则，诱敌深入可以作为积极防御的一个手段，但不是普遍的、统管战争全局的指导原则；中国四周边境多有山地可以作为屏障，新中国 30 多年经济建设取得了很大成就，这是打赢反侵略战争的物质基础，绝不能轻易被敌人破坏；当前战争样式已经有新的发展，如果我们在战略上实行全面放开、诱敌深入的方针，不战而让敌人局部肢解或者抓一把就走，那样正中敌人下怀，那是绝不能容许的。宋时轮建议，把"积极防御、诱敌深入"作为战略方针的提法不够妥当，还是改回到 50 年代确定的"积极防御"为宜。

时任副总参谋长的张震也认为，新中国经过 30 多年建设，有了很大家业。外敌大规模入侵，一开始就把侵略军放进来，会使后方来不及充分准备。应对敌人大规模进攻，打破敌人突然袭击、长驱直入的图谋，必须在一定时间、地区依托阵地坚决抗击，稳定战局、争取时间。积极

---

① 中共中央文献研究室编：《建国以来毛泽东文稿》第 13 册，中央文献出版社 1998 年版，第 38 页。

防御就包括诱敌深入。当时，聂荣臻、叶剑英、徐向前等老帅都表示赞同，徐向前联系历史，指出在第二次世界大战中，苏联军队死守列宁格勒、斯大林格勒、莫斯科，朝鲜战争中志愿军坚守"三八线"，都赢得了战略主动权。

1980年9月至10月，中央军委在北京举办了全军高级干部战略问题研究班（代号801会议）。10月15日，邓小平到会讲话，他指出："我们未来的反侵略战争，究竟采取什么方针？我赞成就是'积极防御'四个字。"① 新的军事战略方针要求在战争初期，要进行坚守防御，只能让敌人占领一些点和线，掩护国家转入战时体制。

从20世纪60年代末期到90年代初期，中国积极防御的战略方针，虽然包括各个战略方向，但重点是针对苏联大规模突然入侵，是以苏联军队为主要作战对象，以"三北"（华北、东北、西北）地区为重点战略方向。

6. 军事战略方针第六次创新——打赢信息化局部战争

1991年美国对伊拉克发动海湾战争，震动世界。1992年12月至1993年1月，中央军委召开扩大会议。1993年1月，中央军委确立了"新时期积极防御的军事战略方针"。其核心，就是适应解放军主要作战对象和主要作战方向的变化，把未来军事斗争准备的基点，放在打赢可能发生的现代技术特别是高技术条件下的局部战争上。

---

① 《邓小平军事文集》第3卷，军事科学出版社、中央文献出版社2004年版，第177页。

高技术战争萌芽于 20 世纪七八十年代。面对新的战争形态，为贯彻落实新时期军事战略方针，中央军委提出"科技兴军"和实现"两个根本性转变"的战略要求。这就是：在军事斗争准备上，由应付一般条件下的局部战争，向打赢现代技术特别是高技术条件下的局部战争转变；在军队建设上，由数量规模型向质量效能型、人力密集型向科技密集型转变。

新时期军事战略方针，强调"高技术"对于军事战略的巨大影响，是军事唯物主义态度。第一次世界大战时，参战军队的专业技术种类仅有 20 多种。第二次世界大战时，发展到 160 多种。20 世纪 90 年代，达到 3000 种以上。21 世纪以来，军事科技发展更是日新月异。

1993 年制定的新时期军事战略方针，以"打赢现代技术特别是高技术条件下局部战争"为军事斗争准备基点。2004 年，进一步充实完善新时期军事战略方针，把军事斗争准备基点进一步调整为"打赢信息化条件下的局部战争"。

7. 军事战略方针第七次创新——新时代军事战略方针

军事战略方针是党的军事政策的集中体现。进入新时代，习近平在提出中国梦、强军梦伟大目标之后，引领全军深化军事战略研究，大力推进军事战略方针的创新发展。

党的十八大之后，习近平在充分调查研究、听取军队各方面意见的基础上，对积极防御的军事战略方针进行充实和完善，赋予积极防御战略思想新的内涵，对加强战略方向指导作出重大部署，在 2014 年制定了新形势下军事战略方针。

　　贯彻新形势下军事战略方针，首先要提高解放军高级将领的战略素质。中央军委分期分批组织全军高级干部学习贯彻新形势下军事战略方针专题集训，以新的军事战略方针统揽军队建设、改革和军事斗争准备。全军进一步完善军事战略体系，加强作战问题研究，修订完善作战方案计划，把军事战略方针在各个方向各个领域细化具体化。

　　新时代中国军事战略方针的创新，既是军事变革的重要内容，又是军事变革的战略指导。习近平在军事变革中，首抓军事战略方针的创新，又以军事战略方针的创新，指导和推进军事变革。在 2014 年提出新形势下军事战略方针之后，紧接着就在 2015 年开始了解放军历史上史无前例的军事大变革。

　　2015 年 5 月 26 日，中国政府公开发表《中国的军事战略》白皮书，以国家政府文告的形式，向世界公开宣示新时代中国的军事战略，这在新中国历史上是第一次。《中国的军事战略》白皮书，是新时代中国的军事战略宣言。该书以中文、英文、法文、俄文、德文、日文、西班牙文、阿拉伯文八种文字出版，在全球发行，在国际社会引起强烈反响。

　　《中国的军事战略》白皮书向世界宣示，中国坚持实行积极防御的军事战略方针，与时俱进加强军事战略指导，拓宽战略视野，创新战略思维，前移指导重心，整体运筹备战与止战、维权与维稳、威慑与实战、战争行动与和平时期军事力量运用，注重深远经略，塑造有利态势，综合管控危机，坚决遏制和打赢战争。白皮书的出版，标志和展现了习近平新时代中国军事战略方针的重大创新发展。

　　在中国政府 2015 年以白皮书方式公开宣示中国军事战略之后，2017 年党的十九大报告又对新时代军事战略方针进行了深刻论述，对贯彻军事战略方针提出了新的要求。报告指出：在习近平新时代，中国"强军兴军开创新局面。着眼于实现中国梦强军梦，制定新形势下军事战略方针，全力推进国防和军队现代化。"在新形势下，中国国防和军队建设，要"统筹推进传统安全领域和新型安全领域军事斗争准备，发展新型作战力量和保障力量，开展实战化军事训练，加强军事力量运用，加快军事智能化发展，提高基于网络信息体系的联合作战能力、全域作战能力，有效塑造态势、管控危机、遏制战争、打赢战争。"报告强调："国防和军队建设正站在新的历史起点上。面对国家安全环境的深刻变化，面对强国强军的时代要求，必须全面贯彻新时代党的强军思想，贯彻新形势下军事战略方针。"[①]

党的十九大报告关于新形势下中国军事战略方针的深刻论述，对新时代的中国国防、军队建设和备战工作，具有很强的针对性和指导性。深入学习党的十九大报告，全面理解和把握新形势下军事战略方针，特别要加深理解"一个运用"——加强军事力量运用；"两个能力"——联合作战能力、全域作战能力；"四条原则"：塑造态势、管控危机、遏制战争、打赢战争。

贯彻新时代军事战略方针，对中国军队建设和军事斗争准备，提出了新的战略要求。必须根据战争形态演变和国家安全形势，将军事斗争准备"基点"放在打赢信息化局部战争上；必须"重点"突出海上军事斗争准备；必须有效控制重大危机，妥善应对连锁反应，坚决捍卫国家领土主权、

---

① 习近平：《决胜全面建成小康社会 夺取新时代中国特色社会主义伟大胜利——在中国共产党第十九次全国代表大会上的报告》，人民出版社2017年版，第53页。

统一和安全；必须根据各个战略方向安全威胁和军队能力建设实际，坚持灵活机动、自主作战的原则，你打你的、我打我的，运用诸军兵种一体化作战力量，实施信息主导、精打要害、联合制胜的体系作战。

新时代军事战略方针的提出，是中国国防模式的重大转型，是军事博弈战略能力的提升。长期以来，解放军"积极防御"军事战略方针一直局限于"国土防卫型"，新时代中国国防必须面向世界、陆海一体、深远经略。新时代中国国家安全和国家利益早已突破国界，需要树立"大国防观"。中国"国防"不能局限于中国"国界"。新时代军事战略方针，必须拓宽战略视野，根据国家战略利益向海外、向全球拓展的需要，适应经济全球化潮流中"国家利益全球化""国家安全全球化"的需要，积极稳妥推进中国军事力量走出去，切实维护好中国海外利益安全。

二、新时代军事战略方针，新在哪里

2015 年以国务院白皮书形式公开发布的中国新时代军事战略方针，也称之为"新形势下军事战略方针"。这个新的军事战略方针，作为解放军 90 年历史上军事战略方针第七次创新的成果，既是对解放军军事战略智慧的继承，是对积极防御基本原则的坚持，也是着眼新时代新形势而进行的创新和发展。那么，新时代军事战略方针，它主要新在哪里？它的创新点有哪些？

1. 积极防御——新时代具有新含义

积极防御战略思想的首创者是毛泽东。积极防御战略思想是中国共产党军事战略思想的基本点，是解放军克敌制胜的法宝，是中国国防的根本指导思想，是军事力量建设与运用的总方针。

对"积极防御"含义的传统解读，主要包括三个方面：一是积极防御，在政治道义上，是"不打第一枪"的防御。就是绝不首先采取进攻行动，而是坚持"人不犯我，我不犯人；人若犯我，我必犯人"，是自卫防御、后发制人。坚持战略上防御与战役战术上进攻相统一，你打你的，我打我的，敢于和善于以弱胜强。二是积极防御，在军事博弈中，是在战略上处于防御态势，而在战役战斗中创造进攻行动。所以，积极防御是属于攻势防御。积极防御的要义在积极，这种积极主要表现在防御大态势下的进攻作战、攻势作战。三是积极防御，在最终目的上，是在前期以防御行动创造条件，最后要从战略防御转变为战略反攻、战略进攻、战略决战。所以，积极防御是为了反攻和进攻的防御。

战争，是政治的继续；战略，是政治在军事领域的根本指导原则。积极防御，彰显的是解放军军事战略的政治性质和战争指导的根本原则。在"积极防御"战略原则中，"防御"决定了解放军军事战略的"政治"性质。中国之所以坚持"积极防御"的军事战略，坚持军事战略的"防御"性质，不仅由于解放军面对军事强敌，必须采取守势，必须实行防御，更由于中国是社会主义国家，与帝国主义国家、军国主义国家、扩张主义国家、霸权主义国家，在国家性质上具有根本的不同。这就决定了中国的军事战略，不是侵略扩张战略，不是霸权进攻战略，不是先发制人战略，而是自卫防御战略、自卫反击战略、防御反攻战略，是后发制人战略。中国军事战略的防御性质，突出表现为，在任何情况下，都不会首先发动战争，都不会在战略上先开第一枪，都不会首先使用核武器，都不会对无核地区和无核国家使用核武器。

积极防御的战略方针，不仅是中国在面对强敌、迎战强敌时的战略指导原则，也是中国面对所有挑战者、侵犯者，包括在军力上与中国军力相当者，以及那些在军力上与中国根本不是一个等量级的弱于中国却公然突破底线、挑战中国国家主权、侵犯中国国家利益者，所坚持的战略原则。它是中国在军事上应对来自世界一流国家、二流国家、三流国家的军事进犯，所遵循的一贯原则。积极防御的战略原则，从根本上决定了解放军军事行动的正义性，决定了中国对外战争的自卫性，决定了解放军的军事行动，不论是应对强敌进攻还是针对弱敌侵犯，都是"师出有名"，都是"战之有理"，都是"正义之师"，始终屹立在道义制高点上，始终在政治上处于优势地位。

在"积极防御"战略原则中，如果说"防御"二字在政治上决定了战争的正义性，那么，"积极"二字又决定了解放军被迫进行的防御战争在军事作战上的主动性。战略防御，有积极防御和消极防御两种类型。中国奉行的战略防御，在军事斗争中，在战役战斗中，在战争实践中，不是消极被动的防御作战，而是积极进取的主动作战，是攻防结合、灵活机动的智慧作战。正由于解放军的积极防御不是被动适应的消极防御，而是主动进取、灵活机动的积极防御、攻势防御，就决定了解放军能够在战略防御中避免战略被动。即使在面对强敌的情况下，也能立足自主作战，在武器装备上以劣胜优，在军力对比上以弱胜强，始终立于不败之地，创造"应对强敌、能打胜仗"的军事奇迹。

积极防御战略原则本身要创新，而对积极防御战略原则的理解，也要创新。积极防御，在战略指导原则和作战指导原则上有区别。积极防御，不仅是在军事力量敌强我弱时代必须坚持的原则，也是在敌我双强、甚至我强敌弱的时代，仍然要坚持的指导原则。因为，实行"积极防御"的战略原则，不仅是由于我们长期以来与对手比较，在军事力量上处于劣势，而且是由于我们在道义上居于正义和优势地位。所以，即使是在比对手强大的时候，只要对手不来进犯和侵犯，我们也不会主动进攻他们。在这个意义上，积极防御中的"防御"，讲的是军事行动的政治性质、正义性质、战略性质，不是侵略扩张，不是殖民征服，不是霸权进攻。而"积极"，讲的是军事行动的进取精神，是战役、战术、技术运用的特征，不是消极防御。

新时代"积极防御"具有新含义，要增强军事战略指导的进取性和主动性。在战略上勇于进取、勇于担当，也是积极防御战略思想的题中应有之义。必须从时代条件出发，丰富和完善积极防御战略思想的内涵，在"积极"二字上做文章，进一步拓宽战略视野、更新战略思维。新时代创新、拓展、把握"积极防御"中关于"积极"的时代内涵和时代要求，需要探讨的课题，包括：在战略指导上要前移重心，要拓展积极防御的战略纵深；要重视经略辽阔太空、经略深海大洋、经略网络空间等新型安全领域；要积极运筹和加快中国军事力量走出去，主动、适度走向海外，走向与中国国家安全和国家利益具有重要关联的海外关键地区；构建能够全方位有效维护中国国家安全和发展利益的军事战略布局，使中国军事战略思维和军事战略布局不局限于"保疆卫土"，而是能够在管控危机、遏制战争、维护地区稳定、推进世界和平上，充分发挥战略威慑作用，发挥战略制衡作用，体现大国担当，履行大国责任，作出大国贡献。

对21世纪中国国家安全和国家利益的积极防御，这个"防御"的范围，需要突破"国家疆界"，构建海外防御布局；这个"积极"，不仅是"后发制人"的积极，而且是"超前布局"的积极。由于中国国家利益在全球化浪潮中已经拓展和遍布全世界，所以，国际和地区的局势动荡，国际恐怖主义、海盗活动、重大自然灾害、突发疾病疫情，都可能对中国国家安全、国家利益形成威胁。现在，中国海外能源资源、战略通道安全，以及海外机构、人员、资产安全等凸显。中国的国家安全不再局限于领土、领海、领空，而是国家利益拓展到哪里，军队安全保障就应该延伸到哪里。近年来，解放军和武警部队，在完成海上维权、反恐维稳、国际维和、亚丁湾护航、人道主义救援等重大任务上，在捍卫国家利益、维护地区稳定和世界和平中，发挥了作用，作出了贡献。

2. 塑造态势——新时代要有新布局

战略的最大特征，就是观长远、谋全局、重设计、塑态势。新时代军事战略方针的一个重要原则，就是"塑造态势"。

所谓"态势"，包括：世界态势、地区态势、国家态势、军事态势等。中国新时代军事战略方针要塑造的军事态势，既要充分考虑当今世界格局的大态势，更要深刻把握新时代中国发展和安全的大态势。当今世界，和平与发展仍然是时代主流，但是战争危险始终在挑战世界和平。冷战后发生的多场局部战争，给一些地区和国家带来灾难性破坏。

新时代中国在世界军事竞争舞台上，必须善于为捍卫民族复兴和维护世界和平塑造有利军事格局、军事态势。必须高度重视并且善于运用军事力量和军事手段，在改变和塑造世界军事格局、营造有利战略态势上，有大设计、大突破。要在动摇和打破强权国家长期形成的军事霸权、塑造有利于捍卫国家安全和维护地区与世界和平的新型军事格局与战略态势上有所作为，能够把握军事竞争、军事博弈、军事斗争的战略主动权。

第一，"塑造态势"与"总体国家安全观"。

党的十八大以来，习近平提出新时代中国"总体国家安全观"。总体国家安全观是一个国家的总体安全战略。军事战略是直接为国家安全战略服务的，军事战略也是直接由国家安全战略决定的。新时代总体国家安全观，对新时代国家军事战略方针提出新要求。"塑造态势"就是国家安全观对于军事战略方针提出的新要求。也只有从国家安全的发展演变过程中，从国家安全态势的时代特征中，才能更好理解"塑造态势"的含义和要求。

自从 1840 年鸦片战争以来，中国的国家安全"态势"有四个阶段、四种形态。每个阶段、每种形态面临的安全风险不同，提出的时代要求也不同。

第一阶段，在新中国成立以前，中国的安全风险主要是民族"生存问题"，中华民族要救亡图存。

第二阶段，在新中国成立后到改革开放前，国家安全风险主要是"和平问题"，是获得独立的新生社会主义共和国能否不被侵略，能否争取长时间和平环境进行建设和发展，是保卫祖国、防御侵略的传统安全问题。

第三阶段，是改革开放以后，在经济全球化大潮中，在经济建设为中心大背景下，国家安全突出表现为经济安全、发展安全。

第四阶段，是在中国经济总量成为世界第二，中国进入世界政治舞台中心，特别是中国进入新时代，提出实现中华民族伟大复兴的中国梦以后。美国把全球战略重点转移到印太地区，把中国作为主要战略竞争对手，对中国进行军事包围和全方位遏制。中国安全面临的挑战升级，安全问题的全面性、综合性、复杂性增大。在这个阶段，传统的安全战略、安全态势已经不能有效应对全面的安全威胁，不能有力应对新的安全挑战，必须创新国家安全大战略，必须塑造中国安全新态势。

习近平提出的总体国家安全观，就是新时代中国的国家安全战略。他强调要坚持总体国家安全观，走出一条中国特色安全道路。习近平总体国家安全战略，是新中国安全战略与时俱进的一次重大创新，这种创新突出表现在四个方面。

一是国家安全领导体制的创新——通过成立"国家安全委员会"，适应了中国国家安全面临的新形势新任务，在最高层建立起集中统一、高效权威的国家安全领导体制，从战略顶端加强了对国家安全工作的领导和指导。

二是国家安全内涵的拓展——突破"传统安全观"的局限，把过去的"传统安全"和新时代条件下的"非传统安全"结合起来，实现总体安全。传统意义上的国家安全，主要是指国家主权和领土完整，主要是军事意义上的国家安全。当今时代，国家安全绝不仅是军事安全，而是涉及政治、经济、文化、军事、生态等领域的全面安全、整体安全。

三是国家安全战略体系的构建——坚持"总体国家安全观"，以人民安全为宗旨，以政治安全为根本，以经济安全为基础，以军事、文化、社会安全为保障，以促进国际安全为依托，走出一条中国特色国家安全道路。这是一个新型的完整的中国国家安全大战略。

四是国家安全道路特色的突出——中国特色国家安全道路，其特色既表现在国内安全战略的人民性上，更表现在追求地区安全和全球安全的国际性上。习近平提出总体国家安全观，这个总体，是由中国国内安全的总体、亚洲地区安全的总体、世界安全的总体这样三个层次、三个部分组成的一个安全体系，这三者密切联系、相互依托、彼此促进。

中国总体国家安全观，对新时代军事战略方针提出了深远布局、塑造态势的战略要求。那么，新时代中国要"塑造"的战略"态势"，是一种什么样的态势？这主要表现在三个层次上：

一是在国家内部安全上要塑造态势，做到长治久安；

二是在国家外部安全上，特别是在周边关系上，要塑造态势，防止在中国家门口生变、生乱、生战。中国周边地区不同社会制度"多制并存"，海陆领土争议"多点连线"，域外大国和域内诸国"多方博弈"，情况之复杂、矛盾之深刻、解决之艰难，在当今世界大国中是最突出的。一旦引爆任何一个"地雷"，都会产生"震惊世界"的"核爆"效应，会把一群国家拖进旋涡，把一个世界最有活力也最敏感的地区搅动起来。中国在全球倡导新型安全观，坚持共同安全、综合安全、合作安全、可持续安全。中国也积极经略与世界大国、与周边国家、与世界广大发展中国家之间的军事合作关系，积极倡议和大力推动建立地区安全与合作架构。建立健全突发事态情况通报制度，构建军事危机预防、危机冲突管控机制等。不仅有效维护了中国周边长期稳定和平的发展态势，也为有力抵制那些妄图在中国周边制造动乱和战乱的域内域外势力，积累了战略能力，形成了积极态势。

三是在当今世界一些对中国国家利益安全和整个世界和平发展具有战略影响的关键地区，包括一些热点难点地区，主动塑造态势，使中国能够在全球和平与发展的大局中，在全球军事态势这个大的军事棋盘上，拥有地位和影响力，始终把握主动权。中国积极参与国际维和行动，积极参加国际反恐怖、国际人道主义救援等行动，为中国安全塑造态势也为世界和平作出贡献。

第二，塑造战略态势与创新战略思维。

塑造态势，要求创新军事战略思维，着眼新时代国家战略利益的立体性拓展，着眼打赢信息化联合作战的要求，打破过去长期形成的立足家国、守疆保土、在境内打仗歼敌的思维观念。拓展积极防御的战略空间和战略领域，拓展国家军事布局和作战行动的领域和空间。能够从国家战略利益的新边疆、高边疆、远边疆，有力有效维护国家总体安全与长远发展。在深远军事战略布局上塑造态势，要突出"四个经略"：经略海洋；经略周边；经略太空；经络网络等新型安全领域，努力拓展战略纵深，不断前伸和扩大战略回旋空间，增强中国在维护地区稳定和世界和平中的发言权和影响力。

塑造态势，一个不可回避、刻不容缓的战略问题，就是加快构建和形成能够有效维护中国海外利益的军事力量布势。中国国家利益的不断拓展，决定了军队使命任务的不断拓展。中国军事战略布局在塑造态势上，在搞好国家各个战略方向军事布局的基础上，必须统筹规划，不断强化中国在海外的军事布局和军力布势。要着眼有效维护中国海外利益，维护海上通道安全，着眼保障中国海外资产安全，着眼中国能源资源供给稳定，在海外布局和建设一些必要的战略支点，使解放军具有在海外进行应急救援、武装护卫、反恐处突、抢险救灾等军事行动能力。塑造态势，必须加快推动中国军事力量积极稳妥走出去。中国军事力量走出国门、走向海外、走向世界，要求解放军不断提高和增强在更广阔地域和空间遂行多样化军事任务的能力。

塑造态势，要求中国的军事战略布局，必须着眼于捍卫国家安全、着眼于保持地区稳定、着眼于维护世界和平，进行整体设计，主动谋势造势。必须长远布局和经略，增强立体性、外向性，努力推进世界军事格局的平衡性。尤其要突破国土防御、国土布局的局限性，着眼战略通道和海外能源资源安全，以及中国在海外机构、人员和资产安全，推动中国军事力量走出去，构建新型战略防御布局，形成新型战略防御态势。特别要看到，市场世界化、经济全球化，其直接结果，就是"国家利益全球化""国家安全全球化"，也必然要求"国防视野全球化"，必然要求"军事布局全球化"。这就要求适应国家利益海外拓展的需要，对积极防御的战略纵深进行拓展，在军事战略布局上增强外向性、立体性、平衡性。国家利益边界与国家领土疆界，是两个不同的概念，要改变国土防御型、近海防御型军事战略布局，加强军事力量海外布局、海外布势。改变过去长期奉行的"不向海外派出一兵一卒""不在海外建立一个军事基地"的观念。中国拓展战略防御纵深、加强海外军事布局，与美国在全球到处建立军事基地、控制陆海关键地区和战略通道，具有本质不同。中国军事战略的外向性仍然属于"维安"——维护国家利益安全、"维和"——维护地区和世界和平的保卫性、防御性布局，与美国全球军事布局的"霸权性""进攻性""侵略性"，具有根本性质的不同。

第三，"塑造态势"与"战略方向"。

在"战略方针"与"战略方向"的关系上，战略方针要贯彻落实到各个战略方向，战略方针要具体化为"方向战略"。

贯彻落实新时代军事战略方针，需要加紧研究制定战区战略。这次军事大改革，把军区调整划设为战区，让战区一门心思谋打仗，提高联合作战指挥能力。战区要着眼国家安全战略全局，围绕担负的作战任务，加紧研究制定战区战略，牵引军事斗争准备。

"战略方针"与"战略方向"之间密切的战略关联，决定了塑造态势必须紧紧扭住关联国家核心利益的重要战略方向，在军事战略全局上进行统筹规划，在军事实践具体运作上进行分区建设，在军事斗争过程中相互策应、一体联动。21 世纪，根据世界霸权国家针对中国进行全面围堵遏制的军事战略布局，根据中国地缘战略特点，根据面临的主要安全威胁，根据国家战略利益拓展的需要，根据民族复兴大业所需要的战略环境，有多个重要战略方向，必须牢牢把握战略主动权。这几个战略方向，在军事布局上是"必保"的，在军事斗争上是"必备"的，在战场对决中是"必胜的"。2012 年以来，全军部队广泛开展各战略方向使命课题针对性训练和各军兵种演训，师旅规模以上联合实兵演习 80 余场。结合各战略方向使命任务，组织"东部""南部""西部""北部""中部"系列联合实兵演习，努力提高联合作战能力。

总之，各个重要战略方向，面对的安全挑战不同，面临的安全威胁不同，担负的战略任务不同，所处的具体地缘战略环境不同，军事斗争的战略目标、战略指导不同。各个方向具有相对独立性，又具有高度关联性。中国军事战略布局，首先是重大战略方向的布局。塑造态势，必须塑造好这些重要战略方向的态势。解放军在作战的战略指导上，既要有整个国家的安全战略，又要有各个战略方向的"方向战略"。而且各个方向要有自己的"方向战略家""方向指挥家"。在各个方向的部队编制体制、战时力量编成上，也都要具有"方向性特色"。

塑造态势，调整优化军事战略布局，必须根据我国地缘战略环境，面临安全威胁和军队战略任务，构建全局统筹、分区负责、相互策应、互为一体的战略部署和军事布势，形成积极进取、主动作为、深远经略的军事战略布局。加强战略谋划，搞好战略预置，深化国际军事安全合作，积极稳慎推进军事力量走出去。

3. 管控危机——新时代要有新作为

当今时代，世界大战一时打不起来，总体和平局面可望长期保持。但是由于百年未有之国际大变局的出现，由于大国之间综合国力与军事竞争加剧，导致危机频发、冲突和局部战争不断。如何有效"管控危机"，成为有效进行全球治理、有力维护世界和平、成功确保国家安全的一种战略要求和战略能力。

有效管控危机，是战略魄力、战略能力、战略艺术的统一。

面对危机，要努力抢占先机，在危机博弈中把握主动、防止被动。只有在危机中把握主动权，才能在管控危机中具有发言权、先导权、主导权。

应对危机，要避免在不利的时机采取决定性行动，造成被动。要坚持维权、维稳、维和的统一，既要坚决果敢地维护国家主权、坚守利益底线，勇于博弈、敢于斗争，又要审时度势，讲究斗争艺术，做到长袖善舞、纵横捭阖，能够有效维护稳定、维护和平，继续深远经略，等待和创造机遇。有的国家在中国周边到处插手离间，处处挖井埋雷，时时煽风点火。在这种情况下，我们要善于把控局面，努力避免多点升温，防止多方联动、群体起哄。

管控危机，要善于化危为机。通过坚定不移的决心和勇于出拳、敢于亮剑的力量展示，通过智慧博弈和较量，化解和慑止危机。并且善于通过化解危机、利用危机，改变已有态势，营造和塑造对自己更加有利的战略新态势。这就需要坚决、适时、灵活、高效地展示和运用军事力量，善于综合发挥军事、政治、经济、外交等手段的协调配合作用。不仅有能力化解危机，排除危局，而且有智慧设计未来，能够营造和塑造"危机后"的新局面，把坏事变好事，把危局变新局。

4. 遏制战争——新时代要有新境界

遏制战争的能力，说到底，就是一种"不战而屈人之兵"的能力。这是一种突破对手心理防线、击溃对手胜利信念、摧毁对手战争意志的战略艺术。就是通过有力的战略布局，通过展示己方所具有的强大力量和使用力量的坚定决心，让对方在战前就看到结局，看到战争的巨大危险和代价，从而"知难而退""知败而弃"，达到有力威慑制衡对手、有效遏制战争的目的。

遏制战争，不是靠说大话吓唬人，不能玩诸葛亮的"空城计"；而是以强大军事力量为后盾，以勇于亮剑、敢于使用军事手段的魄力为前提，以善于用兵、在战争智慧和作战谋略上高敌一筹的用兵作战能力为关键。

在遏制战争问题上，毛泽东的战略智慧是世界军事历史上的传奇。毛泽东军事思想的精彩，既表现在如何"建设人民军队"，把一支农民武装变成一支新型人民军队；又表现在如何"赢得人民战争"，在几十年军事斗争中，统率解放军创造了以劣胜优、以弱胜强的战争传奇；更表现在他善于管控危机、利用危机、有力遏制战争上。

毛泽东总是以坚决"备战"来遏制战争，以坚决打好"小战"来遏制"中战"和"大战"的爆发。毛泽东以"深挖洞、广积粮、不称霸"的全民备战，坚决遏制苏联进攻中国的全面战争。以时刻准备早打、准备大打、准备打核战争，来遏制霸权国家对中国早打、大打、打核战争的图谋。有人说，毛泽东时代在没有世界大战的情况下，却在时刻准备打世界大战，耗费了太多的国家资源，是巨大的浪费。其实，毛泽东对世界大战的积极准备，恰恰是制衡、遏制、预防世界大战的最关键最有利因素。如果没有这种准备和投入，没有这种付出和代价，那么，中国就难免遭受霸权主义全面大规模军事进攻，其代价和损失，就不是发展"两弹、一星、一艇（核潜艇）"多花的那点钱和"深挖洞、广积粮"长期备战所付出的那些代价。

贯彻军事战略方针中关于"遏制战争"的战略原则，既要着眼于战时"赢得战争"，也要着眼于平时"赢得竞争"。要站在世界军事革命的潮头，努力抢占军事竞争的战略制高点，夺取世界军事竞争的战略主动权。

5.打赢战争——新时代要有新能力

全面贯彻军事战略方针，最根本、最要害、最核心的问题，是立足"打赢战争"，保证最终"能打仗、打胜仗"。在新时代军事战略方针中，不论是积极防御，还是塑造态势、管控危机、遏制战争，都是以"打赢战争"为基石的。当国家核心利益受到侵犯，当中国的和平底线被突破，当使用任何方法和手段都不足以解决问题而只有"战场见分晓""一战决雌雄"的时候，中国将被迫使用武力，坚决赢得胜利。

当然，在战争运作的实践过程中，中国使用武力的时机，不是完全局限于"在不得已时"。不是被对手逼迫到墙角的"绝地反击",不是"忍无可忍、退无可退"的最被动时刻才出手还击,而是选择最佳有利时机,主动出击。在"后发制人"过程中,"后发"必须力争主动,"后发"必须抢占"先机","后发"必须抓住"战机","后发"必须主动"出击","后发"必须避免被动。让对手先发制人的小甜头,在我们后发制敌的大棋盘上,变成他们难以承受的"大败局"。这就是积极防御战略方针的威力、神奇和魅力。

打赢战争,要求有备而战。必须对各个方向、各个战场、各个领域、各种情况、各种方案、各种作战行动、各个作战阶段的军事斗争,从坚定作战决心、确定作战目标、控制规模强度、把握舆论导向等方面,进行全盘筹划,长远布局,体系推进。战备工作的立足点不能放在"不战而屈人之兵"上,一定要放在"战,就能赢得胜利"上。在军事斗争的战略战役指导上,必须着眼于应对最困难、最复杂、最艰巨的情况。必须做好迅速应对敌人突然袭击的准备,做好有效应对危局、困局、僵局的准备。做好多个方向、多个战场、多个领域连锁反应、烽烟四起的准备。做好有力应对战争升级和扩大的准备。确保在各种情况下都能力避被动、把握主动,立于不败之地,能够赢得最终胜利。

打赢战争,重点是在海上。海上方向,是中国国家利益拓展的主要方向。中国捍卫国家主权、维护国家统一、抗衡霸权遏制、实现民族复兴的主战场,是在海洋。中国要进行的分裂与反分裂、遏制与反遏制、侵权与反侵权等多种尖锐复杂的矛盾和斗争,主要是在海上。解放军在海上方向进行的军事斗争,面对的主要作战对手是高度信息化的大国军队。不仅将在陆、海、空、天、电、网六维战场立体展开,而且面临在中国周边多个战略方向连锁反应、多点联动的复杂局面。这就要求解放军必须把"打赢战争"的基点，放在打赢来自海上方向的信息化战争上。把握海上方向军事斗争的主动权，具有在海洋方向打赢战争的能力，就更有把握和能力有效应对和管控其他方向的危机与冲突。

打赢战争，必须创新作战思想。信息化时代的军队与机械化时代的军队比较，是新型军队；信息化战争不同于机械化战争，是新型战争；现代战场是新型战场，现代作战思想必须创新。21 世纪中国特色新型作战思想，既要继承和发扬我军传统作战思想的战略精髓，又要适应时代要求，创新发展。

打赢战争，在基本作战思想上，坚持以下四点特别重要。

一是"自主作战"——中国奉行独立自主的外交政策，中国坚持结伴不结盟，不参加任何军事集团。这就决定了中国应对外敌的一切作战，立足点是坚持独立作战、自主作战。

二是"灵活作战"——中国共产党的军事传统和常胜法宝，就是"灵活机动的战略战术"，用当今流行说法就是"非对称作战"。这种灵活机动作战，竭力避免被对手牵引，防止在高技术领域与强敌打硬碰硬的堂堂之阵。而是你打你的，我打我的，扬自己之所长，击对手之所短。用好自己的"撒手锏"，瞄着敌人的要害部位和薄弱环节打，瞄着敌人的死穴打，在击点、断链、毁网作战上取得突破。

三是"信息作战"——在信息化时代，军队现代化的关键是军队信息化，战争现代化的核心是战争信息化。"信息战"是现代战争中一种新类型。"信息优势"是一支军队的核心优势。"信息保障"是贯穿战争全过程和战场全领域的核心保障要素。没有"制信息权"，就没有战场主动权。要坚持信息主导的原则，把"制信息权"置于夺取军事斗争主动权的核心地位，作为夺取战场综合控制权的中心环节。始终把信息资源作为克敌制胜的主导性资源、决定性资源。把信息系统作为军队整个作战体系的基础和支柱。把信息力作为整个军队战斗力的核心，高度重视和善于发挥信息化武器装备的决定性作用。把"信息战"贯穿整个作战全部过程和各个领域，在战场作战各个环节和时机，都能高效组织信息行动，善于发动信息攻势，及时掌控战场信息态势，创造信息优势。善于把信息优势及时转化为决策优势和军事行动优势。

四是"联合作战"——打赢战争，既靠解放军诸军兵种联合作战，也靠军地联合行动，靠军民联合作战。新时代中国打赢每一场正义战争，仍然离不开人民战争这个法宝。举国高涨的爱国激情，科技动员的巨大潜力，民兵和人民群众在维权、反恐、信息作战、救援防护等方面的力量和优势，是赢得胜利的坚实基础。要充分发挥举国体制的优势，努力构建诸军兵种联合、军警民一体作战体系。在陆军、海军、空军、火箭军"四军联合"作战的基础上，坚持"军民配合"作战。平时坚持"人民国防"原则，依靠深度军民融合建设强大国防。战时坚持"人民战争"原则，军民一体打赢战争。这样一种人民国防、人民战争、平战结合、军民融合的建设体制和作战体制，将使中国能够在迎战任何强敌的过程中，立于不败之地，赢得最后胜利。

三、贯彻新时代军事战略方针，要确立新时代军事战略思维

军事战略方针，是军事战略思维的结晶。军事战略方针，体现的是

一个国家、一个民族、一个政党的军事战略视野和军事战略智慧。创造新时代军事战略方针，需要创新新时代军事战略思维；而贯彻新时代军事战略方针，也必须更新战略观念，确立新的战略思维。这样，才能适应军事战略方针的时代要求，把握强军、备战、打仗的战略主动权。

1. 战略决定成败——军事战略方针与解放军三个伟大时代

军事战略方针，攸关国家和军队的命运前途。解放军军事战略方针，在三个历史时代，发挥了重大战略作用。

第一个历史时代——我们的军事战略方针在新中国成立前保证了"革命战争"的胜利。从1927年解放军建军，到1949年新中国成立，这22年革命战争期间的军事战略方针，科学指导了三大战争的胜利。这就是10年土地革命战争、14年抗日战争、3年解放战争，这三大战争，都是以红色革命根据地为依托的战略防御战争。

第二个历史时代——我们的军事战略方针在新中国成立后保证了"卫国战争"的胜利。从1949年新中国成立，到2012年党的十八大，这60多年中曾经发生的战争，是捍卫国家独立安全、维护国家领土主权的"卫国战争"。主要是四大战争：一是抗美援朝战争；二是中印边界自卫反击作战；三是中苏边界自卫反击作战；四是对越自卫还击作战。

第三个历史时代——新时代军事战略方针，将保证"强军梦"的实现，为中华民族伟大复兴提供坚强的军事战略保障。从2012年党的十八大之后，习近平统率解放军，创新发展军事战略方针，指导建设世界一流军队。解放军开始在世界布局、在全球捍卫国家利益。习近平新时代军事战略方针，本质是积极防御，关键是深远布局，重点是海上军事斗争，目的是控制危机、威慑对手、制衡强敌、遏制战争、打赢战争。

解放军 90 年的军事传奇，其军事战略指导的奥妙，其军事战略方针的核心，就是四个字——积极防御。

《中国的军事战略》白皮书指出：积极防御战略思想是中国共产党军事战略思想的基本点。在长期革命战争实践中，人民军队形成了一整套积极防御战略思想，坚持战略上防御与战役战斗上进攻的统一，坚持防御、自卫、后发制人的原则，坚持"人不犯我，我不犯人；人若犯我，我必犯人"。

积极防御战略方针的基本含义，有三点：

一是防御原则，不打第一枪。"人不犯我，我不犯人"的防御原则，是通过防御、抗击、自卫，立于不败，为后来的反攻，创造条件、赢得主动。

二是反击原则，要打第二枪。"人若犯我，我必犯人"的反击原则，是一个面对敌方袭击、面对霸权侵略、面对强权进攻，绝不妥协、绝不低头、绝不退步的坚决彻底反击的战略原则。

三是反攻原则，要后发制人。反攻高于反击。反攻的含义，包括：在总体的战略防御中，是战略防御与战役、战斗进攻结合，是坚守性防御与进攻性防御结合；在整个军事斗争过程中，要把前期的战略防御转变为后期的战略进攻。

解放军军事战略方针的基点是积极防御，而积极防御在不同历史阶段，具有不同的时代形态、不同的内容含义。积极防御战略方针 90 多年历程、七个发展阶段、七次创新，体现了人民军队军事战略方针的与时俱进，是一部很好的战略教科书。贯彻新时代军事战略方针，要从解放军军事战略方针的发展历史中，加深认识马克思主义军事辩证法，提高军事战略思维能力，增强贯彻新时代军事战略方针的自觉性。

2. 以战统建——新时代军事战略方针的核心是"战"

军事战略，在本质上是"战"之方略。打什么仗、怎么打仗，是军事战略要回答的核心问题。贯彻新时代军事战略方针，必须以战领建、以战统建。"战"是立足点，是根本点，是关键点，是核心点。

天下虽安，忘战必危。这是几千年中国的经典古训。

天下不安，忘战更危。这是 21 世纪必须面对的严酷现实。

把中国视为第一号战略竞争对手的国家——美国，其国内精英尤其是军队高级将领中，"与中国开战"的思潮泛滥发酵。世界最强大国家美国，长期以来在中国周边排兵布阵、磨刀霍霍，美国正在设计和布局一场"即将到来的对华战争"。

军事战略方针，核心是"战"。"战"的主要对手，是世界强敌。军事战略方针就是在军事上应对强敌、制衡强敌、战胜强敌的指导方针。

中国新时代军事战略方针立足于"战"。这个"战"，不是好战，而是反战、防战、备战、遏战、止战，最后万不得已，才是"实战"。

和平不是喊出来的，而是打出来的。国内革命战争，是"枪杆子里面出政权"。国际战略竞争，是"枪杆子里面出主权"。新中国成立，是解放军通过 22 年革命战争打出来的。新中国在世界的大国地位，是多次反侵略战争"战斗"出来的。14 年抗日战争的胜利，为二战后中国大国地位奠基；三年抗美援朝战争胜利，使新中国世界影响力空前提升；两弹、一星、一艇（核潜艇）上天、下海，是中国核时代国家安全的支撑。

不战而屈人之兵，是军事博弈的最高境界，是军事斗争的理想状态。

但是"不战而屈人之兵",是以一旦"实战就能屈人之兵"为前提的。一支不能在战场上打胜仗的军队,在现代大国军事竞争、军事斗争中,不可能依靠"空城计",重演"诸葛亮智退司马懿"的奇剧。

战略方针的核心是"战",战的顶端和底线是"核战"。解放军"能打胜仗",防止和应对霸权国家发动的核战争,是战略方针必须回答和解决的问题。新时代中国的"核战观",在中国政府 2015 年 5 月 26 日公开发表的白皮书《中国的军事战略》中,讲得很清楚。白皮书指出:"核力量是维护国家主权和安全的战略基石。中国始终奉行不首先使用核武的政策,坚持自卫防御的核战略,无条件不对无核武器国家和无核武器地区使用或威胁使用核武器,不与任何国家进行核军备竞赛,核力量始终维持在维护国家安全需要的最低水平。建设完善核力量体系,提高战略预警、指挥控制、导弹突防、快速反应和生存防护能力,慑止他国对中国使用或威胁使用核武器。"① 中国主张最终全面禁止和彻底销毁核武器。中国火箭军按照精干有效、核常兼备的战略要求,加快推进信息化转型,完善核常兼备的力量体系,提高战略威慑与核反击和中远程精确打击能力。平时保持适度戒备状态,按照平战结合、常备不懈、随时能战的原则,构建要素集成、功能完备、灵敏高效的作战值班体系。核力量是基石、不先用、要反击、随时能战,这些都是中国核战略的闪光点。

习近平把新时代中国军事战略方针立了起来,也就把备战打仗的指挥棒,立了起来;把抓备战打仗的责任担当,立了起来。

---

① 《中国的军事战略(全文)》,中华人民共和国国防部网站 2015 年 5 月 26 日,转自新华社。

3. 海洋强国——新时代军事战略方针的重点是"海"

贯彻新时代军事战略方针，重点要突出一个"海"字。海上方向作为军事斗争战略重心，要在战略全局中突出出来。

面向世界全面开放的中国，其国家利益遍布全球。40年来，中国经济总量急剧增长，而比中国经济总量增长更快的，是对外贸易的增长。中国在1978年进出口贸易只占经济总量5%~6%。那时的海洋港口、海洋通道，与中国的国家利益关系不大。现在中国进出口总量已占经济总量的60%。60%的石油依赖进口，70%~80%的铁矿石依赖进口，65%~68%的轻工机电产品进口，形成了全新的进出口贸易。保护日益扩大的海外经济空间，保护海洋通道安全、海外资产安全、海外资源市场产品安全、海外侨民劳工安全、外层空间安全，保护我们的海洋权益，成为根本的国家利益、核心的国家利益。

海洋战略通道，是联结中国与世界的纽带，也是扼控中国走向世界的咽喉。通向广阔世界的一条条航道，成为中国走向世界的通道，是决定中国发展的"生命线"。

除了国家重大经济利益，中国周边地区的热点难点问题，绝大多数都离不开一个"海"字。例如台海问题、南海问题、东海问题。美国遏制包围、封堵中国的重点，也是在海上。

中国古代名言"得中原者得天下"。当今国际舞台，"得海洋者得世界"，"得海洋者得未来"。中国不称霸海洋，但是中国也不能继续被海洋霸权遏制。

新时代中国捍卫国家利益的难点在"海外"，军事斗争的重点在"海上"。新时代中国军事战略方针的基点，是应对来自海洋方向的军事威胁，打赢主要来自海上方向的信息化战争。

习近平新时代，是中国加快建设海洋强国的时代，是中国加速建设世界一流强大海军的时代。由于中国国家利益不断向全球拓展，国家利益的海外比例越来越高，已经形成了重大海外利益格局，迫切要求建立健全全球性安全保障体系。中国新型国家利益的战略需求，从根本上决定了中国新时代的军事战略，必须拓展积极防御的战略纵深，必须前推战略前沿，必须深远经略新型领域，必须使军事力量有新的结构，必须对军事大棋盘有新的布局。中国军事力量在新时代必须突破"陆地布局""疆域国防"的局限，增强"海洋布局""海外布局"的主动性。

党的十八大以来，习近平领导的军事大变革，是实现两个重塑：一是重塑中国军队结构，改变解放军长期以来"陆战型""国土防御型"军队的传统结构；二是重塑中国军事布局，大力推进解放军由陆地向海洋、由平面向立体、由传统领域向新型领域的发展和拓展。习近平放眼长远，投棋布子，排兵布阵，突破了长期以来军力布势的局限性，增强了中国在战略全局上的立体性、外向性、平衡性、主动性。

创新积极防御战略思维，贯彻新时代军事战略方针，必须深刻理解习近平关于建设海洋强国、建设世界一流海军的思想。新时代解放军积极防御的主要方向，是"海洋方向"；军事斗争的重点，是在"海上"；捍卫国家利益的难点，是在"海外"；塑造态势的关键，是"海权态势"；管控危机的难点，是"海上危机"；遏制战争、打赢战争的基本能力，是"海战能力"。

4.四大领域——从"方向战略"到"领域战略"

新时代中国在军事战略的创新上，不仅制定军队发展战略和军兵种、武警部队发展战略，而且在重要战略方向、重要战略领域，形成战略规划和计划体系。

"战略方针"与"战略领域"关联密切。新时代战略方针，不仅要进入各个战略方向，形成新的"方向战略"，而且要进入各个战略领域，具体化为新的"领域战略"。要在各个战略领域，塑造有利战略态势。

有四个重大安全领域，是大国战略竞争的四大"角力场"，是四个"大（大洋）、高（太空）、诡（网络）、险（核武）"的战场。

第一个战略领域是"海洋"。

要塑造对中国有利的海洋战略态势。走向世界必须走向海洋。中国既是陆权大国也是海权大国，实现中国梦，必须依靠陆权海权"双权"支撑。中国未来的海洋布局和海洋态势，对中国长治久安、可持续发展，对中国在世界格局中的战略地位，具有极大影响。中国军事力量在新时代塑造态势，必须突破"陆地布局"的局限性，增强"海洋布局""海外布局"的主动性。

重陆轻海的传统思维必须突破，维护海权、经略海洋的态势必须塑造。中国的海上军事布局和海上力量体系，必须与国家利益的拓展相适应，必须满足有效维护国家主权和海洋权益的战略需求，能够有力维护海上战略通道和国家海外利益安全，就是要为建设海洋强国奠基立柱、布局造势。

第二个战略领域是太空。

随着人类开发太空能力不断增强，太空已成为国际战略竞争的制高点。太空军事化趋势越来越突出，来自太空的威胁与挑战与日俱增。太空事业、太空利益、太空安全，越来越成为国家安全的一个重要领域。掌握太空态势、加紧太空布势、创造太空优势，成为大国战略的重要目标。中国在太空塑造态势的任务艰巨而紧迫。

第三个战略领域是网络。

哲学研究的根本问题，就是两个世界的关系，这两个世界，就是"主观意识世界"与"客观物质世界"。由于互联网技术的发展，由于网络空间的形成，在主观世界、客观世界之外，出现了第三个新世界——网络世界。

网络世界已经成为信息化时代经济社会高效运转、稳定发展的新支柱。网络空间已经成为信息化时代新战场。网络安全已经成为国家安全新领域。网络防御和网络进攻能力已经成为国防和军队的一种"锐实力"。当今世界大国，如果不能构筑起网络安全的"万里长城"，就会在遭受网络突袭的瞬间，陷于国家瘫痪、社会混乱、不战而败的噩梦。

中国必须在网络世界摆兵布阵，必须在网络空间塑造态势，必须建设和具有强大的网防、网攻、网安能力，牢牢把握世界网络斗争与国际网络合作的主动权。

第四个战略领域是核武。

自从美国第一个拥有、又第一个使用核武器以来，核武器就成为悬挂在整个人类头上的"达摩克利斯之剑"。核武器彻底颠覆了人类战争的规则。以往的战争目标是赢得胜利，而核大战作为消灭人类、毁灭地球的战争，其战争结局是同归于尽。最先拥有核力量和一直拥有最强大核力量，这是支撑美国世界霸权地位的基石，是美国在世界各地发动战争、进行大国竞争的优势和资本，也是美国长期围堵遏制中国的最终依托、强大后盾。

拥有令对手忌惮和害怕的核力量，是中国维护国家主权安全和发展利益的战略基石。新中国经过70年艰苦努力，初步建立起核力量体系，并且不断增强战略预警、导弹突防、指挥控制、快速反应、防护生存能力。这对维护世界战略格局平衡，慑止有关国家企图对中国使用或威胁使用核武器，对于管控危机、遏制战争和冲突升级，都发挥了无声而有力的震慑作用。

在新时代中国军事大变革中，中国"第二炮兵"更名为"火箭军"，中国核力量由解放军的一个"兵种"，提升为一个"军种"。这既是中国加强核力量建设的重大战略举措，也是中国核力量建设迈上新台阶、进入新阶段的重要标志。火箭军是中国战略威慑的核心力量，是中国大国地位的战略支撑，是维护国家安全的重要基石。中国火箭军要按照核常兼备、全域慑战的战略要求，增强可信可靠的核威慑和核反击能力，加强中远程精确打击力量建设，增强战略制衡能力，加快打造世界一流战略军种，努力建设一支强大的现代化火箭军。

第九章

世界一流军队必须走向世界

新中国成立后，30多年中没有在海外驻军的纪录。1971年中国恢复了在联合国的合法席位，中华人民共和国作为联合国五大常任理事国之一的国际地位得到确认，中国所奉行的原则，依然是"在海外没有一兵一卒"。

从1981年第36届联合国大会开始，中国改变态度，迈开了军事力量走向海外的步伐。在此后30多年中，在世界一些地方，在联合国组织的一些重要国际行动中，人们越来越多地看到解放军官兵的身影。进入习近平新时代，随着"一带一路"战略的开启，随着"构建人类命运共同体"世界梦的提出，随着新形势下军事战略方针的贯彻，解放军面向世界的战略视野更为广阔，中国军事力量跨出国门的脚步更加坚实，中国军事力量海外体系的战略布局更加深远，解放军维护世界和平与发展的贡献更加突出。

一、新时代中国安全与世界和平，需要解放军"走出去"

21世纪的解放军，为什么一定要走向世界？为什么要深远经略和布局中国特色海外军事力量体系？

1. 祝福中国！祝福世界！习近平论"两个维护"

"祝福中国！祝福世界！"——这是中国国家主席习近平 2018 年 12 月 31 日发表的 2019 年新年贺词中，对中国、对世界发出的祝福。习近平在贺词中指出："放眼全球，我们正面临百年未有之大变局。无论国际风云如何变幻，中国维护国家主权和安全的信心和决心不会变，中国维护世界和平、促进共同发展的诚意和善意不会变。我们将积极推动共建'一带一路'，继续推动构建人类命运共同体，为建设一个更加繁荣美好的世界而不懈努力。"①

2019 年 2 月 3 日，习近平在春节团拜会讲话又明确指出："全党全军全国各族人民要在中国共产党坚强领导下，同心同德，开拓进取，用辛勤劳动创造中国人民的美好生活、创造中华民族的美好未来，继续同世界各国人民一道构建人类命运共同体！"②

习近平的祝词和讲话，宣示了中华民族在新时代兴国强军的两大宗旨，这就是：两个维护、两个推动、两个创造。

两个维护，就是坚决维护国家主权和安全，坚决维护世界和平与发展。

两个推动，就是积极推动共建"一带一路"，继续推动构建人类命运共同体。

两个创造，就是在国内创造中国人民的美好生活和中华民族的美好未来，在世界创造人类命运共同体的美好未来。

新时代中国两个维护、两个推动、两个创造的使命和担当，从根本

---

① 《国家主席习近平发表二〇一九年新年贺词》，新华网 2018 年 12 月 31 日。
② 《习近平：在 2019 年春节团拜会上的讲话》（2019 年 2 月 3 日），《人民日报》2014 年 2 月 4 日。

上决定了新时代中国军队的新型使命，就是既要为保卫国家主权和安全尽责任，又要为世界和平与发展做贡献。解放军必须拓展面向世界的战略视野，必须迈开"走出去"的战略步伐。

对于解放军"走出去"特别是在海外建立军事基地，一直是国际社会一个热点话题，是"中国威胁论"的一个内容。观察这个问题，要从21世纪解放军的"时代使命"去看，从新时代中国的"奋斗目标"去看，从人类世界未来"发展大势"去看，从中国梦、强军梦、世界梦的战略关联去看。

习近平提出中国梦，就是要实现中华民族伟大复兴，让中国在未来30年，成功实现从站起来、富起来到强起来的伟大飞跃，让中国成为世界冠军国家、模范国家。习近平提出强军梦，就是要在新时代建设一支听党指挥、能打胜仗、作风优良的人民军队，把解放军建设成世界一流军队，成为这个星球上最强大、最文明的军队。习近平提出"世界梦"，就是他在党的十九大报告中宣示的"各国人民同心协力，构建人类命运共同体，建设持久和平、普遍安全、共同繁荣、开放包容、清洁美丽的世界"。[1] 这是一个空前文明的新世界。新时代中国之所以要建立海外军事保障体系，新时代解放军之所以要走向世界，因为这是21世纪成功实现中国梦、强军梦、世界梦的战略需求。

习近平提出"总体国家安全观"，不仅是中国一个国家的国内总体安全，而且把中国一个国家的总体安全与实现亚洲地区总体安全、与促

---

[1] 习近平：《决胜全面建成小康社会 夺取新时代中国特色社会主义伟大胜利——在中国共产党第十九次全国代表大会上的报告》，人民出版社2017年版，第58—59页。

进世界安全紧密联系和融为一体。这个总体，是由中国国内安全的总体、亚洲地区安全的总体、世界安全的总体这样三个层次、三个部分组成的一个安全体系。而这样一个安全体系的构建，要求解放军必须具有海外行动的能力和手段。

2.建立国际政治经济新秩序，呼唤"世界军事新秩序"

建立国际政治经济新秩序，是中国的战略主张，是时代的强烈呼声，是世界的共同利益。建立国际政治经济新秩序，需要建立"国际军事新秩序"。没有"国际军事新秩序"，就难以保障国际政治经济新秩序的建立。当今时代，新一轮科技革命和产业革命孕育兴起，新军事革命加速推进，国际军事竞争格局深刻变化。随着中国进一步走近世界舞台中央，中国国家利益遍布全球，国家利益和军队使命任务不断拓展，要求安全保障紧紧跟上，能够有效维护海外利益、彰显大国形象。党的十八大以来，习近平领导中国军事大变革，是实现"三个重塑"，不仅"重塑中国军队结构"，而且"重塑中国在海内外军事布局"，还大力推进世界军事格局的重塑。中国着力构建适度外向、积极防御的军事战略布势，优化力量布局，是更高层次的结构塑造。习近平放眼长远，投棋布子，排兵布阵，突破解放军长期以来陆战型、国土防御型力量结构和军力布势的局限性，增强了中国在战略全局上的立体性、外向性、平衡性、主动性，为影响和推进国际军事新秩序的构建，发挥着越来越大的积极作用。

积极推进国际军事新秩序的构建，对中国军事战略的发展和创新提出了新要求。新时代中国遍布世界的国家利益，迫切要求建立全球性安全保障体系。必须拓展积极防御的战略纵深，前推战略前沿，深远经略新型领域，使军事力量有新的结构，对军事大棋盘有新的布局。中国军事战略布局在塑造态势上，在搞好国家各个战略方向军事布局的基础上，必须统筹规划，不断强化中国在海外的军事布局和军力布势。着眼有效维护中国海外利益，维护海上通道安全，着眼保障中国海外资产安全，着眼中国能源资源供给稳定，在海外布局和建设一些必要的战略支点，使解放军具有在海外进行应急救援、武装护卫、反恐处突、抢险救灾等军事行动能力。所以，积极推动建立国际军事新秩序，一个新的时代要求，就是要推动中国军事力量积极稳妥走出去。中国军事力量走出国门、走向海外、走向世界，要求解放军不断增强在更广阔地域和空间遂行多样化军事任务的能力。

3. 新时代中国"国防"，不能局限于中国"国土"

长期以来，新中国的国防，一直局限于国土。新时代的中国国防，必须突破"国土疆域"局限，向国家"利益疆域"拓展。

新中国长期没有海外军事存在，不参与海外军事行动，在海外没有军事基地，是因为国家的建设和发展长期没有融入经济全球化。海外军事存在和军事行动，对中国来说，是既"无利"也"无力"。中国既没有"利益"在海外，需要军队来保护，也没有"力量"和条件在海外建立军事体系、进行军事行动。

现在情况不同了。随着国家利益快速向海外扩展延伸，中国安全与发展同外部世界紧密联系在一起，国际上一有风吹草动，就可能影响中国安全特别是海外利益安全。国际和地区局势动荡、恐怖主义、海盗活动、重大自然灾害等，都可能对中国安全构成威胁。现在，国际市场、海外能源资源和战略通道安全以及海外机构、人员和资产安全等海外利益安全问题凸显。世界急剧变化增大了中国安全的不稳定性不确定性，中国安全和发展的国际环境更加复杂，必须拓宽视野，善于从地区和全球角度思考和运筹国家安全。

据不完全统计，目前中国海外资产已达 6 万多亿美元，各类企业 4 万多家，数百万员工分布在全球 180 多个国家和地区，每年有 1.7 亿人出国出境。然而，中国在海外安全形势日益严峻。在一些国家，多次发生中国驻外机构和海外企业被袭击、建设项目被破坏、合法财产被抢劫、人员被绑架甚至被杀害等事件。中国人在海外非正常死亡每年达 1500 人左右。

国家利益的拓展，要求安全保障的跟进。现在，国家推进全方位对外开放，"一带一路"建设深入实施，走出去的深度、广度、节奏前所未有。国家利益不断拓展，维护海外利益安全更加凸显。中国是陆海复合型国家，在战略运筹上必须坚持陆海统筹，做到国家利益拓展到哪里，安全保障就跟进到哪里。中国在国际上不设防的状况必须改变。恐怖主义已成为影响中国安全和发展的重大现实威胁。中国出台了《反恐怖主义法》，必须把反恐军事斗争摆在战略位置抓紧抓好。扩大对外经济合作，必须与拓展海外军事战略布局紧密结合起来。统筹国内国际两个大局，结合"一带一路"建设等重大战略实施，把对外经济合作同国防战略布局有机结合起来，在确保安全前提下，有力有序有效扩大对外开放和国际合作。

随着中国全方位对外开放不断扩大，国家利益向全球不断拓展，已经形成重大海外利益格局。国家利益一半在国内、一半在国外。国家利益国际化、全球化，导致国家安全全球化。国家利益超越国界、走向世界，

要求国防突破国界，要求军事力量跨越边界、走向世界。中国军事力量
必须走出去，建立海外军事保障体系，具有捍卫国家海外利益的能力。

从毛泽东在革命年代创立人民军队到习近平新时代建设世界一流军
队，中华民族要打造三代解放军。第一代解放军，是创建政权的革命军；
第二代解放军是保家卫国的国防军；第三代解放军是世界一流的"首强
军"。这第三代解放军既是"驻守中国、保家卫国"的解放军，也是"走
出中国、保卫中国"的解放军，是走向世界、为维护世界和平和促进共
同发展做贡献的解放军。第三代解放军是走出去的解放军，是走向世界
的解放军。中国军事力量走出去，不是出去侵略扩张、争霸称霸，而是
出去捍卫中国利益、保护中国公民、维护地区和世界和平。中国军事力
量走出去，要求解放军由局限于本土防卫的"国土型"军事力量，转型
为一支具有海外行动能力的"国际型"军事力量。这是解放军发展历程
中的一次飞跃。

随着中国日益走近世界舞台中央，在更加广阔空间遂行多样化军事
任务成为常态，解放军已经并将以更加开放自信的姿态走出国门，维护
国家利益，履行国际义务，展示大国形象。

二、解放军跨出国门、走向世界的历程

新中国成立 70 多年，解放军在跨出国门、走向世界的问题上，经历
了三个历史阶段。

第一阶段，是从 1949 年新中国成立后到 1981 年之前的 30 多年里，
中国不向海外派出一兵一卒。

第二阶段，是从 1981 年到 2012 年党的十八大之前的 30 多年里，中国军队逐步迈开了"走出去"的步伐。

第三阶段，是从 2012 年党的十八大之后，进入新时代的解放军，加大了走向海外的力度，在吉布提建立了第一个海外保障基地，开始加强中国军事力量在海外的深远布势。

1. 从海外没有一兵一卒，到联合国维和行动主要出兵国

新中国在 1981 年前，对于联合国维护和平行动，一直持否定态度，认为这是大国操纵小国、干涉小国内政的工具，因此既不参加，也不交费用。从 1981 年第 36 届联大开始，中国改变态度。1982 年，中国开始承担对联合国脱离接触观察员部队和联合国驻黎巴嫩临时部队费用的摊款。1990 年 4 月，中国向联合国停战监督组织派遣 5 名军事观察员，开始实际参与联合国主导的维持和平行动。至此，中国改变了"在海外没有一兵一卒"的状况，解放军迈出了走向海外的步伐。自 1990 年中国派出 5 名军事观察员加入联合国维和行动，到 2017 年 2 月底，中国累计派出官兵 3.5 万多人次维和人员，其中包括军事观察员、维和部队、维和警察，并且多次派出文职官员参加联合国组织的监督大选和政府治理等维和行动。截至 2016 年，先后有 19 名中国维和人员牺牲。2015 年中国有 3084 名军人和警察在联合国 10 个任务区执行勤务。2015 年中国第一次派出 700 人的维和步兵营。近 30 年来，中国维和军人始终保持"零违纪""零遣返"的良好纪录。

中国军队走出去，经历了一个过程。

1990 年 4 月，应联合国邀请，中国第一次向联合国停战监督组织派

遣 5 名军事观察员，中国军人第一次以联合国和平使者的身份跨出中国边境，走进联合国维和队伍之中，至今 30 年了。

1992 年 4 月 24 日，中国第一次派遣成建制部队进入柬埔寨金边的中国维和部队营区，参与联合国组织的维和行动。

2002 年 2 月，中国加入联合国第一级维和待命安排机制，指定一个联合国标准工程建筑营、一个联合国标准二级医院和两个联合国标准运输连为联合国待命安排部队，承诺具备在接到联合国派兵请求后 90 天内将维和力量部署到维和任务区的能力。

2007 年 9 月 17 日，中国国防部维和事务办公室官员赵京民就任联合国西撒哈拉公民投票特派团司令，成为第一位担任维和任务区高级指挥官的中国军人。

2009 年 6 月 28 日—7 月 3 日，中国军队与蒙古军队举行代号为"和平使命—2009"的中蒙维和联合训练，这是中国军队第一次与外国军队开展维和联训。

2013 年 12 月 3 日，中国 135 名官兵乘飞机奔赴西非马里共和国执行维和任务。

2015 年 9 月 28 日，习近平在联合国大会上宣布，中国将加入新的联合国维和能力待命机制，率先组建常备成建制维和警队，并且建设一支 8000 人的维和待命部队。

到 2017 年 2 月底，中国累计派出官兵 3.5 万余人，参加 24 项维和行动，从事警卫、运输、医疗、军事观察员等多项任务。

现在，中国已经成为联合国安理会 5 个常任理事国中派遣维和军事人员最多的国家，也是 121 个维和出兵国家中派出保障分队最多的国家。

中国维和部队在排雷除爆、修路架桥、运送物资、接诊病人等危难险重任务中，做出了贡献，受到联合国和当地民众赞扬。

2008年12月26日，中国派出3艘军舰组成首批护航编队挺进亚丁湾、索马里海域，拉开中国海军远洋护航序幕。

截至2017年1月，中国海军总共派出25批护航编队、78艘次舰艇、54架直升机、21000余名官兵，累计完成1003批6300余艘中外船舶的护航任务，成功救护60余艘遇险船只。

中国护航编队与俄罗斯、丹麦、挪威三国的舰艇，共同完成了20批叙利亚化学武器海运联合护航任务，并且对60多个国家进行了友好访问。

中国军队还承担了10艘次世界粮食计划署船舶护航任务，紧急调派舰船执行马航失联航班搜救，奔赴马尔代夫提供淡水，奔赴也门撤侨等紧急任务，为搭乘2142名紧急撤离在利比亚同胞的船舶护航，从也门撤离中国公民和外国公民等。

解放军正在由一支国土防御型军队向国际型、世界型、全球型军队转型，这是中国国防事业的新境界，也是对世界和平与发展事业的大担当、大贡献。

2. 中国第一个海外军事基地的战略意义

2017年8月1日，中国人民解放军第一个海外保障基地——吉布提保障基地建成并正式投入使用。

吉布提，位于非洲亚丁湾西岸，距中国直线距离超过1.3万公里。这个遥远的国度，扼守着红海进入印度洋的要冲，战略位置十分重要。

中国第一个海外军事基地选择建在吉布提共和国，有四个观察点：

　　第一个观察点，吉布提的战略地位重要。世界海上交通线，是世界经济的生命线。全球几个最重要的海上交通要道，更是影响世界格局、关系大国根本利益的要害部位，是大国必争之地。吉布提国土面积虽然仅有 2.3 万平方公里，人口 90 多万，是一个弹丸之地的微型国家，却处在国际战略交通要道——苏伊士运河的咽喉部位，战略地位极其重要。中东地区是全球能源生产交流中心，是国际政治博弈焦点，是国际恐怖主义重灾区，是中国海外利益的重点地区。多年来，中国石油进口的一半以上来自中东、非洲、东南亚地区。中国在这里建立军事基地，有利于维护这个国际重要战略通道的安全，有利于维护中国海外利益的安全，有利于该地区的反恐斗争，也有利于制衡、平衡少数西方大国特别是美国对这一国际战略通道的控制。

　　第二个观察点，吉布提的国家状况良好。吉布提在国家内部治理和外交关系等方面都比较好，没有分裂和内乱，处于和平稳定状态。

　　第三个观察点，吉布提欢迎中国在那里建立军事基地。建立外国军事基地，有利于吉布提经济和社会发展。在吉布提，沙漠与火山占整个国土面积的 90%，自然资源贫乏，工农业基础薄弱。吉布提 95% 以上的农产品和工业品依靠进口。吉布提每年国内生产总值的 80%，是以海岸港口后勤保障为主的服务业创造的。在吉布提有若干外国军事基地，形成"军事基地经济"。通过为大国提供军事基地，给吉布提带来丰厚"土地租金"收入，还会获得大量援助。吉布提还可以借助外来力量，增强自身安全。中国在吉布提建立军事基地，受吉布提国家和民众欢迎。

　　第四个观察点，中国在吉布提建立军事基地，有利于维护国际战略通道的共同安全。现在有世界格局、世界军事格局，也有大国海外军事基地格局。法国、美国、日本等在吉布提都有军事基地。

吉布提从 19 世纪中叶开始，逐渐沦为法国殖民地。1977 年吉布提获得独立后，也一直是法国在海外最大军事基地。

美国后来居上。"9·11"事件后，美国租借了吉布提莱蒙尼尔军事基地，位于吉布提首都吉布提市，毗邻吉布提国际机场。美军对其在吉布提的军事基地大力扩建，长期租借。

日本从 2009 年起，开始在吉布提建海军基地，2011 年 7 月初步建成，吉布提成为日本二战后第一个海外军事基地。

中国第一个海外军事基地建在吉布提，与美国、法国、日本的军事基地同在一个国家，有利于相互配合，共同维护国际战略通道安全；有利于相互制衡，打破少数国家对战略要道的控制；有利于相互学习，看看哪个国家的军事基地更文明、更有利于地区稳定与和平、更受所在国家人民和政府的欢迎。

中国作为当今世界第二经济大国，又是联合国安理会常任理事国，现在刚刚有了第一个海外军事基地，是一个良好开端，今后肯定还会有新的海外军事基地。未来几十年，解放军在维护和拓展国家利益、构建中国特色海外军事力量体系方面，不仅必须加快步伐，而且也完全可以大有作为。

3. 中国军事力量进入非洲，动机和利益何在

BBC 英国广播公司记者曾经向作者提出这样一个问题：中国在很多非洲国家有数十亿，甚至数百亿的投资，也有越来越多的中方企业和员工在非洲工作和生活。所以，中国在非洲大力部署兵力的原因，是否因

为中国对非洲有巨大的商业兴趣?

这个问题的实质,就是质疑中国军事力量进入非洲,是怀着一种什么样的动机和利益。

解放军走进非洲大地,与当年西方列强用刺刀大炮开路,把非洲变成他们的殖民地不同,与美国在非洲的军事存在,也有根本性区别。中国在非洲的军事力量,既肩负着保卫中国在非洲的海外利益的任务,又大量进行的是联合国组织的维和行动。中国与非洲国家的经济关系和军事关系,都是围绕和平与发展这两大主题,进行的一种互利共赢的健康合作,是造福中国、造福非洲、造福世界的。

看待中国和非洲的关系,不能只从短期经济项目上看,不能只从货币投资上看,不能只从商业兴趣上看,要有三个大视野:

第一个大视野:历史的视野——非洲和中国都经受西方大国侵略和剥削,都经历追求独立和解放的斗争。相似的磨难和经历,使中非之间有一种天然的亲切感。

第二个大视野:创新的视野——新中国成立以后,不仅大力支持和声援非洲人民摆脱殖民主义、实现民族解放和国家独立的斗争,而且在处理与非洲国家和其他国家的关系中,创新国际关系规则,坚持和平共处五项原则。新中国与非洲国家之间,是相互关系最真诚的伙伴。新中国对非洲国家的无私援助,例如坦赞铁路的建设等,令非洲人民念念不忘。毛泽东讲过,是非洲兄弟把中国抬进了联合国。中国和非洲国家之间的关系,就是新型国际关系的典范。新时代中非关系,虽然经济合作的成分加重,但本质上是平等合作、互利共赢、共同发展的新型国际关系,不是中国单方面到非洲去"淘金"、去发财。

第三个大视野：未来的视野——非洲和中国同属于发展中国家，在向现代化国家进军的征程中，具有共同的追求，也具有光辉的未来。中国的崛起，是一个发展中国家的和平崛起，走的是与西方国家完全不同的发展道路。中国经验对非洲国家、对发展中国家，具有启示意义。而非洲崛起，将是近代世界发展进步的第三次高潮。如果说，20世纪的世界发展，光芒是在欧美地区，21世纪上半叶的世界发展，光芒是在亚洲地区，那么21世纪下半叶的世界发展，最光芒的地区，就是非洲。必须树立科学的"非洲观"。非洲是一块正在开发、潜力巨大的宝地。

总之，中国人进入非洲，不是像西方人杀进非洲就是为了到非洲去夺地、去殖民、去扩张、去淘金、去发财，是一种很现实的威胁。而是有着共同发展进步的追求和利益，把中非紧紧联系在一起。

越来越多的中国人进入非洲，这是非洲的吸引力所在，是非洲的魅力所在。出现这种现象的根本原因，就是非洲的振兴，需要一个崛起的中国；而崛起的中国，需要拥抱一个振兴的非洲。中国梦、非洲梦、世界梦，是紧密连接的。建立中非命运共同体，是中非关系的根本目标，也是中非合作和中非友好的根本动力。

三、走向世界而不争霸世界，创造国际新型军事文明

近代以来，大国军队走向世界，有三种类型：

第一种类型，是"英国模式"。就是走向世界搞"殖民主义"。当年的大英帝国，依靠坚船利炮，打遍世界、殖民世界。

第二种类型，是"美国模式"。就是走向世界搞"霸权主义"。二

战后特别是冷战后的美利坚帝国，依靠绝对优势的军事力量，霸权世界，控制世界。

第三种类型，是"中国模式"。就是走出国门，保卫国家利益、维护世界和平，搞"人类主义"——构建人类命运共同体。

解放军"走出去"，是在为国际社会创造和贡献一种新型军事文明。

1. 中国军队走向世界，与美国全球驻军的本质区别

有外国朋友戏言：现在，解放军走向世界的步子越来越大，"中国人民解放军"正在向"世界人民解放军"转型。其实，中国人民解放军永远不会成为世界人民解放军。但是，中国人民解放军始终是为中国人民谋解放、谋安全，也为世界和平、稳定、发展、进步作贡献的解放军。世界和平与发展的事业，越来越拥抱中国人民解放军。中国人民解放军是不侵略、不扩张、不霸权的解放军，是反侵略、反扩张、反霸权的解放军。

解放军在新时代，面向未来、面向世界、面向人类，走出去，不是像当年大英帝国那样，走出去扩张、殖民；不是像二战后的美利坚帝国那样，走出去侵略他国、称霸世界；而是走出去维护国家海外利益，维护地区和世界和平与发展事业。

中国军事力量走出去，承担着双重使命：

第一个使命，是保卫中国海外利益安全。

第二个使命，是维护地区和世界和平与发展。

关于中国军事力量走出去的主要任务，2015年7月开始施行的《中华人民共和国国家安全法》，规定了五项任务：

一是"开展国际军事安全合作"。例如联合军事演习。

二是"实施联合国维和"任务。

三是进行"国际救援"。包括海外抢险救灾,特别是对海外侨胞、海外华人的救援,撤侨护侨。

四是进行"海上护航"。确保战略通道安全。

五是进行其他"维护国家海外利益的军事行动"。

中国将来会有新的海外军事基地,解放军会加快军事力量走出去的步伐和布局。但是中国永远不会在海外建立美国那么多的军事基地。目前,美国海外军事基地有 374 个,分布在 140 多个国家和地区。按地理位置划分,分为 14 个基地群。根据美国国防部发布的报告,美国目前在印太地区就拥有 2000 多架飞机、200 艘船只和潜艇、约 37 万名军事人员,这些装备和人员主要聚集在日本和韩国。还有少量部队驻守在菲律宾、澳大利亚、新加坡和迪戈加西亚岛。

美国海外军事基地,保护美国正常的国家利益是一个方面,更多的是要地缘垄断,是地缘控制,是为了控制世界,为美国霸权保驾护航。"保持世界军事领导地位",是美国公开宣示的国防战略目标之一,其实质就是保持美国的世界军事霸权地位。中国拓展战略防御纵深、加强海外军事布局,与美国在全球到处建立军事基地、控制陆海关键地区和战略通道,具有本质不同。解放军走向世界,中国军事力量适度在海外布局,仍然是在贯彻积极防御的战略方针,是属于保卫性、防御性布局,与美国全球军事布局的霸权性、进攻性、侵略性、战争性,有根本性质的不同。中国未来海外军事基地再多,也不会超过美国的军事基地数量。中国在海外军事力量再强,也不会颠覆某一个国家的主权,不会用导弹把一些国家打成废墟。

党的十八大以来，解放军"走出去"取得了历史性突破，有效解决了军事力量运用进取性主动性不足的突出问题。在新形势下军事战略方针指引下，解放军遂行一系列重大军事行动，实现了经略海洋、维护海权的历史性突破。特别是南海岛礁建设取得重大进展、驻吉布提保障基地投入使用，为中华民族走向海洋奠定了战略基点，为今后海外军事体系的深远布局奠定了基础。

2. 解放军海外行动，为世界和平发展三大贡献

30 年来解放军走出国门、走向世界，在海外行动中为维护世界和平、促进共同发展，建立了功勋，突出表现在三个方面。

第一，中国参加联合国维和行动，是主要出兵国和出资国。

习近平 2015 年 9 月 28 日在出席联合国维和峰会时讲话指出："中国作为联合国安理会常任理事国，参加维和行动已经 25 年，成为维和行动主要出兵国和出资国。"[1]

中国积极支持联合国维和行动，是联合国维和行动的主要出资国之一，是安理会常任理事国中第一大出兵国。截至 2018 年 12 月，中国军队已累计参加 24 项联合国维和行动，派出维和军事人员 3.9 万余人次，13 名中国军人牺牲在维和一线。中国军队在维和任务区新建、修复道路 1.3 万余公里，排除地雷及各类未爆物 10342 枚；运送物资 135 万余吨，运输总里程 1300 多万公里；接诊病人 17 万余人次；完成武装护卫、长短途巡逻等任务 300 余次。

---

① 《习近平出席联合国维和峰会并发表讲话》，新华网 2015 年 9 月 29 日。

2015 年 9 月，中国加入新的联合国维和能力待命机制，建设 8000 人规模维和待命部队。2017 年 9 月，中国完成维和待命部队在联合国的一级待命注册工作。2018 年 10 月，13 支一级待命分队全部高标准通过联合国组织的考核评估，晋升至二级待命状态。2019 年 2 月，联合国将上述 13 支二级待命状态分队中的 5 支分队提升至三级待命状态。中国积极为各国培训维和人员，目前已经为数十个国家培训了 1500 余名维和人员。2018 年 12 月，2506 名中国官兵在联合国 7 个任务区及联合国维和行动部执行任务。

解放军海外维和救援行动赢得国际社会高度赞扬。例如，2015 年 3 月，也门安全局势严重恶化，中国海军护航编队赴也门亚丁湾海域，首次直接靠泊交战区域港口，安全撤离 621 名中国公民和 279 名来自巴基斯坦、埃塞俄比亚、新加坡、意大利、波兰、德国、加拿大、英国、印度、日本等 15 个国家的公民。这次行动，中国海军从 3 月 29 日到 4 月 6 日 3 艘军舰先后出动 5 批次。

第二，中国军队积极参加世界反恐斗争。

2001 年 6 月，中国主导成立上海合作组织，共同应对三股邪恶势力，进行了一系列跨境军事合作演练。2001 年 "9·11" 事件之后，中国积极参与国际反恐联盟，通过区域合作、双边合作，打击恐怖主义、宗教极端势力、跨国犯罪。2016 年，中国军队开启出境反恐新纪元。中国政府颁布《反恐怖主义法》，对于在东道国同意情况下把军队派驻海外执行反恐任务等问题，作出规定。并且分别与一些国家进行了联合反恐演习。

第三，解放军有力维护国际航道航运安全。

海洋运输承担着世界货物贸易的 80% 以上，石油、煤炭、矿砂、粮食等大宗商品基本都是海上运输。全球每天航行在海上的运输船只有40000多艘，运输多达3000多亿美元的货物。亚丁湾航线比绕行好望角最多可缩短航程8000公里。这条航线航程短、运费低，多是途经内海，安全。每年有100多个国家大约2万艘船舶通过亚丁湾、曼德海峡海域，货运量约占世界海上货物总运量的1/5，世界1/4的邮轮和大约80%的欧亚两洲的海运货物经过这一海域，是世界航运的生命线，是世界战略心脏。

21世纪以来，在印度洋上的亚丁湾、索马里海域，海盗劫持商船问题突出。2009年初至11月，在亚丁湾、索马里海域，被索马里海盗劫持的过往商船就有40多艘，涉及600多名船员。在此期间，中国有1265艘商船从这条航线通过，其中有20%的商船被海盗袭击。

根据联合国安理会有关决议，中国政府于2008年12月起派遣海军舰艇编队开赴亚丁湾、索马里海域实施常态化护航行动，与多国护航力量进行合作，共同维护国际海上通道安全。10年来，中国海军常态部署3至4艘舰艇执行护航任务，共派出31批100余艘次舰艇、2.6万余名官兵，为6600余艘中外船舶提供安全保护，其中一半以上是外国商船，解救、接护、救助遇险船舶70余艘。

从毛泽东到习近平，都倡导中国要为人类作出更大贡献。21世纪的中国，既有责任也有能力为世界和平事业做出更大贡献。美国的综合国力特别是军事实力，比中国强大。但是人们看到，21世纪的美国在频频发动战争，把一个又一个国家轰炸成为废墟。21世纪的中国，没有发动一场战争，中国坚持和平发展，中国是联合国维和行动的模范国家，解放军是联合国维和事业的先进典范。在联合国维和行动上，美国要向中国学习，美国军队要向解放军学习。

3. 打造"全球行动能力"，履行世界一流军队职责

解放军保障国家海外利益安全、为维护世界和平与发展做出更大贡献，必须有实质性力量和手段，具有全球行动能力。

打造解放军全球行动能力，必须"加强战略投送能力建设"。

战略投送能力建设，空军作用重大。这些年，中国空军越来越多走出国门，遂行联合军演、撤侨护侨、应急救援等军事行动，发挥了重要作用。中国空军面对新的形势，必须再接再厉，以更宽广的战略视野谋划空军建设，搞好走出去的战略运筹，增强空军在更加广阔的空间遂行多样化军事任务的能力。

加强战略投送能力建设，海军是主力军。中国海军在新时代经略海洋，要紧跟国家利益拓展步伐，加强海外安全保障能力建设。"一带一路"建设是统筹国家发展全局、加强对外战略运筹的一盘大棋。把这盘棋走稳走好，安全保障必不可少，必须提高海外安全保障能力。由于中国在海外有大量投资、大量建设项目、大量公民，海上战略通道是关系国家经济和民生的命脉，海上战略通道存在关键时刻被卡脖子的危险。海军是最应该走出去也最适合走出去的战略力量，要坚定不移走向远海，拓展积极防御战略纵深，更好维护国家海外利益安全，营造有利国际战略态势。

中国海军坚持"近海防御、远海护卫"的发展战略，开始从家门口走向远海大洋，从"黄水海军"向"蓝水海军"转型，大力提高远洋作战能力。中国海军走向远海，活动范围和领域日益扩大，海外用兵常态化、多样化。中国海军走向世界，需要建立完善海外军事支撑保障体系。海外保障基地和支援点建设是军事力量走出去的战略支点，要周密规划推

进基地长远建设，尽快形成高水平保障能力。要认真研究海外驻军领导指挥、管理保障、兵力运用方式方法，探索建立中国特色海外驻军模式。要制定军事力量走出去发展规划及路线图，加快推进海外军事设施建设，逐步形成海外支撑保障体系。中国海军要加强西太平洋、北印度洋和重要海峡水道常态化军事存在，形成远近相济、内外衔接、平战结合的军事战略布局。

打造解放军全球行动能力，对军队思想政治工作和军事指挥工作提出了新要求。政治工作要适应军事力量加快走出去的要求，切实做好部队在国外执行任务中的政治工作。

建设海洋强国，打造世界一流海军

党的十八大作出了"建设海洋强国"的重大部署。习近平在党的十九大报告中又强调："坚持陆海统筹，加快建设海洋强国。"21 世纪，人类进入大规模开发利用海洋的时代，海洋在国际政治、经济、军事、科技竞争中的战略地位明显上升。新时代中国海洋事业进入最好发展时期。中国既是陆地大国，也是海洋大国，拥有广泛的海洋战略利益。实现中华民族伟大复兴，必须坚持陆海统筹，努力建设海洋强国，加快打造世界一流海军。

一、世界观与"海洋观"，从陆权中国到"海权中国"

实现中华民族伟大复兴，必须有正确的"世界观"。而现代人类世界观与古代人类世界观的一个重大不同，就是超越陆地视野的"海洋观"。世界近代史与古代史的一个重大区别，就是"大陆史"与"大洋史"的区别。现代化、国际化的出现和发展，与人类走向海洋、开发海洋的步伐是一致的。

1. 世界海洋档案——地球实际是"海球"

海洋是个大宝库——海洋总面积3.6亿平方公里，占地球总面积的71%。根据估算，海洋中矿物资源和生物资源是陆地的1000倍，地球上大约85%的物种生活在海洋里。在初步探明的全球海洋可开发资源中，海洋生物资源有23万种。其中鱼类1.9万种，重要捕捞对象800多种，可捕量2亿~3亿吨。全球海洋石油可采储量大约1350亿吨，天然气大约140亿方，分别是陆地可开采石油和天然气储量的51%和42%。全球98%的天然气水合物（俗称"可燃冰"）储存在海洋中。这些"可燃冰"的含碳量相当于全球煤炭、石油、天然气的两倍。海洋可再生能资源大约是70亿千瓦，是目前全世界发电能力的十几倍。全球97.3%的水资源在海洋中，海水资源是无限性资源，开发利用的潜力巨大。全球海水中有盐、钾、碘、溴、金、铀等多种矿物物质（$5×1016$吨），铺在地上可以使地面增高150米。处于国家管辖之外的国际海域，蕴藏着丰富的、潜在商业开采价值巨大的金属矿产资源。其中，多金属结核资源700亿吨，钴结壳资源210亿吨。海底热液硫化物资源4亿多吨。

海洋经济是世界经济新的增长点——现在，开发利用海洋形成的"海洋产业"已经超过20个。海洋经济产值超过世界GDP总量的4%，成为新的经济领域和增长点。海洋和海洋生态系统以及各种海洋用途，为全世界数十亿人口提供粮食、能源、运输和就业。人类对海洋的认识、开发、利用，会不断开辟新境界。

海洋是蓝色国土，是战略新疆域——根据联合国《海洋法公约》，全世界大约有150个沿海国家，可以主张包括领海、专属经济区、大陆架在内的管辖海域，总面积大约1.09亿平方公里，大约占海洋总面积的

30%。领海是国家领土的组成部分。专属经济区、大陆架中的自然资源，属于沿海国。作为国际海域的公海和国际海底区域，大约2.5亿平方公里，这是世界各国都可以开发利用的"公地"，也是中国可以开发利用的战略新疆域。

2. 500年大国命运——向海而兴、背海而衰

世界近代历史的起点，是从西方国家进军海洋开始。近代世界与古代世界的重大区别，就是海权时代与陆权时代的区别。14世纪以前，海洋的作用，主要是沿海地区的民众利用海洋发展渔业、盐业、沿岸交通，就是"兴鱼盐之利，通舟楫之便"，靠海吃海，就近航海。那时的海洋文明，是内海文明、近海文明、沿海文明。那时的海洋，是分割和封闭世界各个大陆的天堑，而不是联通世界的"通途"。近代人类社会形成和出现的第一个新世界，就是"海洋世界"。在此之前的旧世界，是属于"陆权世界"，是各个大陆分割、分离、孤立、封闭的"大陆世界"。在此之前的时代，是人类的"陆地时代""陆权时代"。从15世纪开始，海洋成为西方强国掠夺海外财富的通道。随着殖民主义、资本主义的产生和航海技术的进步，欧洲列强掀起了海洋远航探险的热潮。新航路的开辟，以及世界体系的形成，使得海洋在世界政治和经济中的作用突出。从此，大国竞争的重点，就由陆权竞争上升为海权竞争。葡萄牙、西班牙、荷兰这三个国家是第一个新世界的"先行者"，是英语民族霸权世界的"铺路石"。俄罗斯、英国、美国、德国、日本，先后成为海洋强国，并且利用海洋成为世界强国。资本主义的崛起和发展，离不开海洋。如果说，封建主义的地缘特点是"陆地主义"，那么，资本主义的地缘特点就是

"海洋主义"。《共产党宣言》说的"世界市场""交通的极其便利",主要是世界海上交通线的形成。近代第一个新世界,是"陆海连接"的时代和世界,新航路形成了新世界。

公元 1500 年之前的旧世界,是农业经济和游牧经济时代,是在一个个局部地区进行封建割据的封建主义时代,是被海洋阻隔和分割的"陆权时代"。那时的人类,有"地球"而没有"世界",有"国家社会"而没有"国际社会"。海权,是近代世界的标志和基石,是世界主导权的第一形态。近代世界主导权,首先是海洋控制权。500 年大国兴衰史,就是大国海权兴衰史。近代世界大国,都是海洋强国,都是首先从海上发家,从海上崛起。通过发展和运用海上力量,夺取制海权,开辟通商口岸,占有国际资源,实现资本输出,获取海外利益。近代以来,英语民族是海洋民族,走在世界前列。而中华民族是陆地民族,所以就落伍于时代。古罗马哲学家西塞罗说过,谁控制了海洋,谁就控制了世界。马汉《海权论》认为帝国兴衰的决定性因素在于是否控制了海洋。20 世纪 90 年代以后,人类的"海洋观"有了新的飞跃。海洋既是全球交通的通道,又是地球环境的调节器,是人类可持续发展的支柱。

中国是一个没有霸权野心的国家,但是近代中国也是一个缺乏海权雄心的国家,结果就难免霸权国家海上进攻的灾难。中国战国末期著名思想家韩非(约公元前 280 — 前 233 年),在公元前两百多年的时候,就提出"历心山海而国家富"的论断。中国在 15 世纪早期就有郑和下西洋的壮举,中国大航海早于西方国家,具有竞争世界海权的"先机"。但是,由于中国没有殖民世界、霸权世界的扩张野心,就没有发展成为一个海权强国。中国在明朝中叶以后,面对来自海权国家的挑战,不仅没有面向海洋、建设海洋强国，反而实行"海禁政策"，对海洋开发和海运交流实行自我限制。结果到19世纪，西方列强纷纷从海上进犯，把中国变成半殖民地半封建社会。根据统计资料，在1840—1940年的100年中，中华民族受到来自海上的入侵479次，其中规模比较大的入侵有84次，入侵舰船1860多艘，入侵兵力47万多人。孙中山说："海权操之在我则存，操之在人则亡"。海战场，是近代西方列强侵略中国的主战场。

3. 中国海权大数据——面向海洋才能复兴中华

中国是陆海兼备型国家——中国地理方位，在亚洲大陆东部、太平洋西岸，是大陆国家也是海洋国家。中国陆地国土面积960万平方公里，南北长约5500公里，东西宽有5200公里。陆地边界长达22800公里。中国大陆东面和南面，为海洋环抱，濒临渤海、黄海、东海、南海。大陆岸线，北起中朝边界的鸭绿江口，南至中越边界的北仑河口，全长大约18000公里。中国在海上拥有6900多个500平方米以上海岛。根据《联合国海洋法公约》和国内法有关规定，中国可以主张的管辖海域面积300万平方公里，其中包括与陆地领土具有同等法律地位的内水大约40万平方公里。中国300万平方公里的"蓝色国土"，相当于中国陆地960万平方公里国土的1/3。中国海域处在中、低维度地带，自然环境和资源条件比较优越。中国海域海洋生物物种繁多，已经鉴定的达到20278种，已经开发的渔场面积达81.8万平方海里。中国海域石油资源量大约250亿吨，天然气资源量大约8.4万亿立方米。中国沿海共有160多处海湾，沿海地区有1500多处旅游娱乐景观资源，可以发展海洋旅游业。

世界掀起新一轮海洋强国高潮——21世纪，人类社会进入深度开发海洋资源和大力拓展利用海洋战略空间的新阶段。2002年以来，世界海洋大国和中国周边邻国如美国、日本、越南，纷纷推出新的海洋战略和海洋规划，世界海洋格局出现新形势，中国海洋权益也形成新体系。中国作为一个陆海兼备国家，在全球具有六种海洋利益：一是国家管辖海域的海洋权益；二是利用全球海上通道的利益；三是开发公海生物资源的利益；四是分享国际海底财富的利益；五是海洋安全利益；六是海洋科学研究利益。中国作为濒临西北太平洋的沿海大国，大陆海岸线有18000公里，岛屿岸线14000公里，管辖海域蕴藏丰富的海洋资源。中国在太平洋、印度洋获得了四块拥有专属勘探权和开发权的锰结核、钴结壳和多金属硫化物矿区。

21世纪，中国的生存、发展、复兴，都需要海洋——海洋能缓解中国资源和环境压力。中国人口占世界人口的22%，人均资源量远远低于世界平均水平。根据预测，全球资源需求的高峰，将出现在2020年，中国资源需求的高峰将出现在2020—2030年。预计到2030年中国人口将达到16亿，粮食需求量将增加1.6亿吨。中国经济和社会可持续发展承受的资源环境压力越来越大。必须走向大海，拓展新疆域。

中国海洋权益面临严峻挑战——突出表现为海洋安全威胁和海洋权益争端。根据《联合国海洋法公约》规定以及中国相关立法，中国可以主张的管辖海域面积大约是300万平方公里，但是其中一半以上有争议。从海洋地缘政治看，中国海域被多重岛链封锁，美国、日本、韩国、澳大利亚等结成海上同盟，并且与周边其他国家配合，构建对中国的海上围堵线。维护中国海洋权益，还涉及岛礁主权、海域划界、资源争端等问题。海洋维权形势严峻，可能引发政治、外交、军事冲突和危机。

二、从毛泽东、邓小平到习近平，新中国海洋战略三阶段

新中国海洋大战略，第一阶段是"生存型"海洋战略；第二阶段是"发展型"海洋战略；第三阶段是"强大型"海洋战略。

1. 新中国海洋战略 1.0——毛泽东的海洋战略

新中国成立之初，作为一个陆海复合型国家，受到霸权国家来自陆上方向和海上方向双重侵扰。在陆地，来自苏联的威胁长期存在。美国则从海上构筑以军事遏制、经济封锁为内容的新月形军事包围圈，来孤立和封锁中国。

新中国第一个 30 年，国防重点是"陆防"，其次才是"海防"。毛泽东时代中国的海洋观、海洋战略，核心内容是建设一支让对手害怕的强大海军，加强岸防和海防，抵御外敌入侵，保卫国土安全。1958 年中国发表领海声明，宣布领海宽度为 12 海里。宣示了对本土大陆和沿海岛屿台湾及其周围各岛、澎湖列岛、东沙群岛、西沙群岛、中沙群岛、南沙群岛，以及其他属于中国的岛屿的领土主权，划定了海洋主权范围。

毛泽东时代的海洋战略，为中国的海权利益划设了底线，奠定了基础。新中国第一阶段的海洋战略，核心关切，是守住国家"海权门户"，保证国家"活下来"。

2. 新中国海洋战略 2.0——邓小平的海洋战略

进入 20 世纪 80 年代以后，由于三个方面的战略变化，推进了中国海洋战略的发展进化。

第一个战略变化，是在国际社会，和平与发展成为时代主题，中国长期以来准备早打、大打、打核战争的全局危急态势，有了根本好转。

第二个战略变化，是新中国经过毛泽东时代近 30 年的海军和海防建设，抵御来自海上的侵略和威胁、维护海防安全的战略能力大为增强，来自海上大规模军事进犯的危险基本可以排除。

第三个战略变化，是在中国国内，以经济建设为中心，实行改革开放，成为主旋律，国家海洋战略需要与国家经济发展战略紧密配合。

正是在三大战略变化的基础上，邓小平时代的海洋战略，突出了国家面向海洋的经济开放与经济发展。邓小平提出："进军海洋，造福人民"。他强调："发展海洋事业，振兴国家经济"。中国通过海洋开放国门、走向世界，融入经济全球化，加快经济发展。中国对外开放的主要方向，就是向海洋开放，对海外开放。通过设立经济特区，实现沿海地区先行开放、先行发展。在维护国家海洋权益、解决与周边国家海洋争端问题上，既坚持"主权在我"的原则、底线，又提出"搁置争议、共同开发"的合作共利主张。邓小平时代，中国海洋战略的核心关切，是在维护国家海洋安全的基础上，重点利用和抓紧开发海洋资源，加快国民经济发展，不仅要活下来，而且要发展起来，要"活得好"。

3. 新中国海洋战略 3.0——习近平的海洋战略

进入 21 世纪，海洋战略在中华民族伟大复兴中的地位和作用更加突出。中国东部沿海地区是中国经济最有活力和潜力的地区，也是对海洋依赖性最强、最需要海洋支持的地区。中国已经形成的经济格局，中国经济在世界经济大棋局中的地位，需要海洋通道安全来保障。中国作为世界大国，在国际社会战略空间的拓展和中国海外利益的安全，需要强大的海洋能力来支撑。人类社会百年未有之大变局，也使世界海洋格局出现深刻变化，海洋在世界大国特别是在各个沿海国家中的战略地位普遍提高。中国处于世界海洋大变局的旋涡之中，面临的来自海洋的战略挑战和机遇前所未有。

现代化呼唤海洋化。2015 年 5 月发布的《中国的军事战略》白皮书，突出强调"近海防御、远海护卫"的海洋军事战略，要求逐步实现由近海防御型向近海防御与远海护卫型综合转变，构建成、多能、高效的海上作战力量体系。2012 年党的十八大报告从战略高度对中国海洋事业的发展作出全面部署。党的十八大报告明确提出"建设海洋强国"。习近平站在实现中华民族伟大复兴中国梦的高度，要求进一步关心海洋，认识海洋，经略海洋，推动海洋强国建设不断取得新成就。强调决不能放弃正当权益，决不能牺牲国家核心利益。坚持维护国家主权、安全、发展利益相统一，维护海洋权益和提升综合国力相匹配。坚持用和平方式、谈判方式解决争端，努力维护和平稳定。但是也要做好应对各种复杂局面的准备，提高海洋维权能力，坚决维护我国海洋权益。中国海洋发展不能局限于近海，必须持续、全方位走向海洋化。中国海洋利益涉及太平洋、印度洋、大西洋、南北两极。中国在 21 世纪海洋战略所要面对和所要解决的历史任务，一是解决历史上积累的海洋权益和海洋安全问题，解决与周边国家的海洋权益争端；二是切实行使、维护《联合国海洋法公约》赋予中国的海洋权利；三是依法拓展海洋利益边疆。

习近平的海洋战略，就是围绕"建设海洋强国"的战略目标，迅速壮大中国海上力量，坚决维护中国海洋权益，创造稳定的中国周边海洋环境，向海洋拓展战略新疆域，塑造世界海洋新格局。通过建设海洋强国、建设世界一流海军，来支撑中华民族伟大复兴的中国梦，来支撑构建人类命运共同体的世界梦。

三、陆海统筹，新时代中国建设海洋强国大方案

中国有几千年陆上强国的辉煌历史，但是缺乏建设海洋强国的战略传统。习近平对新时代中华民族建设海洋强国的战略设计，突出表现在对建设海洋强国的战略目标、战略布局和战略艺术三个方面。

1. 中国建设海洋强国的"战略目标"

中国海洋强国的战略目标，包括三大具体指标：

一是海洋经济目标——不仅海洋经济规模要大，而且结构要合理，发展潜力要大，能够为国民经济做出更大贡献。

二是海洋力量目标——有以强大海军为主的强大海上综合力量，能够保证领海和岛屿领土主权不丢失，保证海上专属经济区和大陆架主权权利和管辖权不受侵犯，保证国家在全球海上航线的安全。

三是海洋权力目标——不仅在东亚地区海洋事务中具有引导权，而且在全球海洋事务中享有重要发言权，特别是对全球新型海洋格局的创新、形成、稳定，具有引领权和应有的决定权。

2. 中国建设海洋强国的"战略布局"

中国建设海洋强国的战略布局，包括四个方面的内容：

一是树立海洋"大观念"——把海洋强国梦与中国梦紧密挂钩，把海洋作为国家战略区域、战略布局的重点突出出来。让中国强起来，不仅是在陆地强起来，更重要的是在海上强起来。要像布局陆地建设一样，布局国家的海上建设。

二是开展海洋"大勘探"——加大对极地和国际海底区域资源的调查和勘探力度，在开创性发现"海底新大陆"、新资源新财富方面，走在世界前列。

三是进行海洋"大开发"——充分利用世界海洋空间，开发世界海洋资源。优先开发国家海岸带和国家邻近海域，有重点地开发大陆架和专属经济区。

四是实行海洋"大保护"——保护海洋生态环境，加强海岛保护与生态建设，像重视陆地生态系统建设那样，维护海洋生态体系，保护海洋生态文明。

3. 中国建设海洋强国的"战略艺术"

新时代海洋强国的建设，必须遵循具有时代特点的客观规律，提高推进海洋事业的战略艺术。

海洋强国的基本特征有四个，即海洋经济发达；海洋科技创新强劲；海洋生态环境优美；海防力量强大。建设中国特色海洋强国，全面推进海洋事业科学发展，党的十八大、党的十九大有总体部署和要求。习近平提出新时代指导和推动海洋强国建设的基本方略，就是以经济为基础，以管理为手段，以科技为先导，以海上力量为保障。

一是以"海洋经济"为基础，提高海洋资源开发能力，着力推动海洋经济向质量效益型转变。建设海洋强国的基础，是高度的海洋开发能力，是发达的海洋经济。局限于陆地发展的"陆地经济"，不足以支撑海洋强国的建设。只有大力发展海洋经济，增强开发和利用海洋的能力，建立起相当规模的"海洋经济"，建设海洋强国才有坚实的经济基础。因此要努力推进海洋经济建设，为国家能源安全、食品安全、水资源安全，做出大的贡献。2014年，中国海洋生产总值59936亿元人民币，比上年增长7.7%，海洋生产总值占国内生产总值的9.4%。海洋经济成为国民经济的重要组成部分和新的增长点。

二是以"海洋管理"为手段，保护海洋生态环境，推动海洋开发方式向循环利用型转变。坚决遏制海洋生态环境不断恶化趋势，让中国的海洋生态环境有明显改观，让人民能够享受碧海蓝天，能够吃上安全放心的海产品。

三是以"海洋科技"为先导，大力发展海洋科学技术，推动海洋科技向创新引领型转变。海洋高新技术，是建设海洋强国的重要支撑，要依靠海洋科技进步和创新，突破制约海洋经济发展和海洋生态环境保护的瓶颈。

四是以"海洋力量"为保障，坚决维护国家海洋权益，推动海洋维权向统筹兼顾型转变。提高海洋综合实力，维护海洋权益要和提升综合国力相互匹配，坚持"主权属我，搁置争议，共同开发"方针，坚决维护国家海洋权益。

四、中国海军梦，建设世界一流海军

近代世界大国战略竞争，基本特点是"海军"出"海权"，海洋强国都是海军强国。没有一支强大的海军，就没有海洋发言权。新时代中国建设海洋强国，建设世界一流军队，必须建设世界一流强大海军。

1. 从陆权时代到海权时代——海军塑造了近代世界

古代世界是陆权世界、陆权时代，古代强国都是陆权强国、陆军强国。近代世界是海权世界、海权时代。近代世界的起点，是从大航海开始。近代世界霸权国家，都是海权国家，都有一支强大海军，具有以海制陆的能力和实力。近代世界一流军队，首先是有一流海军的军队。近代世界是由近代海军塑造出来的，海权是基石，海军是支撑，海战定乾坤。

海战场，是大国战略竞争最终的决赛场，是决定大国地位和命运的关键战场。近代世界历史上，英国能够称霸世界，是由于英国海军能够称霸海洋。英国先是在16世纪通过1588年英西海战击败早期帝国西班牙。后在17世纪和18世纪通过四次英荷战争击败荷兰。英国在19世纪初期通过1805年特拉法尔加海战击败法国。20世纪初期，英国在第一次世界大战中击败德国，都是"天下属于谁？海战定乾坤！"

19世纪末期，美国人经常受到英国海上霸权的压制。美国唯一的选择，就是提出外交抗议，但这没有任何作用，美国商船仍然被英国扣留。美国海权专家马汉说，没有一支值得尊重的海军，"我们美国的旗帜在不同的国家所受到的尊重，大致和挂在麦田里吓唬乌鸦的破布差不多。"他强调："在当今世界，光有法律而没有力量就得不到公正。"海权的基础是海军，马汉的海权论以强大海军论为支撑。建设海洋强国必须建设强大海军。

中国古代有句至理名言："得中原者得天下。"近代世界也有一条严酷的战略定律："得海权者得霸权"。海权竞争，决定大国命运。只有兼具陆权和海权的强国，才是真正的世界强国。对大国来说，强于天下者必强于海，弱于天下者必弱于海，海权是影响大国兴衰沉浮的重要因素。世界进入航海时代以来，海洋是大国必争之地，也是大国角逐的重要舞台。历史上出现的世界强国，无论是拥有"无敌舰队"的西班牙还是号称"海上马车夫"的荷兰，无论是靠"炮舰殖民"形成"日不落帝国"的英国还是以"海权论"为指导图谋世界霸权的美国，几乎都是海洋强国，都拥有一支强大海军。1588 年英西海战、1805 年英法特拉法尔加海战、1905 年日俄对马海峡之战、1942 年美日中途岛海战等，都直接改变了这些国家的发展走向，影响了世界历史的进程。海军强、海权兴、国运昌，这是历史留给我们的重要启示。

中华民族的海权文明与海权教训，表现在中国大航海早于欧洲，但是中国海军建设远远落后于欧洲。中华民族是最早开发和利用海洋的民族之一。早在春秋时期，我们的先人们就萌生出原始的海权意识。中国历史上，既创造了"海上丝绸之路"和郑和七次远洋的辉煌，也有过闭关禁海导致海权式微、有海无防的教训。中国长期有世界一流的"海商"队伍，却没有世界一流的"海军"力量。近代以来，西方列强频频从海上入侵中国，有时来几艘军舰、千把号人，就能横冲直撞，迫使封建统治者签订不平等条约。甲午战争中北洋水师全军覆没，导致中国海防大门洞开，侵略者可以为所欲为进入中国，侵占中国领土，杀害中国人民。

后来签订《马关条约》，承认了日本对朝鲜的控制，割让了辽东半岛、台湾省、澎湖列岛。台湾问题从那时埋下祸根。历史教训，痛彻心扉！向海而兴、背海而衰，不能制海、必为海制。海军强则国强，海军弱则国弱。这个历史教训必须铭记。

2. 从孙中山到习近平——四大伟人海军梦

建设世界一流海军，是近代以来中国仁人志士不懈追求的梦想。1912年1月1日，在中华民国成立当天，临时大总统孙中山就发布命令："以红旗另角镶青天白日，日有十二芒为海军军旗"。孙中山建立的临时政府中只有9个部，其中就有一个是海军部。孙中山指出，自从世界大势变迁，国力之盛衰强弱，常在海而不在陆。没有强大的海军，不仅海权会丧失，还可能导致亡国灭种的悲惨结局。他强调：海军实为富强之基，"兴船政以扩海军，使民国海军与列强并驾齐驱，在世界成为一等强国。"

孙中山认为，近代世界大国之间的海洋竞争，经历了三个阶段。第一阶段是"大国争锋地中海"；第二阶段是"大国争锋大西洋"；第三阶段是"大国争锋太平洋"。他说，中国在前两个阶段是局外人，但是在第三个阶段必须参与。第一次世界大战以后，中国有个人叫姚伯麟，写了一本书《战后太平洋问题》。孙中山在1919年9月为这本书作序时写了这样一段话："何谓太平洋问题？即世界之海权问题也。海权之竞争，由地中海而移于大西洋，今后则由大西洋而移于太平洋矣。昔时之地中海问题、大西洋问题，我可付诸不知不问也；惟今后之太平洋问题，则实关乎我中华民族之生存，中华国家之命运者也。盖太平洋之重心，即中国也；争太平洋之海权，即争中国之门户权耳。谁握此门户，则有此堂奥、有此宝藏也。人方以我为争，我岂能付之不知不问乎？姚伯麟先生有鉴于此，特著《战后太平洋问题》一书，以唤起国人之迷梦，俾国人知所远虑，以免近忧焉。"

毛泽东在新中国成立之前就强调，我们一定要建设一支海军，能够保卫我们的海防，有效防御帝国主义的可能的侵略。1953年2月，毛泽东乘军舰航行4天3夜，连续5次书写同样内容的题词"为了反对帝国主义的侵略，我们一定要建立强大的海军"。后来，毛泽东又强调"核潜艇一万年也要搞出来"。毛泽东论太平洋，有一段很精彩的话。1958年10月6日，《人民日报》发表毛泽东亲自起草的中国国防部长《告台湾同胞书》，其中指出，美国是"一个东太平洋国家，为什么跑到西太平洋来了呢？西太平洋是西太平洋人的西太平洋，正如东太平洋是东太平洋人的东太平洋一样。这一点是常识，美国应当懂得。"1970年9月25日，毛泽东在接见巴基斯坦海军司令哈桑中将时说："现在一些大国欺负我们……什么印度洋、太平洋都被他们霸占着。所以我们也得搞一点海军。"1975年5月3日，毛泽东对海军指示："海军要搞好，使敌人怕。"毛泽东在后来海军送交的关于10年左右建设强大海军的报告上批示"努力奋斗，十年达到目的。"

邓小平提出"经略海洋""进军海洋，造福人民"。他在1979年7月提出："海军就这么一点，要搞大一点"。

习近平担任中央军委主席后，第一次下部队调研。第一站就到中国海军的南海舰队。2017年5月24日习近平视察海军机关并发表重要讲话。他强调，建设强大的现代化海军是建设世界一流军队的重要标志，是建设海洋强国的战略支撑，是实现中华民族伟大复兴中国梦的重要组成部分。海军全体指战员要站在历史和时代的高度，瞄准世界一流，锐意开拓进取，加快转型建设，努力建设一支强大的现代化海军。

从孙中山到习近平，100 多年来，中国伟大人物共同的理想和志向，就是建设世界一流强国，打造世界一流海军。

3. 海战场——中国未来战争的主战场

海战场，之所以是中国未来战争的主战场，首先是因为海洋安全已经成为中国经济安全的生命线。美国国防部在 2019 年度中国军力报告中指出，中国参与了 40 多个国家的石油和天然气项目。2018 年，中国进口石油可以满足约 71% 的需求量，而据国际能源署（IEA）的数据，到 2035 年，这个数字预计将增长到 80% 左右。2018 年，中国通过进口满足了 44% 的天然气需求，根据国际能源署的数据，到 2035 年，中国天然气需求预计将增长到 46%。中国能源进口主要通过中国南海和马六甲海峡等。2018 年，中国约 78% 的石油进口和 16% 的天然气进口航线通过南海和马六甲海峡。这是美国国防部提供的中国数据。有中国专家说，现在中国每三辆车，有两辆用的是进口油；每五辆车在加油站，有四辆是加进口油。马六甲海峡每年通过货轮 65000 艘，其中近 4 万艘发往中国。如果海上安全出了大问题，就是国家经济命脉的窒息。

以海制华，美国遏制中国的主战场在海洋。当前，不论是在黄海方向、东海方向、台海方向、南海方向，美国都在加紧对中国实施海上战略围堵和遏制。人们感慨中国的海洋危机，认为今天的中国是四海翻腾云水怒，只有两海还平静，那就是中国西部的青海和中国东部的渤海。

新时代中国国防和军事斗争重点的战略转变，就是从"陆战场"到"海战场"的转变。中国虽然是陆海复合型国家，但是解放军过去 90 年的战史，主要是一部"陆战史"。21 世纪中国日益走向世界舞台中心，面临的主要战略威胁来自海上，军事斗争主要战场是"海战场"。"海战场"是实现国家统一、维护国家海权、突破强敌包围、建设海洋强国、实现民族复兴的"主战场"。

"海战场"，是新时代中美军事博弈的"主战场"。这个问题在美国智库兰德公司《与中国开战》报告中阐述得十分清楚。该报告指出："我们假设中美间的战争将会是高科技条件下局部的常规战争，它将主要在水面及水下、空中（使用战机、无人机和导弹）、太空以及网络空间这四大领域展开。尽管地面战可能在某些情况下发生（例如，因朝鲜半岛统一而爆发战争），但我们还是排除了在亚洲爆发大规模地面战争的可能性。我们假设战争在东亚地区展开，并限于东亚。""由于我们预计中美战争不会有大型陆战，因此我们主要关注海战、空战、陆基导弹、防空和情报、监视、侦察能力方面。美国国防部曾说过，到 2020 年之前，美国将会布置 60% 的空军、海军部队在太平洋。因此我们在此假设，美国会在中美长期战争中投入它 60% 的全球军力，也基于此预计美国的损失。""本文所构建设想的中美战争并不涉及大规模的地面作战。"

21 世纪的中国，是全球海权矛盾、海权困境最突出的国家。新中国在 20 世纪下半叶，国家安全主题是陆权安全。新中国在 21 世纪上半叶，国家安全的主题是海权安全。中国海洋地缘环境相对不利，近海呈半封闭状、被岛链阻隔，出海通道受制于人。中国有 8 个海上邻国，分别是朝鲜、韩国、日本、菲律宾、马来西亚、文莱、印度尼西亚、越南。中国同所有海上邻国都存在海洋权益主张重叠，中国不少岛礁被一些周边国家侵占。朝鲜半岛历来是影响中国战略安全和黄渤海稳定的重要方向，半岛局势不可控性很大。台湾问题事关统一大业，是影响国家海上安全和海洋权益的重要因素。美国、日本把海上作为对中国进行遏制和围堵的主要方向，千方百计想把中国堵在近海。这些问题同国家统一、地缘政治矛盾、大国战略竞争等因素交织在一起，在一定条件下，发生海上局部战争和武装冲突的可能性始终存在。海上一旦发生针对中国的战事，海军首当其冲，必须能够随时上得去、打得赢。

面向海洋则兴，放弃海洋则衰。"海战场"作为21世纪中国的"主战场"，解放军在海上方向将长期面对三大挑战，要进行三个方面的军事斗争：一是在太平洋两边，美国和中国之间遏制和反遏制的斗争；二是在台湾海峡两岸，大陆和台湾之间分裂和反分裂的斗争；三是中国和一些周边国家之间在海洋权益上侵权与反侵权的斗争。解放军建军以来，主战场一直是"陆战场"。解放军90年征程，创造了"陆战常胜军"的军事奇迹。中国共产党人的传统军事优势，就是在陆地山区起家，依托偏僻农村根据地，以陆战制敌。新中国成立70年，解放军进行的是保卫国家疆土的防御作战，对于远离本土的海空作战、远海作战，缺乏经验和能力。新时代能不能加快把海军建设好，能不能把海上军事斗争准备搞好，关系国家安全、统一、领土主权和海洋权益，关系到新时代共产党人能不能把肩负的历史责任担负起来。长期以来，新中国国防建设的重点，一直是"陆战场"的建设。新时代，适应解放军"主战场"的转移，适应中华民族建设海洋强国的战略目标，必须把"海战场"的建设作为国防建设的重点突出出来。解放军必须加强海上军事斗争战略指导，全面提高信息化条件下海上威慑和实战能力，努力掌握海上军事斗争战略主动权。

党的十八大以来，中国积极开展钓鱼岛维权斗争，划设东海防空识别区并实施常态化管控，打破日本对钓鱼岛的排他性存在和单方面管控，强化对黄岩岛管控，推进南海岛礁建设，应对所谓南海仲裁案，取得一系列重大突破，为经略海洋创造了更加有利条件。尤其是加快推进南海岛礁建设，取得了经略海洋、维护海权的历史性突破，为子孙后代、为中华民族营造了一个最终赢得海洋维权斗争胜利的牢靠战略基地。党的十九大报告向世界宣告："南海岛礁建设积极推进。"2016年1月6日，南沙永暑礁新建机场——中国最南端的一座机场试飞成功。现在，南海三个机场，永暑机场跑道3000米、渚碧机场跑道3000米、美济机场跑道2800米，重型轰炸机、空中加油机全部起降，马六甲海峡进入作战半径。解放军今天的进取、担当和作为，将决定未来海上态势，决定未来国家维护主权、安全、发展利益的战略主动地位。

海上战场建设，不仅是加强热点海域的战备建设，更重要的是总体设计和构筑中国海战场军事战略布局。优化军事战略布局对提高海军体系作战能力至关重要。要优化当面海区军事部署，加强西太平洋、北印度洋和重要海峡水道常态化军事存在，形成远近相济、内外衔接、平战结合的军事战略布局。海洋军事战略布局，改变的是海洋军事格局，影响和决定未来"海战场"的战局，是为胜局打基础。新时代中国在海战场军事战略布局上，不断取得突破性进展，改变了过去在海权博弈上长期被动的状态。

海战场成为中国未来战争的主战场，对解放军特别是人民海军的海战能力提出了更高的要求。解放军对现代海战缺乏经验，知之不多、知之不深。中国海军担负任务多样，包括海上局部战争、低烈度武装冲突、维权军事斗争、境外打击恐怖主义、海外非战争军事行动等。目前中国海军还担负远海护航、编队出访、中外联演、核力量战备训练等指挥职能，这些都对解放军的海洋能力建设提出了新的要求。解放军在未来的"海战场"，要创造出像过去在"陆战场"上那样"战无不胜、攻无不克"的军事奇迹，这是一种新的使命、新的挑战和考验。

4. 搏击大洋——只争朝夕推进中国海军建设

新时代中国为什么一定要建设世界一流海军？因为21世纪的中国国防，主要是中国海防；捍卫21世纪的中国主权，主要是捍卫中国海权；21世纪中国面临的军事挑战，主要是来自强敌的海上挑战；21世纪解放军"能打胜仗"，主要是在海上战场面对强敌能打胜仗。海洋、海权、海军问题，是关系国家和民族前途命运的大事。新时代中国"近海防御、远海防卫、大洋存在、两极拓展"的海洋军事战略的确立，要求加快建设一支能够有效应对海上安全威胁、威慑制衡主要对手、有力支撑国家战略地位和战略目标的强大海上武装力量。建设世界一流海军，是民族的呼唤、时代的要求、海军的机遇。

建设世界一流海军是建设海洋强国的要求，是"海战场"已经成为保卫国家安全和民族复兴"主战场"的必然选择。新时代建设海洋强国，从陆权国家逐步向陆权海权兼备国家迈进，是一个重大战略决策；实现中华民族伟大复兴的中国梦，必须走向海洋、经略海洋、维护海权；新时代中国国家安全的威胁主要在海上，军事斗争的焦点在海上，国家利益拓展的重心也在海上。新时代中国军事战略布局，着眼于稳西北、谋东南，制定并推进海洋强国战略，把军事战略指导重心放在海上，就是适应这一历史大势的必然选择。

新时代中国海军建设的目标，就是瞄着世界一流，加快推进海军战略的创新和海军建设的转型。海军是战略性军种，在国家安全和发展全局中具有十分重要的地位。党中央和中央军委对海军建设高度重视，重点予以加强。人民海军要瞄准世界一流，锐意开拓进取，加快推进海军由近海防御型向远海防卫型转变，全面提高海上威慑和实战能力，加快提高战略威慑与战略反击能力，提高远海机动作战能力，提高海上联合作战能力，提高海上综合保障能力，实现由近海防御型向远海防卫型转变。

新时代是中国海军建设的战略机遇期，也是实现跨越式发展的关键时期。这次深化国防和军队改革，解放军在裁减军队员额 30 万的情况下，海军编制不减反增，就是突出重点，支持海军发展，为 2025 年前海军实现由近海防御向远洋防卫型转变，创造条件。经过长期努力特别是近年来重点投入、重点发展，海军建设突飞猛进，强军成就举世瞩目。仅 2016 年一年，就有 45 艘舰艇加入战斗序列，外媒惊呼中国海军建设如同中国高铁列车，风驰电掣。当然，中国海军差距还很大，仍有不少短板。包括近海综合作战能力还不够强，远海防卫作战能力比较弱，海基核威慑和核反击能力亟待加强，建设世界一流海军任重道远。

从毛泽东到习近平，新中国几代领袖的海军梦，将在新时代实现。建设强大现代化海军是建设世界一流军队的重要标志，是建设海洋强国的战略支撑。习近平号召海军全体指战员，要站在历史和时代的高度，充分认识肩负的历史重任，"以只争朝夕的精神、搏击大洋的气概"，加快把海军现代化建设搞上去。

从"搏击大陆"到"搏击大洋"，中国海军正在奋斗和创造"世界一流海军"的辉煌。